# 区域教师专业发展
# 政策研究与实践探索

王　舒 著

辽宁人民出版社

**图书在版编目（CIP）数据**

区域教师专业发展政策研究与实践探索 / 王舒著 . —沈阳 : 辽宁人民出版社 , 2024.12
ISBN 978-7-205-11011-6

Ⅰ . ①区… Ⅱ . ①王… Ⅲ . ①中小学－师资培养－教育政策－研究－辽宁 Ⅳ . ①G635.12

中国国家版本馆CIP数据核字（2024）第016107号

出版发行：辽宁人民出版社
　　　　　地址：沈阳市和平区十一纬路25号　邮编：110003
　　　　　http://www.lnpph.com.cn
印　　刷：辽宁一诺广告印务有限公司
幅面尺寸：170mm×240mm
印　　张：20.25
字　　数：285千字
出版时间：2024年12月第1版
印刷时间：2024年12月第1次印刷
责任编辑：张天恒　王晓筱
装帧设计：众翔设计
责任校对：吴艳杰
书　　号：ISBN 978-7-205-11011-6
定　　价：78.00元

# 目录

Contents

## 政策篇

## 实 践 篇

政策篇

# 第一章　绪　论

## 第一节　区域教师专业发展问题的提出

目前，我们已经进入到一个以信息和知识为基础的新经济时代。新经济时代具有以下特征：一是继续学习成为必要活动；二是多元化的学习形态；三是多样的学习方法；四是不断扩大的学习市场；五是在学习上个人负有更多责任；六是学习、生活融为一体。采取各种有效的途径与策略发展知识并促进学习是世界各国和组织提升竞争力与增进社会发展所一致努力的方向。

### 一、教师专业发展研究是历史之必然

自20世纪60年代以来，随着教师专业化运动的兴起，教师的专业发展成为学者们研究的重要课题。在理论研究方面，教师信念、教师感情、教师知识、教师能力、教师学习、教师反思、教师领导以及教师生涯发展等理论研究取得了丰硕的成果。在实践研究方面，教师行动研究、教师叙事研究、教研组研讨以及各种教师培训等提升了教师的专业素质，促进了教师的专业发展。

教师的专业发展是一个终身过程。"一朝受教，终身受用"的时代已经过去。世界教育界都认识到，教师职前培养的功效是有限的，只是教师专业发展的起步。在科学技术、社会经济发展越来越快的形势下，这种特征也越来越明显。为此，我国建立了系统的教师培训制度，特别是1999年教育部

印发的《面向21世纪教育振兴行动计划》提出的"园丁工程"，使我国的教师在职业培训上了一个新台阶。但是，如何以教师一体化的观念整合我国的教师培养和培训工作，还是一项艰巨的任务。联合国教科文组织在《从现在到2000年教育内容发展的全球展望》中提出："为组织适应未来的教育，我们需要有新型的教师。"正是面对这一迫切的现实需求。世界各国纷纷开始将教育改革的重点转向教师队伍建设，以教师培训作为提高教师素质、改善教育质量的重要途径。

## 二、教师专业发展研究是现实之需要

在21世纪初，尽管我们国家高度重视教育事业的发展，加大对教育经费的投入，通过各种渠道，如国培计划、骨干教师培训等项目促进教师的专业发展，然而教师职业倦怠现象仍然在教师群体之中存在，严重阻碍着教师的专业发展。调查显示，我国教师职业倦怠发生率高达50%[①]。社会赋予教师过高的期望、繁重的日常教学任务、各种评价制度、职称晋升、学生行为问题以及课程与教学改革带来的一系列适应性困境等给教师带来了巨大的压力，当压力超过一定的阈限值时，教师往往会出现职业倦怠现象。而过高的工作压力和教师职业倦怠会导致教师工作绩效下降、无心从事教育事业，甚至对教师的身心健康造成不良影响，从而不利于教育事业的发展。

从教师培训的现状来看，在与许多参加培训的一线教师的交流的过程中，笔者发现教师对自身的专业发展非常向往，特别是年轻的中小学教师，迫切希望通过培训提高教育教学水平和研究能力。但在调查访谈中，很多教师反映教学任务繁重，学习时间少，教学评价与新课程的理念冲突等问题，社会对教师的要求越来越高，对教师的个人体验和需要却缺乏关注。教师群体面临强大的升学压力，长时间功利性教学，教师参与培训的主动性受到影响。进一步而言，是教师缺乏专业发展的动力。

---

① 朱旭东.《教师专业发展理论研究》[M].北京：北京师范大学出版社，2011：320-321.

## 三、教师专业发展研究是改革之呼唤

2018年，《中共中央国务院关于全面深化新时代教师队伍建设改革的意见》明确目标为"经过5年左右，教师培养培训体系基本健全"，要大力振兴教师教育，不断提升教师专业素养能力，开展中小学教师全员培训，促进教师终身学习和专业发展。为贯彻落实习近平总书记关于教育的重要论述，特别是关于教师队伍建设的重要讲话精神，2022年教育部等八部门联合印发了《新时代基础教育强师计划》（教师〔2022〕6号）。要求遵循教师成长发展规律，以高素质教师人才培养为引领，以高水平教师教育体系建设为支撑，以提升教师思想政治素质、师德师风水平和教育教学能力为重点，筑基提质、补短扶弱、做优建强、全面提高教师及培养培训质量。聚焦基础教育课程改革的理念、要求和教育教学方法改革，实施五年一周期的"国培计划"，示范引领各地教师全员培训开展。而新一轮的基础教育课程改革以全新的理念给教师的专业发展带来了挑战和机遇，教师的专业发展问题也被提到了前所未有的高度。只有建立健全教师专业发展机制，不断提高教师的专业水平和素质，才能更好地推进教育教学改革。

## 第二节 区域教师专业发展研究的意义

## 一、理论意义

区域教师专业发展研究主要侧重于区域教师培训政策分析和实践案例的应用研究，但强调要在科学理论指导的框架下进行，同样注重在理论层面上进行一般规律的认识和提炼。本研究的理论意义在于两个方面。

### （一）丰富了教师教育政策理论研究

目前，我国学者专家对于教师培训政策的相关文献与理论成果已经非常丰富与成熟，但从中观的视角，对区域教师培训政策的研究，并未形成一个系统的理论体系。本研究借鉴其他政策分析的成功经验，梳理了改革开放以来我国中小学（幼儿园）教师培训政策、区域中小学（幼儿园）教师培训政策以及教师培训模式，在一定程度上丰富了辽宁省中小学（幼儿园）教师培训的理论研究，为后续研究提供参考。

（二）为建立区域中小学（幼儿园）教师培训体系提供理论研究参考案例

目前，人才的竞争日趋激烈，百姓对优质教育资源的需求日益增高，这对中小学（幼儿园）教师的专业成长提出了更高的要求。教师培训活动是教师专业成长的摇篮，如何创新教师培训模式，提高培训实效是教师专业素养提升的关键。《区域教师专业发展的政策研究与实践探索》以辽宁省教师专业发展工作为例，总结改革开放以来的区域中小学（幼儿园）教师培训政策，尤其是"十三五"期间，中小学（幼儿园）教师培训领域在发展与创新上进行的探索与实践。总结了辽宁省"十三五"期间经典案例46项，涵盖全省教师培训团队在项目设计、体系建设、管理改革、团队建设、模式创新、课程建设、资源开发和绩效评估等领域取得的进展和成就。其研究成果，作为实践案例，无疑对探讨建立科学的教师培训模式有着重要的理论研究参考价值。

## 二、现实意义

（一）可以有效地指导实践

对教育政策内容的研究有助于其在实践中发挥良好的指导作用。只有从理论上明确了中小学（幼儿园）教师培训政策的发展历程，才有可能制定出科学的培训政策，从而有效地指导实践活动。

教师专业发展是一项长期、系统的工作，也面临着许多新的发展问题。本研究分析了改革开放以来我国中小学（幼儿园）教师政策的发展历程和政策特点，尤其是辽宁省中小学（幼儿园）教师培训的政策目标、政策的对象、政策措施的内容，探讨辽宁省中小学（幼儿园）教师培训政策存在的问题及原因，进而提出改进措施，可以促进辽宁省中小学（幼儿园）教师培训政策发展，有利于推动区域教师专业发展。

## （二）有利于为区域中小学（幼儿园）教师培训提供可借鉴的案例

"十三五"以来，辽宁省在全面贯彻落实《中共辽宁省委 辽宁省人民政府关于全面深化新时代教师队伍建设改革的实施意见》，在中小学（幼儿园）教师培训工作中采取了一系列针对性强、卓有成效的改革举措，进一步在中小学（幼儿园）教师队伍建设上取得积极成效。总结推广辽宁省教师培训的成功经验，可以为区域中小学（幼儿园）教师培训提供可借鉴的案例，进而推动全国教师培训工作创新发展。

## 第三节　研究的理论基础和相关概念的界定

教师是教育发展的基石，教师培训是促进教师专业发展的重要环节。2018年，中共中央、国务院印发了《关于全面深化新时代教师队伍建设改革的意见》，提出全面提高中小学教师质量，建设一支高素质专业化的教师队伍。为此，2019年国家多部门又联合发布《关于做好2019年中小学幼儿园教师国家级培训计划组织实施工作的通知》，全力加强教师培训，切实提升广大教师立德树人能力。本节研究以新中国成立以来我国中小学（幼儿园）教师培训研究发展为对象，探究其演进特点。

### （一）数据来源与工具

**1.数据来源**

以中国知网为数据来源，以中国知网期刊检索数据库为对象，在搜集数据时，对检索条件进行限定。主题设为"中小学教师培训政策"，期刊年限限定为1949年至今，期刊来源为全部期刊，采用模糊匹配的方式，通过检索仅为46篇。主题设定为"中小学教师培训"，期刊年限设定为1949年至2023年6月，期刊来源为"全部期刊"，采用模糊匹配方式检索，初步获得6399篇相关文章。为了确保研究更加具有代表性，所采用的数据更加具有有效性，研究选取主题确定为"中小学教师培训"。

我们对检索初步获取的文献进行了筛选，删除了不符合研究标准的文献，如通知、重复发表、政策发布、政策解读、会议综述、人物专访、征文信息、新闻信息等与研究无关的文献，以保证研究所获取文献的科学性，经过筛选检查，最终获得3584篇有效文献。

**2.研究工具**

CiteSpace 的设计及功能实现是以多种理论为基础，其意义在于解释领域发展情况和预见领域未来发展前景①。因此，研究基于检索文献，采用由美国德雷赛尔大学陈超美教授团队研发的专门用于学术文献分析的可视化工具——CiteSpace 和 Excel 作为辅助工具，探测中小学教师培训研究的热点主题，以更好地掌握研究现状。

## （二）研究结果分析

**1.总体趋势分析**

为了能够直观地了解"中小学教师培训"研究成果情况，本书统计了新中国成立以来发表的文献。该领域研究步入正轨是在改革开放之后，但真正进入发展的"快车道"是在21世纪。纵观中小学教师培训的研究历史，1995年以前实质性研究推进几乎为零，但此后，研究逐渐形成系统化、体系化，这与我国历史发展紧密相关。新中国成立初期，百废待兴，教育发展缓慢，又由于众所周知的原因导致发展进入停滞甚至倒退期。这一改变出现在改革开放之后，通过初期的恢复与发展，中小学教师培训研究逐渐稳步上升，并在2012年达到顶峰状态，具体见图1.1。当然，经济发展、技术的更迭也是发展的重要因素。

---

① 陈悦，陈超美，刘则渊，等.CiteSpace知识图谱的方法论功能[J].科学学研究 2015，33（2）：242-253.

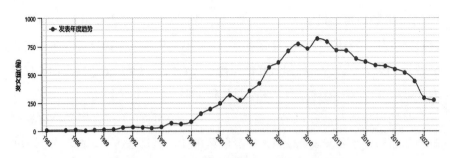

图1.1　中小学教师培训研究的总体发文趋势

**2.主要发文机构分析**

发文主要机构的统计分析，能够探知该领域研究的核心机构。发文量前10位的机构分别为华东师范大学（174篇）、东北师范大学（156篇）、西南师范大学（148篇）、华中师范大学（115篇）、西北师范大学（108篇）、北京教育学院（84篇）、北京师范大学（48篇）、福建教育学院（47篇）、河北师范大学（41篇）、西南大学（41篇）。可以看出中小学教师培训研究主要依托于高校和教育学院，北京师范大学、华东师范大学、东北师范大学等教育部直属师范大学以及其他重点院校对中小学教师培训研究的关注，为支撑教师发展贡献了智慧。同时，地方教育学院作为担负中小学教师、校长培训和在职教师学历提高等职责的重要场所，对中小学教师培训的研究也有着较高的关切度。

**3.主要发文期刊分析**

通过对不同期刊所载文献进行统计分析，有近27%的文章（968篇）发表于载文量排名前10位的刊物上，分别为《中小学教师培训》《继续教育研究》《教学与管理》《中国成人教育》《中国教育信息化》《继续教育》《中国电化教育》《中小学电教》《成人教育》《教育理论与实践》。载文量最多的期刊是《中小学教师培训》，它是一本专门研究中小学教师职后教育理论和管理经验的刊物，注重将理论研究与实践应用相结合，传播教师研究成果和研究动态。值得一提的是，载文量排前10名的期刊中，有3种与教育信息化相关，说明中小学教师培训研究与教育信息化、信息技术等联系紧密。

**4.研究主要热点分析**

期刊文献的关键词是对文章的一种凝练，表达了文章的核心思想，通过

CiteSpace软件对关键词进行共现分析，能够把握该领域的研究发展方向和研究热点等。在同一时期内，内在联系比较紧密的一组文献共同探讨的科学问题就是研究的热点所指，而进行共现分析恰好能够表征热点问题。如图1.2所示，中小学教师培训研究的热点可以通过出现频次来表征，总结而言主要包括中小学教师培训、教师继续教育、远程培训、信息技术融合教师培训、"国培计划"、农村教师培训等研究热点。

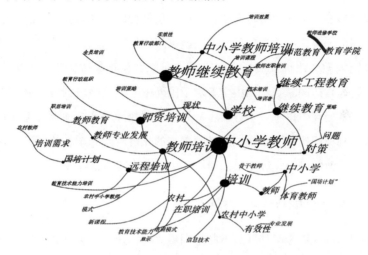

图1.2 中小学教师培训研究的关键词共现网络图

## 一、中小学教师培训研究的主题分布

通过对新中国成立以来中小学教师培训的研究文献进行统计，借助传统文献分析法，根据对中小学教师研究文献的总体趋势分析，研究主要概括为以下七大主题。

### （一）教师培训政策研究

政策是中小学教师培训有序运行推进的有力保障。1949年12月，第一次全国教育工作会议提出通过教师轮训和在职学习来培养大批称职教师，但有关政策的研究较少。1999年《中小学教师继续教育规定》颁布之后，中小学教师培训政策的研究开始步入正轨。就研究文献来看，主要涉及教师培训政策演变，包括教师培训政策回顾①、"国培计划"政策演变②、职后培训政策变迁③等内容。学界对于教师培训政策的执行等也做了大量探讨④。政策的研究探讨也为教师培训发展提供了更为坚实的基础。

## （二）国外教师培训研究

国内学者开始对国外中小学教师培训进行研究，最早是1980年对朝鲜中小学教师在职培训的措施介绍。自此，从最初的教师培训措施的介绍到后来的教师培训模式的探讨，甚至不同国家间的优劣比较，都体现了我国学者为推动国内教师培训发展所作的贡献。研究对象多集中于英国、美国、日本、德国等发达国家。从国内学者对于国外中小学教师培训所作引介研究内容来看，主要涵盖以下三个方面：一是中小学教师培训的国别对比研究，如美、英、日三国比较；二是国外教师培训的先进经验介绍，如法国在职培训经验；三是教师培训发展变革，如法国培训模式转变；等等。

## （三）教师培训模式研究

新中国成立以来，伴随着教师培训事业的快速发展，学者也在教师培训模式研究中取得了突破性进展，甚至提出了与以往有所不同的新颖培训模式，同时，对于理论性培训模式的效果也通过实践的方式进行验证，使得培训模式逐渐趋于完善。在研究模式中，学者探究了混合式、案例式、探究式、校本式、任务驱动式等教师培训模式，开展了相关的实践探索，但也暴露出教师培训模式研究系统性不足、理论与实践融合性研究还不够充分等问题。

---

① 李瑾瑜，史俊龙.我国中小学教师培训政策演进及创新趋势[J].西北师大学报（社会科学版），2012，49（5）：83-89.
② 王建."国培计划"的政策演进及创新趋向[J].当代继续教育，2015，33（5）：29-32.
③ 傅树京，崔彦琨.中小学教师职后培训政策的演变[J].教学与管理，2016（3）：61-64.
④ 黄泽强.中小学教师院校培训政策执行问题探析[J].辽宁行政学院学报，2011，13（5）：8-10.

### （四）信息技术与教师培训的研究

信息技术的发展推动教育事业进步，教育事业的第一资源是教师，在日新月异的信息技术面前，必须保持不断创新以应对教育信息化的挑战，从而推动信息技术与教师培训的深度融合是必然选择。当前，关于信息技术与教师培训的研究主要聚焦于教师信息技术能力培训研究、信息技术与教师培训融合研究两大内容。教师信息技术能力培训研究涉及课程、策略等方面。信息技术与教师培训的深度融合研究，研究内容主要关涉培训系统平台、深度融合的对策建议等。

### （五）教师培训课程的研究

课程是教师培训实施的重要载体，教师培训的有效开展需要课程的支撑。对于中小学教师培训课程的研究主要体现在培训课程设计、培训课程资源库建设、培训课程实施改进等方面。当然，培训课程的设计与实施应把学习与学习者置于中心地位，依据课程改革的不同阶段和一线教师的合理需求，采用集体审议方式构建主题式培训课程。中小学教师培训课程研究发展变化显示出对于培训内容的重视，这也是保障教师培训的重要方面。教学是培训课程落地必不可少的环节，教学作为教师培训课程的实践，能够促进教师培训"实践活动"的开展，但目前研究较少关注培训课程的教学研究。

### （六）区域性、地方性教师培训的研究

区域性、地方性教师培训的研究能够了解我国教师培训政策落地实施情况，以便有针对性地改进培训。从区域来看，研究多针对于中西部地区中小学教师培训现状，如实地调研西部少数民族地区农村中小学教师培训的现状并有针对性地提出问题策略。从地方来看，多以省市为研究对象，整体考察教师培训现状，如调研考察安徽、四川等省份教师培训现状。众多区域性、地方性的教师培训现状调研，无疑对促进所调研地区的教师培训发展具有积极意义，特别是能更有针对性地为改进教师培训提供建设性意见，但是否有效和适用尚需实践检验。

### （七）教师培训质量提升研究

教师培训的质量高低直接影响着教师的专业素质发展以及学校教育质量提升。研究发现我国中小学教师培训质量不容乐观，存在着不重视培训需求、内容脱离教师专业发展和教学实践、方法传统单一、教师培训者队伍专业化不高、培训监督和评价较少关注长远影响等问题。其中，影响教师培训质量的因素中包括培训方案制订、培训目标确定、培训内容形式师资选择，以及培训者培训经费等。因此，需要建立教师培训质量保障体系切实为教师培训质量的提高提供长久保障。但不可否认的是，目前研究缺少对教师培训质量的扩展性、多角度研究。

## 二、相关概念的界定

### （一）教师专业发展

教育部师范教育司曾组织编写《教师专业化的理论与实践》一书作为全国教师教育通识教材。该书这样界定"教师专业化"的含义：教师专业化是职业专业化的一种类型，是指教师"个人成为教学专业的成员并且在教学中具有越来越成熟的作用这样一个转变过程"。该书还试图区分"教师专业化"和"教师专业发展"这对看似非常相近，也确实经常被混用的概念。该书认为，从广义的角度说，"教师专业化"与"教师专业发展"是相通的，均指加强教师专业性的过程。但从狭义的角度说，它们之间还有一定的区别："教师专业化"更多是从社会学角度加以考虑的，主要强调教师群体的、外在的专业性提升；"教师专业发展"更多是从教育学角度加以界定的，主要指教师个体的、内在的专业化提高。这两个不同的思维角度是随着教师专业发展研究进程而不断明晰的。最初，为了提升教师专业化程度，人们采用的是群体专业化策略，即着力于提高教学工作的专业化水平，多数研究者和教师教育者假设，教师的专业化过程就是把专家教师或优秀教师的某种特质传递给师范生或一般教师的过程，假设这一传递过程基本是无条件的、有效的，与教师专业发展所处的时期、教师已达到的发展水平无关。基于这个假设，他们的研究多试图寻求专家教师、优秀教师的一般特质并将其作为以后培训教师的依据。后来，人们逐渐将研究的视角转向教师个体专业化，但也经历了一个重心转移的过程，即先强调教师个体的被动专业化，后来才转向强调教师个体的主动专业化，即教师专业发展[①]。

由此可见，"教师专业发展"不同于"教师专业化"，这是两个不能混淆的概念，后者更多指向于早期所采用的群体专业化策略，即使涉及到教师个体专业化策略，也主要表现为教师被动的专业化。在这种被动的专业化中，教学工作往往被教师作为而且仅作为谋生的手段，在整个职业生涯中也只把个人职业阶梯的上升作为工作主要动力。在此过程中，教师为了被社会认同，只得被动地实现外界所订立的专业标准，执行所规定的要求。而"教师专业发展"更多指向教师个体的主动专业化。随着教师地位和作用被重新发现，教师在个体专业化中的被动地位也发生了变化，从"教师专业化"转向"教师专业发展"也就成了世界性的趋势。

以"教育专业发展"为主题的1980年《世界教育年鉴》的出版，是由教师被动的个人专业化转向教师积极的个人专业化，即教师专业发展的一个重要标志。1980年以来，已有多次专门以教师专业发展为主题的国际会议。如1989年2月的多伦多会议，1991年2月的温哥华会议等。这些会议的召开无疑对深刻理解教师专业发展概念、在实践中促进教师专业发展起到了积极推动作用。

而对于"教师专业发展"的界定，国际上的学者也有许多不同的论述：加拿大学者哈格里夫斯（Hargreaves）和富拉恩（Fullan）（1992）指出，教师发展可以从知识与技能的发展、自我理解和生态改变三个方面来理解。美国学者伊文思（Evans）（2002）提出教师发展最基本的是态度上和功能上的发展。前者是教师在态度上的改善过程，后者是专业表现改善的过程。其中，态度上的发展包含智识性发展和动机性发展；功能上的发展体现为程序性发展和生产性发展。哈格里夫斯（1995）认为，教师专业发展不仅应包括

---

① 白益民.教师的自我更新：背景、机制与建议[J].华东师范大学学报（教育科学版），2002（4）：28-38.

知识、技能等技术性维度，还应该广泛考虑道德、政治和情感的维度。

戴（Day）（1999）综合众多学者的观点提出一个颇具包容性的界定：教师专业发展包涵所有自然的学习经验和有意识组织的各种活动，这些经验和活动直接或者间接地让个体、团体或学校得益，进而提高课堂的教育质量。教师专业发展是一个过程。在该过程中，具有变革力量的教师独自或与人一起检视、更新和拓展教学的道德目的；在与儿童、年轻人和同事共同度过的教学生活的每一阶段中，教师不断学习和发展优质的专业思想、知识、技能和情感智能。他们的学习和发展具有批判性，因为教师不只是知识和技能的受容器。

综上所述，我们可以把"教师专业发展"理解为教师不断成长、不断接受新知识、提高专业能力的过程。它包含教师在生涯过程中提升其工作的所有活动。在这一过程中，教师通过不断的学习、反思和探究来拓宽其专业内涵、提高专业水平，从而达至专业成熟的境界。教师专业发展强调教师的终身学习和终身成长，是职前培养、新任教师培养和在职培训，直至结束教职为止的整个过程。教师专业发展不仅包括教师个体生涯中知识、技能的获得与情感的发展，还涉及与学校、社会等更广阔情境的道德与政治因素。

## （二）区域教师专业发展

所谓"区域教师专业发展"，指把对教师个人的、主动的专业发展的关注与研究放在一定的区域范围内进行，综合考察具体区域内教师群体与教师个体的专业发展进程。此类区域研究应属于区域教育学范围，而区域教育学是我国经济学家、政治学家、文化学家在长期实践中认真总结教育和区域发展的关系，逐步形成的一门新兴学科。有学者纵观我国区域教育研究的历史，将此类研究大体划分为：区域教育研究探索时期、区域教育研究发展时期和区域教育学初步形成时期，并判断，区域教育研究已经成为我国教育学研究中颇受关注的领域之一①。

选择对教师专业发展进行区域研究，主要基于如下考虑。

---

① 焦瑶光.区域教育研究的兴起和区域教育学的创建[J].西北师大学报（社科版），2005（2）：36-39.

## 1.区域划界理论

区域是地理学上常用的一个概念，它是不同地区之间经济、社会发展极不平衡的产物。区域与经济结合生成经济区域，与文化结合生成文化区域，区域与行政结合生成行政区域，而无论是经济区域、文化区域，还是行政区域，在区域内，都具有明显的区域痕迹或鲜明的区域特征。区域是一个可大可小的概念，正因为不同区域的经济、文化等因素都具有不同的特点，因而就有了区域经济、区域文化等说法，而区域经济、区域文化等都具有非常明显的区域特征，带有区域演化和嬗变的痕迹，并具有非常强的自我完善、自我发展、自我适应的潜质①。

由于教育受自然条件、经济发展水平、社会状况、历史传统、文化背景等诸多因素的影响，依据不同区位因子划分的教育区域、经济区域、文化区域或行政区域不完全一致，但又相互制约，经济区划、文化区域、行政区划往往是教育区划的基础，而教育区域的特征也深刻地影响着该区域经济、文化特征形成，甚而会对行政区划产生一定作用。

## 2.区域教育理论

区域与教育结合就形成区域教育，区域教育是指在一定行政区划内或多个衔接在一起、共性比较突出的行政区划联合成的广义区域内的教育，是一个中观层次的概念。相对于全国的教育整体而言，它是下一层次的子类。相对于具体学校而言，是上一层次的教育系统，它更多地体现了区域内教育发展的综合性和整体性，具体到某一学校则需要区域内教育行政部门的支持和调控。从教师专业发展的角度看，各地教师的专业发展水平与教育的其他领域一样，有着明显的地方性、区域特征，反映了当地区域经济、区域文化以及区域行政等对教师教育的有力的影响。

要想对区域教师专业发展做深入的研究，必须立足区域实际，发掘区域教育的独特性，思考该区域教育、教师面临的现实问题。因此，本研究定位为"区域教师专业发展"，无论是政策分析，还是典型案例，均紧紧围绕区域进行。研究目的也主要定位于为本区域的教师教育行政决策服务。

---

① 肖化移.区域职业教育发展的理论思考[J].职教通讯（江苏技术师范学院学报），2003（9）：14-16.

## （三）教育政策

教育政策研究是20世纪80年代以来开始逐渐兴起的一个新的研究领域。随着世界经济、政治、文化逐渐趋向多元化发展，教育政策研究对社会发展的特殊意义已先后被各国政府所认可，特别是对提升一个国家的综合国力具有重要的作用。近年来，教育政策研究日益引起各国政府及学者的重视，对教育政策的理解也各有不同。

一种观点把教育政策理解为"党和政府在一定历史时期为教育工作制定的基本要求和行动准则"①。另一种观点认为："教育政策是有关教育的措施，一般指诸如国家、地方公共团体一类的公共权力主体所依照的政策。"②此外，对教育政策关注较多的孙绵涛教授认为："教育政策是指一个国家在一定时期为实现一定的教育任务而规定的调整国家与教育之间、社会各领域与教育之间、教育内部各种关系之间的行动依据和准则。"③

由上，我们可以看出，教育政策是党和国家为实现一定历史时期的路线、方针和任务，而对教育工作制定的行为准则和策略。

教育政策属于公共政策，是公共政策的有机组成部分。对于教育政策的含义存在广义和狭义两种理解：前者是指一个国家为发展教育所制定的一切举措；而后者只是这些举措中的一种，不包括教育方针、教育法规以及一些具体的行动措施。在本研究中，教育政策应属于广义的教育政策，是执政党和国家在一定时期内，为实现一定的教育目的任务，解决一定的教育问题所采取的政治行为而制定的行动准则。

## （四）中小学教师

《中华人民共和国教师法》第四十条第三项规定"中小学教师，是指幼儿园、特殊教育机构、普通中小学、成人初等中等教育机构、职业中学以及其他教育机构的教师。"这里的"其他教育机构"，"是指少年宫以及地方教

---

① 辞海[M].上海：上海辞书出版社，1979：3355。

② 平塚益德.世界教育辞典[M].黄德诚，夏凤鸾等译.长沙：湖南教育出版社，1989：241.

③ 孙绵涛.教育行政学概论[M].武汉：华中师范大学出版社，1989：83.

研室、电化教育机构等"。(《中华人民共和国教师法》第四十条第二项)

由于教师培训政策的特殊性，本研究的中小学教师特指的是普通中学、小学的教师以及幼儿园教师。

## 第四节　影响中小学（幼儿园）教师培训政策实施的因素

随着外部环境的变化，中小学教师培训政策在发展的过程中逐步体现出科学、民主、教育平等等政策价值，政策内容中对于教师培训权力的下放也体现出教师培训政策的指导地位，因而中小学教师培训政策在实施过程中各个地方对政策的把握具有一定的自主性、探索性和创新性。美国著名政策学家 T.B.史密斯在《政策执行过程》一书中提出政策执行过程的分析模型，认为影响政策的执行过程的因素主要包括政策文本、政策施行主体、政策对象和环境因素四个方面。

### 一、政策文本

在国家层面上，首先，从政策的明晰性来看，中小学教师培训政策的目标十分的具体。《基础教育课程改革纲要（试行）》在针对教师的培养和培训上特别提出了我国中小学教师的继续教育要以基础教育课程改革为核心内容，制订相关的培训计划，确保培训工作要与新课程改革同步。具体来讲，我国中小学教师培训政策旨在培养中小学教师的基本能力使其与新课改适应，将信息技术与教育相结合，不断推进教育信息化的发展，全面加强教师师德建设，培养高素质教师队伍。其次，从政策的连续性来看，我国中小学教师培训政策具有非常强的连续性和稳定性。自 2001 年新课改以来，教育部出台了纲领性的政策文件——《基础教育课程改革纲要（试行）》。以《纲要》为基础，教育部又不断出台了与之配套的关于中小学培训的政策。例如：2001 年 10 月，教育部印发《关于开展基础教育新课程师资培训工作的意见》；2004 年 2 月，教育部发布《关于进一步加强基础教育新课程师资培训工作的指导意见》（教师〔2004〕1号）；2009年教育部启动《2009年中小学教师国家级培训计划》；2011年1月，教育部发布了《关于大力加强中小学教师培训工作的意见》（教师〔2011〕1号）；2016年，教育部发布了《关于大力推行中小学教师培训学分管理的指导意见》（教师〔2016〕12号）；2018年，中共中央、国务院发布《关于全面深化新时代教师队伍建设改革的意见》。由此可见，我国中小学教师培训政策在制定中注重了长期规划和执行的一惯性，注重在时间维度上的承接与延续，确保了我国中小学教师培训政策的有效执行。最后，从政策的合理性来看，我国中小学教师培训政策坚持了民主化和科学化的程序价值取向，坚持了以人为本和教育公平的实质价值取向，这样科学合理的价值标准有利于我国中小学教师培训政策的顺利实施。

## 二、政策实施主体

政策实施主体是政策的直接实施者，可以直接影响到政策的执行效果。政策实施主体由政策执行组织和政策执行人员构成。从执行组织来看，我国中小学教师培训政策的执行主体主要包括教育部及其职能部门、地方各级教育行政管理部门、高等师范院校以及教师进修院校。无论是教育部及其职能部门、地方各级教育行政管理部门，还是高校或教师进修院校，这些政策的实施组织都具有比较完善的制度、合理的组织层级且各个层级之间能够保持协调一致。因此，我国中小学教师培训政策在实施主体上就有了较好的组织基础。从教育培训政策实施的人员来看，我国中小学教师培训政策的实施主体主要包括教育行政管理部门管理者、教育研究者、高校教师、教学名师及培训的组织协助者。这些实施的人员不但可以正确地理解我国中小学教师培训政策的涵义和目标，而且具备必要的知识储备和素养，拥有较强的相关专业知识以及实践能力，这也为我国中小学教师培训政策的执行奠定了人才基础。从实施组织与执行人员来看，我国中小学教师培训政策的实施主体在能力与素质上均有一定的保证，但是对教师培训政策价值的理解与教师培训政策内容的解读上，不同的实施主体可能存在着不同的理解，因而实施主体对于教师培训政策的领会很大程度上会影响教师培训政策的实施。

## 三、政策实施对象

政策的实施对象指的是政策在实施时所针对的目标群体。我国中小学教师培训政策的实施对象就是参加培训的中小学教师。通常情况下，中小学教师对培训政策的目标是能够较好地理解和接受的，也希望通过培训，提高自己的教育教学能力、提升自己的专业化发展，以适应新课改的需求。但是由于培训对象的人生观、世界观和价值观的不同，处于不同发展阶段的教师群体对于教师培训的需求也会不同，因而在中小学教师培训政策的实施过程中培训对象同样也会成为影响中小学教师培训政策的影响因素。

## 四、政策执行环境

任何一项政策的执行，都处于特定的环境当中。政策实施的效果会受到政策环境的制约，影响着政策实施的效果与效率。对全国来说，地域宽广、教师人数众多，中小学教师培训政策的执行环境因此也较为复杂。

而对于区域内的教育政策执行环境来说，被动地受制于整个大的经济背景。在本研究中，将政策的执行环境更换为政策措施，指在政策文本中，为实现政策目标而采取的各种手段、途径、方法和要求等。

# 第二章 "十二五"以来辽宁省中小学（幼儿园）教师培训政策文本及内容分析

教育政策是"一种有目的、有组织的动态发展过程，是政党政府等政治实体在一定历史时期，为实现一定的教育目标和任务而协调教育的内外关系所规定的行动依据和准则。"①本研究主要对辽宁省中小学（幼儿园）教师培训的政策进行微观分析，即分析教育政策的文本和内容。

## 第一节 辽宁省中小学（幼儿园）教师培训政策宏观背景分析

区域教育政策的分析，离不开国家教育政策这个大背景。1978年改革开放以后，我国始终把教育置于战略发展地位，40多年的探索前进，教育领域的成就显著。义务教育的普及和高等教育的普及，无疑是中国教育发展史上的巨大飞跃。一定量的堆积能够达到质变的结果，中国的教育改革也是如此，教育的发展从数量的增加到范围的变广，再到把教育质量的提升作为教育发展的核心，是量变达到质变的过程，其中教师在整个教育发展过程中起到至关重要的地位。教师是教育的基础，随着教育全球化，以及终身学习的教育理念的传播，教师教育得到了广泛关注。教师参与继续教育，对提高自身能力，促进专业发展卓有成效。因此，教师教育也是教师整个职业生涯中必不

---

① 孙绵涛.教育政策学[M].武汉：武汉工业大学出版社，1997：10.

可少的一部分，贯穿在整个过程之中，关注度也越来越高。

"十二五"以来，我国教师培训进入以"全员"与"专业"为指向的内涵式发展阶段。

（一）出台纲领性文件：《国家中长期教育改革和发展规划纲要（2010—2020年）》

进入21世纪，我国第一个回应民意、惠及民生的教育改革路线图《国家中长期教育改革和发展规划纲要（2010—2020年）》于2010年7月29日正式发布。这是指导全国教育改革和发展的纲领性文件，也是改革开放以来第一份对中小学（幼儿园）教师培训的目的、周期、体系、制度以及经费支持作出系统化规定的完整政策文本，为之后中小学教师培训政策的制定奠定了基本思路与基本原则。

《国家中长期教育改革和发展规划纲要（2010—2020年）》中明确提出："完善培养培训体系，做好培养培训规划，优化队伍结构，提高教师专业水平和教学能力。""完善教师培训制度，将教师培训经费列入政府预算，对教师实行每五年一周期的全员培训。"在组织实施重大项目中，包括：对义务教育教师进行全员培训，组织校长研修培训；对农村幼儿园园长和骨干教师进行培训等若干教师、校长（园长）培训项目。

（二）教师培训成为推动教师专业发展常态化的重要路径

为落实《国家中长期教育改革和发展规划纲要（2010—2020年）》的要求，进一步完善我国教师培养培训体系，教育部和财政部在全国范围内启动了"中小学教师国家级培训计划"（简称"国培计划"）。2012年9月，《国务院关于加强教师队伍建设的意见》指出"建立教师学习培训制度，实行5年一周期不少于360学时的教师全员培训制度"，"采取顶岗置换研修、校本研修、远程培训等多种模式"。自此，教师培训开始逐渐成为推动教师专业发展常态化的重要路径。2013年5月，教育部下发的《关于深化中小学教师培训模式改革全面提升培训质量的指导意见》中提出要"为教师创造自主选择培训内容、时间、途径和机构的机会"，从而"满足教师个性化需求"。

## （三）建立了培养培训一体化的教师教育体系

2018年1月，中共中央、国务院印发的《关于全面深化新时代教师队伍建设改革的意见》中再次强调了"重视专业发展"的思想，提出"经过5年左右努力，教师培养培训体系基本健全……到2035年，教师综合素质、专业化水平和创新能力大幅提升，培养造就数百万计的骨干教师、数以十万计的卓越教师、数以万计的教育家型教师"的奋斗目标。

从全国来看，中小学教师培训政策不仅面向全体，更关注不同类别、不同阶段和不同层次的教师在专业发展上的差别需要。经过几十年的努力实践和探索，我国建立了培养培训一体化的教师教育体系，形成了国培、省培、县（区）培、校培五级培训体系。全国各地也在不断积极探索符合中小学教师专业发展规律的个性化教师培训，开展分层分类培训，形成了以新教师培训、骨干教师培训、卓越教师培训为主的个性化教师培训体系。可以说，在我国中小学教师培训体系的发展建设中，我国中小学教师培训政策所起到的引领、规范和支持作用功不可没。

# 第二节　"十二五"以来辽宁省中小学（幼儿园）教师培训政策主要文本

有关辽宁省中小学（幼儿园）教师培训的政策涉及具体的政策文本，第一种是教育法律文本，第二种是教育规划文本，第三种是教育政策文本。需要说明的是，受信息的限制，本研究所列出的政策文本仅为在网上可检索到的。

## 一、教育法律文本

教育法律文本是最具权威性的文本。与中小学（幼儿园）教师培训有关的教育法律文本有3个，分别为2006年出台的《辽宁省民办教育促进条例》、2010年辽宁省人民代表大会常务委员会颁布的《辽宁省实施〈中华人民共和国教师法〉若干规定》和2017年辽宁省人民代表大会常务委员会颁布的

《辽宁省学前教育条例》，具体见表2.1。

表2.1 "十二五"以来辽宁省中小学（幼儿园）教师培训教育法律文本一览表

| 序号 | 时间 | 政策名称 | 颁布机构 | 有关教师培训方面相关内容 |
|---|---|---|---|---|
| 1 | 2006年 | 辽宁省民办教育促进条例 | 辽宁省人民代表大会常务委员会 | 民办学校的教职工在业务培训、教师资格认定、职称评定、岗位聘用、教龄和工龄计算、表彰奖励、社会活动以及申请科研项目等方面，享有与同级同类公办学校的教职工同等权利 |
| 2 | 2010年 | 辽宁省实施《中华人民共和国教师法》若干规定 | 辽宁省人民代表大会常务委员会 | 省、市、县（含县级市、区，下同）教育行政部门主管本行政区域内的教师工作。具体职责是认定中小学、幼儿园教师资格进行认定，与有关部门一同对中职教师资格进行认定；为教师培训进行规划并组织实施；各级教育行政部门依据教师需求量以及教师分布情况，调节行政区域间与学科间师资的供需平衡，并且制订教师培养计划；各级教育部门应为教师进行提供必要的条件，学校及教育机构应制订教师培训的具体计划，确保教师参与培训 |
| 3 | 2017年 | 辽宁省学前教育条例 | 辽宁省人民代表大会常务委员会 | 1.县人民政府可以采取师资培训等措施对普惠性民办幼儿园予以扶持；2.省、市、县教育主管部门应当完善学前教育师资培养和培训体系，选定幼儿园教师培训实训基地，对在职园长和教师实施免费培训 |

## 二、教育规划文本

规划文本是对规划的各项目标和内容提出规定性要求的文件。与中小学（幼儿园）教师培训有关的教育规划文本包括：2011年辽宁省人民政府发布的《辽宁省教育事业发展"十二五"规划》和辽宁省教育厅发布的《辽宁省"十二五"基础教育干部培训规划》，2015年辽宁省人民政府办公厅发布的《辽宁省乡村教师支持计划实施方案（2015—2020年度）》和辽宁省教育厅发布的《辽宁省中长期教育改革和发展规划纲要（2010—2020年）》，2016年辽宁省教育厅发布的《辽宁省中小学名优教师校长成长计划（2016—2020

年）》和《辽宁省乡村教师素质提升计划（2016—2020年）》，2017年辽宁省人民政府发布的《辽宁省教育事业发展"十三五"规划》，2021年辽宁省人民政府发布的《辽宁省"十四五"教育发展规划》，2022年辽宁省教育厅等十部门发布的《辽宁省学前教育发展提升行动计划（2022—2025年）》和《辽宁省县域普通高中发展提升行动计划（2022—2025年）》，共10个规划文本。具体见表2.2。

表2.2 "十二五"以来辽宁省中小学（幼儿园）教师培训教育规划文本一览表

| 序号 | 年份 | 政策名称 | 颁布机构 | 有关教师培训方面相关内容 |
|---|---|---|---|---|
| 1 | 2011 | 辽宁省教育事业发展"十二五"规划 | 辽宁省人民政府 | 1.促进普通高中优质多样化发展，开展普通高中骨干教师培训。<br>2.加大对少数民族双语师资的培养培训力度。<br>3.抓好骨干教师和学科带头人培训。<br>4.以需求为导向，开展新一轮幼儿园园长和教师全员培训。<br>5.完善省、市、县、校四级教师培训体系。落实中小学教师校长五年一周期不少于360学时的全员培训制度。建立教师培训质量监测评估制度，积极探索管、办、评分离的培训工作机制，提高教师培训质量和效益。<br>6.实施"乡村教师支持计划"，带动和促进乡村教师队伍整体水平提高，稳定乡村教师队伍。实施"乡村教师素质提升计划"，培训10000名乡村骨干教师和500名乡村校长，提升乡村教师、校长能力素质；<br>7.继续实施"中小学教师信息技术应用能力提升工程""乡村教师素质提升计划"和"网络学习空间专题培训计划"，培训教师30万人次，培养教师利用信息技术开展学情分析与个性化教学的能力。 |
| 2 | 2011 | 辽宁省"十二五"基础教育干部培训规划 | 辽宁省教育厅 | 1.做好中小学校长全员提高培训；<br>2.实施骨干中小学校长培养培训计划；<br>3.加强新任校长与校长后备干部培训；<br>4.实施中小学校长学历（力）提升计划。 |

续表

| 序号 | 年份 | 政策名称 | 颁布机构 | 有关教师培训方面相关内容 |
|---|---|---|---|---|
| 3 | 2015 | 辽宁省乡村教师支持计划实施方案（2015—2020年） | 辽宁省人民政府办公厅 | 1.解决我省乡村教师职业吸引力不强、补充渠道不畅、优质资源配置不足、结构不尽合理、整体素质不高等突出问题。<br>2.到2017年，力争使乡村学校优质教师来源得到多渠道扩充，乡村教师资源配置得到改善，教育教学能力水平稳步提升，各方面合理待遇依法得到较好保障，职业吸引力明显增强，逐步形成"下得去、留得住、教得好"的局面。<br>3.到2020年，努力造就一支结构合理、素质优良、甘于奉献、扎根乡村的教师队伍，为基本实现教育现代化提供坚强有力的师资保障。 |
| 4 | 2015 | 辽宁省中长期教育改革和发展规划纲要（2010—2020年） | 辽宁省教育厅 | 1县级教育行政部门按照规定履行中小学教师的培养培训管理职能；<br>2.完善学前教育师资培养培训体系；<br>3.实施中小学、幼儿园骨干教师海外研修计划；<br>4.完成农村中小学教师新一轮市级以上培训工作；<br>5.完成民族地区双语教师的全员培训；<br>6.在全省建设30个中小学校长、教师实训基地，组织开展针对民族地区、辽西北贫困地区农村中小学校长和教师的培训工作。 |
| 5 | 2016 | 辽宁省中小学名优教师校长成长计划（2016—2020年） | 辽宁省教育厅 | 1.搭建名优教师校长集中研修的平台，建立名优教师校长积极参与、合作研修与自主发展的工作机制；<br>2.加强名师工作室和专家型校长工作室的专业指导与管理，努力实现"组建一个工作室，凝聚一批骨干，聚焦一个项目，服务一个乡村，带出一支队伍，实现一些突破，推动一个学科发展"的目的；<br>3.名优教师校长通过承担省、市、县（市、区）各级培训任务，切实提高名优教师校长的教育实践和培训能力，发挥辐射和引领作用；<br>4.教学名师和专家型校长定点帮扶本区域内一所或多所乡村学校，每年要完成至少4次乡村教师培训任务。 |

续表

| 序号 | 年份 | 政策名称 | 颁布机构 | 有关教师培训方面相关内容 |
|---|---|---|---|---|
| 6 | 2016 | 《辽宁省乡村教师素质提升计划（2016-2020年）》 | 辽宁省教育厅 | 工作目标：<br>到2020年，通过"乡村教师走出来、名优教师走下去、网络空间联起来"等培训研修方式，建立不少于100个乡村教师"影子"培训基地学校，组建1000名乡村教师导师团队，重点选拔培训10000名乡村骨干教师，构建省、市、县（市、区）、学区、学校五级联动的乡村教师培训体系，初步形成一支师德高尚、业务精湛、结构合理、充满活力的乡村教师队伍。<br>保障措施：<br>1.整合高等学校、市级教师进修学院、县区教师进修学校和中小学校优质教育资源，构建乡村教师能力素质提升长效工作机制，引领乡村教师专业发展。强化省级统筹规划，各市、县（市、区）要切实履行实施主体责任，实现乡村教师参训的多层次和全覆盖，逐步形成省、市、县（市、区）、学区、学校五级联动，教育行政部门、教育教研部门、高等院校、学校全面协作的工作机制，共同发力、攻坚克难、有效破解乡村教师能力素质提升"最后一公里"问题。<br>2.打造乡村教师专业发展支持服务体系，保障教师全员全时参训。"十三五"期间，各县（市、区）要建立1个以上的乡村教师培训基地，组建不少于10名优秀专家组成的乡村教师导师团队，重点选拔培训不少于100名乡村骨干教师，注重发挥本土优质教育资源在乡村教师培训中的辐射和引领作用，带动提升本地区乡村教师整体素质水平。各市、县（市、区）要对本地区的乡村教师校长进行360学时培训，把乡村教师完成学时情况作为教师年度绩效考核、评优晋级、职务评聘的必备条件，确保执行有据有力。<br>3.丰富培训内容，规范乡村教师教育教学行为。加强师德师风培训，把师德教育作为乡村教师培训的首要内容，推动师德教育进教材、进课堂。 |

续表

| 序号 | 年份 | 政策名称 | 颁布机构 | 有关教师培训方面相关内容 |
|---|---|---|---|---|
| 6 | 2016 | 辽宁省乡村教师素质提升计划（2016—2020年） | 辽宁省教育厅 | 全面提升乡村教师信息技术应用能力，各市、县（市、区）到2017年年底前完成对每名乡村教师不少于50学时的信息技术应用能力专项培训，推动信息技术在教师课堂教学和日常工作中有效应用。促进信息技术与教育教学融合，破解乡村优质教学资源不足的难题，建立支持学校、教师使用相关设备的激励机制并提供必要的保障经费。加大对薄弱学科的培训力度，特别要加强对体音美和少数民族双语教师培训，破解乡村学校薄弱学科教育质量参差不齐的困局。<br>4.创新教师培训研修方式，提高乡村教师培训的实效性和针对性。在乡村教师培训过程中，各市、县（市、区）要采取跟岗研修、网络研修、送教下乡、专家指导、校本研修等多种研修，保证乡村教师培训的质量和效果。建立网络研修互动空间，由培训基地教师和导师团队在线实时与参训学员互动交流，教学指导，促进乡村教师专业成长与发展。 |
| 7 | 2017 | 《辽宁省教育事业发展"十三五"规划》 | 辽宁省人民政府 | 1.抓好骨干教师和学科带头人培训；<br>2.加大对少数民族双语师资的培养培训力度；<br>3.以需求为导向，开展新一轮幼儿园园长和教师全员培训；<br>4.完善省、市、县、校四级教师培训体系；<br>5.落实中小学教师校长五年一周期不少于360学时的全员培训制度；<br>6.加强名优教师校长队伍建设，实施"中小学名优教师校长成长计划"，切实发挥名优教师校长示范引领作用，提高教师校长队伍的整体水平；<br>7.实施"乡村教师素质提升计划"，培训10000名乡村骨干教师和500名乡村校长，提升乡村教师、校长能力素质；<br>8.继续实施"中小学教师信息技术应用能力提升工程""乡村教师素质提升计划"和"网络学习空间专题培训计划"，培训教师30万人次，培养 |

| 序号 | 年份 | 政策名称 | 颁布机构 | 有关教师培训方面相关内容 |
|---|---|---|---|---|
| 7 | 2017 | 辽宁省教育事业发展"十三五"规划 | 辽宁省人民政府 | 教师利用信息技术开展学情分析与个性化教学的能力；<br>9.建立教师培训质量监测评估制度，积极探索管、办、评分离的培训工作机制，提高教师培训质量和效益。 |
| 8 | 2021 | 辽宁省"十四五"教育发展规划 | 辽宁省人民政府 | 1.持续推进习近平新时代中国特色社会主义思想进教材、进课堂、进头脑，贯穿课程教材建设全过程、纳入各类培训的必修内容；<br>2.实施思想政治工作中青年骨干队伍建设项目，组织开展示范培训；<br>3.开展校长培训、骨干培训、岗前培训；<br>4.强化日常心理咨询辅导及培训，拓展心理健康教育途径；<br>5.每年组织1000名左右教师开展师德师风专项培训；<br>6.实行幼儿园园长教师定期培训制度，加强非学前教育专业教师培训；<br>7.推进中小学教师培训提质增效，完善线上线下混合式培训，分层分类推进教师常态化学习；<br>8.加大乡村骨干教师培训力度。 |
| 9 | 2022 | 辽宁省学前教育发展提升行动计划（2022—2025年） | 辽宁省教育厅等十部门 | 1.健全省、市、县、校四级联动的培训体系，突出实践导向，实行幼儿园园长、教师和教研员定期培训制度，开展园长岗位任职培训；<br>2.加强师德师风全员培训、非学前教育专业教师全员专业培训和《未成年人保护法》《家庭教育促进法》等法律培训。 |
| 10 | 2022 | 辽宁省县域普通高中发展提升行动计划（2022—2025年） | 辽宁省教育厅等十部门 | 加强县中校长教师专项培训，健全省、市、县、校四级联动的培训体系，用两年时间完成县中校长全员轮训，用三年时间完成县中骨干教师专题培训和县中教师全员培训。 |

## 三、教育政策性文本

　　政策性文本是指国家政权机关、政党组织和其他社会政治集团以权威形式标准化地规定在一定的历史时期内，应该达到的奋斗目标、遵循的行动原则、完成的明确任务、实行的工作方式、采取的一般步骤和具体措施的文件，如通知、实施方案等。与中小学（幼儿园）教师培训有关的教育规划文本包括：2014年辽宁省教育厅下发的《辽宁省中小学教师全员培训实施办法（试行）》《关于进一步加强我省教师队伍建设的意见》和《辽宁省中小学教师继续教育暂行规定》，2018年中共辽宁省委、辽宁省人民政府发布的《关于全面升华新时代教师队伍建设改革的实施意见》，2020年辽宁省教育厅发布的《关于加强和改进新时代基础教育教研工作的实施意见》《辽宁省中小学教师信息技术应用能力提升工程2.0实施意见》，2021年辽宁省教育厅等六部门发布的《关于进一步加强新时代乡村教师队伍建设的通知》，共计7个教育政策性文本，具体见表2.3。

表2.3　"十二五"以来辽宁省中小学（幼儿园）教师培训教育政策文本一览表

| 序号 | 年份 | 政策名称 | 颁布机构 | 有关教师培训方面相关内容 |
|---|---|---|---|---|
| 1 | 2014 | 辽宁省中小学教师全员培训实施办法（试行） | 辽宁省教育厅 | 1.充分发挥课程组和教学研究组的功能和作用，每周进行一次单独的课程组学习；<br>2.教学研究组每两周进行一次教学和研究活动，教师应该有年度培训计划和培训总结；<br>3.鼓励教师阅读教育理论书籍，及时记录，记录学习经验，提高理论依据；<br>4.教学研究案例记录，理论研究反映了论文的形式，研究项目有成果，每学期教师至少要编写一本关于教育和教学论文的文章。 |
| 2 | 2014 | 关于进一步加强我省教师队伍建设的意见 | 辽宁省教育厅 | 经过5年左右努力，教师培养体系更加完善，教师培训体系基本健全。<br>1.开展中小学教师全员培训，促进教师终身学习和专业发展。转变培训方式，推动信息技术与教师培训有机融合，实行线上线下相结合的混合式研修。改进培训内容，紧密结合教育教学一线实际，组织高质量培训，切实提升教学 |

续表

| 序号 | 年份 | 政策名称 | 颁布机构 | 有关教师培训方面相关内容 |
|---|---|---|---|---|
| 2 | 2014 | 关于进一步加强我省教师队伍建设的意见 | 辽宁省教育厅 | 水平。推行培训自主选学，实行培训学分管理，建立培训学分银行，搭建教师培训与学历教育衔接的"立交桥"。<br>2.建立健全地方教师发展机构，加强专业培训队伍建设，优化市县级教师进修学院（校）教师岗位结构比例。建立健全地方教师发展机构和专业培训者队伍，依托现有资源，结合各地区实际，逐步推进县级教师发展机构建设与改革，实现培训、教研、电教、科研部门有机整合。鼓励教师海外访学。<br>3.实施乡村教师素质提升工程，加强对乡村教师的培训，组建乡村教师导师团队，充分调动优质学校智力资源，提升乡村教师整体素质和专业化水平。<br>4.推进实施中小学名优校长教师成长计划，做好教学名师和特级教师推选，发挥名优校长教师队伍的示范引领和服务乡村教育的积极作用。支持教师和校长大胆探索，创新教育思想、教育模式和教育方法，形成教学特色和办学风格，营造教育家脱颖而出的制度环境。<br>5.创新幼儿园教师培训模式，依托高等学校和优质幼儿园，重点采取集中培训与跟岗实践相结合的方式培训幼儿园教师。鼓励师范院校与幼儿园协同建立幼儿园教师培养培训基地。<br>6.在培训等方面向乡村青年教师倾斜。<br>7.依法保障和落实民办学校教师在业务培训等方面享有与公办学校教师同等权利。 |
| 3 | 2014 | 辽宁省中小学教师继续教育暂行规定 | 辽宁省教育厅 | 保障中小学教师参加继续教育的权利和义务。<br>1.小学、初中、高中教师，"政治思想教育与道德教育"，"中小学生健康教育"和小学教师"现代科技知识"课程是自学培训课程，教师根据任务规定完成学习。<br>2.学习要有学校的学习计划，有集体考察考勤记录，有个人学习笔记，至少有一次个人经验 |

续表

| 序号 | 年份 | 政策名称 | 颁布机构 | 有关教师培训方面相关内容 |
|---|---|---|---|---|
| 3 | 2014 | 辽宁省中小学教师继续教育暂行规定 | 辽宁省教育厅 | 经验文章,达到上述"四有"资格,分别为2学分。<br>3.根据教育部的要求和我省有关文件,对基础课程改革实施新课程教师培训,为"五年级"中小学教师继续教育的核心内容。<br>4.新课程一般知识培训采用原有的"现代教育思想研究"课程,从20小时到50小时;课程标准和新教材采用原"优化课堂教学设计"课程,从20小时至70小时。 |
| 4 | 2018 | 关于全面深化新时代教师队伍建设改革的实施意见 | 中共辽宁省委<br>辽宁省人民政府 | 1.经过5年左右努力,教师培养体系更加完善,教师培训体系基本健全;<br>2.加强教师党支部和党员队伍建设,定期开展教师党支部书记培训;<br>3.开展中小学教师全员培训,促进教师终身学习和专业发展,转变培训方式,推动信息技术与教师培训有机融合,实行线上线下相结合的混合式研修;<br>4.改进培训内容,紧密结合教育教学一线实际,组织高质量培训,切实提升教学水平;<br>5.推行培训自主选学,实行培训学分管理,建立培训学分银行,搭建教师培训与学历教育衔接的"立交桥";<br>6.鼓励教师海外研修访学;<br>7.实施乡村教师素质提升工程,加强对乡村教师的培训,组建乡村教师导师团队,充分调动优质学校智力资源,提升乡村教师整体素质和专业化水平;<br>8.建立健全地方教师发展机构,加强专业培训队伍建设,优化市县级教师进修学院(校)教师岗位结构比例;<br>9.建立健全地方教师发展机构和专业培训者队伍,依托现有资源,结合各地区实际,逐步推进县级教师发展机构建设与改革,实现培训、教研、电教、科研部门有机整合; |

| 序号 | 年份 | 政策名称 | 颁布机构 | 有关教师培训方面相关内容 |
|---|---|---|---|---|
| 4 | 2018 | 关于全面深化新时代教师队伍建设改革的实施意见 | 中共辽宁省委辽宁省人民政府 | 10.面向全体中小学校长，加大培训力度，重点开展乡村中小学骨干校长培训和名校长研修，提升校长办学治校能力；<br>11.建立幼儿园教师培训制度，加大幼儿园园长、乡村幼儿园教师、转岗教师、普惠性民办幼儿园教师的培训力度；<br>12.大力提升乡村教师待遇，培训向乡村青年教师倾斜；<br>13.依法保障和落实民办学校教师在业务培训享有与公办学校教师同等权利。 |
| 5 | 2020 | 关于加强和改进新时代基础教育教研工作的实施意见 | 辽宁省教育厅 | 1.进一步明确教研机构的工作职责，重点围绕教师专业能力培训与提升等方面开展经常性教研活动；<br>2.加强教研、科研、培训一体化机制建设，基于目标和问题导向，开展教育教学实证研究、综合化研究、衔接性研究；<br>3.建立教研员全员培训制度，每位教研员每年接受不少于72课时的培训。 |
| 6 | 2020 | 辽宁省中小学教师信息技术应用能力提升工程2.0实施意见 | 辽宁省教育厅 | 到2022年，构建以校为本、基于课堂、应用驱动、注重创新、精准测评的教师信息素养发展新机制，通过示范项目带动各地开展教师信息技术应用能力培训（每人5年不少于50学时，其中应用学时不少于50%），基本实现"三提升一全面"的总体发展目标：校长信息化领导力、教师信息化教学能力、培训团队信息化指导能力显著提升，全面促进信息技术与教育教学融合创新发展。 |
| 7 | 2021 | 关于进一步加强新时代乡村教师队伍建设的通知 | 辽宁省教育厅等六部门 | 构建省、市、县、校四级联动的乡村教师培训体系，推动开展乡村教师5年360学时的培训。将师德教育作为乡村教师培训的首要内容，推动师德教育贯穿培训全过程，实施中小学教师信息技术应用能力提升工程2.0，按照乡村教师实际需求改进培训方式，增强培训的针对性和实效性。加大名师名校长送教下乡力度，组织乡村教师到城镇学校研修、跟岗学习。把乡村教师培训纳入基本公共教育服务体系，保障经费投入，确保乡村教师培训时间和质量。 |

此外，研究还参考了辽宁省教育厅的各类中小学（幼儿园）教师培训的通知，以及受省教育厅委托开展的各类中小学（幼儿园）教师培训的通知。

## 第三节　辽宁省中小学（幼儿园）教师培训政策内容分析

2011年，教育部《关于大力加强中小学教师培训工作的意见》提出"努力构建开放灵活的教师终身学习体系"的总目标，强调针对不同培训对象"开展中小学教师全员培训"，"创新教师培训模式方法"，"不断优化培训内容"，"完善教师培训制度"，"建立健全教师培训支持服务体系"。由此，本研究认为教师培训政策文本的表述应涵盖培训目标、培训对象、政策措施以及实施主体四个培训要素的内容。这些要素构成了政策规范的完整逻辑结构。

### 一、中小学（幼儿园）教师培训的目标

政策目标是辽宁省中小学（幼儿园）教师培训政策要达到的目的，是整个培训政策的基础。

#### （一）幼儿园园长和教师

**1. 在教育规划文本上**

《辽宁省教育事业发展"十二五"规划》中的目标是加强幼儿园教师队伍建设。《辽宁省教育事业发展"十三五"规划》和《辽宁省"十四五"教育发展规划》都是提升幼儿园教师队伍能力素质，推进信息技术与教育教学的深度融合。《辽宁省中长期教育改革和发展规划纲要（2010—2020年）》的培训目标是加强基础教育教师队伍建设，进一步提高全省幼儿园教师的教育教学水平。《辽宁省学前教育发展提升行动计划（2022—2025年）》为提升教师专业能力，推进学前教育教研改革，健全幼儿园保教质量评估体系，

提高教师专业素养与实践能力。

**2.在教育政策文本上**

2014年的《辽宁省中小学教师全员培训实施办法（试行）》首次将促进教师的专业发展列入培训目标：进一步提高我省幼儿园教师师德素养和专业化水平，加深专业理解，更新知识结果和教育理念，提升教育教学能力，促进教师专业发展。《关于进一步加强我省教师队伍建设的意见》的目标是建立幼儿园教师培训制度，加大幼儿园园长、乡村幼儿园教师、转岗教师、普惠性民办幼儿园教师的培训力度。《辽宁省中小学教师继续教育暂行规定》目标是保障中小学教师参加继续教育的权利和义务。《中共辽宁省委 辽宁省人民政府关于全面深化新时代教师队伍建设改革的实施意见》则首次提出了具体目标：经过5年左右努力，教师培养体系更加完善，教师培训体系基本健全。到2035年，教师综合素质、专业化水平和创新能力大幅提升，全省培养造就数以万计的骨干教师、数以千计的学科（专业）带头人、数以百计的教育家型教师。2020年，随着辽宁省教育厅发布的《关于加强和改进新时代基础教育教研工作的实施意见》，首次建立了教研员培训制度，将学前教育教研员正式列入培训的目标。随着信息技术的发展，2020年《辽宁省中小学教师信息技术应用能力提升工程2.0实施意见》提出：到2022年，构建以校为本、基于课堂、应用驱动、注重创新的教师信息素养发展新机制，通过示范项目带动各地开展教师信息技术应用能力培训，基本实现"三提升一全面"的总体发展目标。

## （二）中小学校长

### 1.在教育规划文本上

《辽宁省"十二五"基础教育干部培训规划》是校长培训的专门性文件，该计划的培养目标是：以能力建设为核心，按照不同的工作岗位对基础教育干部实施分类分层培训，努力提高思想政治水平、业务素质、道德修养，造就一支适应我省经济建设发展和办人民满意教育、全面实现教育现代化要求的高素质专业化基础教育干部队伍。《辽宁省中长期教育改革和发展规划纲要（2010—2020年）》的目标是，加强基础教育教师队伍建设，进一步提高全省中小学教师的教育教学水平。《辽宁省中小学名优教师校长成长计划（2016—2020年）》的目标是，以"十二五"期间中小学名校长培养培训工作为基础，计划遴选认定省中小学骨干校长600人，专家型校长150人。初步建立总量适当、结构合理、层次清晰、衔接紧密、促进优秀人才可持续发展的名优教师校长支持体系，努力为我省基础教育打造一支名优教师校长队伍，切实发挥名优教师校长队伍的示范引领、服务乡村的作用。《辽宁省教育事业发展"十三五"规划》则表述为：提升中小学校长的能力素质。《辽宁"十四五"教育发展规划》的目标为构建一体化思政工作新格局。《辽宁省县域普通高中发展提升行动计划（2022—2025年）》对高中校长的培训目标是加强县中教师专项培训，努力建设一支数量充足、结构合理、素质优良、相对稳定的县中教师队伍。

**2.在教育政策文本上**

《关于进一步加强我省教师队伍建设的意见》对校长培训有着清晰的目标：加强中小学校长队伍建设，努力造就一支政治过硬、品德高尚、业务精湛、治校有方的校长队伍。《中共辽宁省委 辽宁省人民政府关于全面深化新时代教师队伍建设改革的实施意见》为：经过5年左右努力，教师培养体系更加完善，教师培训体系基本健全。到2035年，教师综合素质、专业化水平和创新能力大幅提升，全省培养造就数以万计的骨干教师、数以千计的学科（专业）带头人、数以百计的教育家型教师。

### （三）党支部书记

在教育系统中小学教师培训中关于党支部书记培训的明确表述，仅体现在教育政策文本上。2014年，《关于进一步加强我省教师队伍建设的意见》首次将党支部书记培训明确列入中小学教师培训范围，目标是经过5年左右努力，教师培养体系更加完善，教师培训体系基本健全。《中共辽宁省委 辽宁省人民政府关于全面深化新时代教师队伍建设改革的实施意见》的目标是：经过5年左右努力，教师培养体系更加完善，教师培训体系基本健全。到2035年，教师综合素质、专业化水平和创新能力大幅提升，全省培养造就数以万计的骨干教师、数以千计的学科（专业）带头人、数以百计的教育家型教师，这其中明确提出包括中小学党支部书记。

## （四）中小学教师

### 1.在教育法律文本上

2010年，《辽宁省实施〈中华人民共和国教师法〉若干规定》中明确了教师培训工作实施的主体：省、市、县（含县级市、区，下同）教育行政部门制定教师培训规划并组织实施。

### 2.在教育规划文本上

《辽宁省教育事业发展"十二五"规划》中的目标是加强教师队伍建设。《辽宁省中长期教育改革和发展规划纲要（2010—2020年）》培训目标是：加强基础教育教师队伍建设，进一步提高全省中小学教师的教育教学水平。《辽宁省教育事业发展"十三五"规划》中是提升教师能力素质，全力推进信息技术和教育教学的深度融合创新。《辽宁省"十四五"教育发展规划》加强教师培训，提高教师队伍素质，推进信息技术与教育教学深度融合。

### 3.在教育政策文本上

《辽宁省中小学教师全员培训实施办法（试行）》制定的培训目标是：进一步提高我省中小学、幼儿园教师师德素养和专业化水平，加深专业理解，更新知识结果和教育理念，提升教育教学能力，促进教师专业发展。《辽宁省中小学教师继续教育暂行规定》中提出政策目标是：保障中小学教师参加继续教育的权利和义务，以多种类的培养形式对本省内的中小学教师进行培训，例如培养教学能手、组织课堂教学实践活动、开展教育教学专题研究等，以达到提高辽宁省中小学教师教育教学能力。在《辽宁省中小学教师资格考试改革工作实施方案（试行）》中提到的目标是：通过改革培训工作使得骨干教师的思想政治与职业道德水平、教学技能和综合素质有所提高，实现能力与学历共同提升的目标，能够胜任教学岗位的教学与科研工作，在此培训中培训教材由公共必修课、专业必修课、教学实践课三部分组成。辽宁省教育厅出台的《关于进一步加强我省教师队伍建设的意见》中制定的目标是：全面提高辽宁省教师思想政治素质和业务素质，经过5年左右努力，教师培养体系更加完善，教师培训体系基本健全。《中共辽宁省委 辽宁省人民政府关于全面深化新时代教师队伍建设改革的实施意见》的目标是：经过5年左右努力，教师培养体系更加完善，教师培训体系基本健全。到2035年，教师综合素质、专业化水平和创新能力大幅提升，全省培养造就数以万计的骨干教师、数以千计的学科（专业）带头人、数以百计的教育家型教师。《关于加强和改进新时代基础教育教研工作的实施意见》首次提出建立教研员全员培训制度。《辽宁省中小学教师信息技术应用能力提升工程2.0实施意见》确定的是：到2022年，构建以校为本、基于课堂、应用驱动、注重创新的教师信息素养发展新机制，通过示范项目带动各地开展教师信息技术应用能力培训，基本实现"三提升一全面"的总体发展目标。

## （五）骨干教师和青年教师

骨干教师和青年教师一般包含在中小学教师之中。在一般性政策文本基础上，2014年出台的政策性文本《关于进一步加强我省教师队伍建设的意见》中明确提出：关心乡村教师的生活和发展，优化乡村青年教师发展环境，加快乡村青年教师成长步伐。2018年出台的《中共辽宁省委 辽宁省人民政府关于全面深化新时代教师队伍建设改革的实施意见》也明确提出了骨干教师的发展目标：到2035年，全省培养造就数以万计的骨干教师、数以千计的学科（专业）带头人、数以百计的教育家型教师。

## （六）乡村教师

### 1.在教育法律文本上

2010年，《辽宁省实施〈中华人民共和国教师法〉若干规定》中明确了教师培训工作实施的主体：省、市、县（含县级市、区，下同）教育行政部门制定教师培训规划并组织实施。

### 2.在教育规划文本上

在一般性政策文本基础上，2016年，单独出台的《辽宁省乡村教师素质提升计划（2016—2020年）》确立的目标是：到2020年，通过"乡村教师走出来、名优教师走下去、网络空间联起来"等培训研修方式，建立不少于100个乡村教师"影子"培训基地学校，组建1000名乡村教师导师团队，重点选拔培训10000名乡村骨干教师，构建省、市、县（市、区）、学区、学校五级联动的乡村教师培训体系，初步形成一支师德高尚、业务精湛、结构合理、充满活力的乡村教师队伍。《辽宁省教育事业发展"十三五"规划》中的规划目标是：加强农村教师队伍建设，全力推进信息技术和教育教学的深度融合创新。《辽宁"十四五"教育发展规划》的规划目标是：补齐乡村中小学教师队伍短板，推进信息技术与教育教学深度融合。

**3.在教育政策文本上**

2014年，辽宁省教育厅出台的《关于进一步加强我省教师队伍建设的意见》政策目标是：关心乡村教师的生活和发展，优化乡村青年教师发展环境，加快乡村青年教师成长步伐。2021年出台的《辽宁省教育厅等六部门关于进一步加强新时代乡村教师队伍建设的通知》，确立的政策目标是：加强乡村教师培训，构建省、市、县、校四级联动的乡村教师培训体系。

## （七）民办学校教师

**1.在教育法律文本上**

2006年，辽宁省人大常务委员会审议通过的《辽宁省民办教育促进条例》中明确：民办学校的教职工在业务培训、教师资格认定、职称评定、岗位聘用、教龄和工龄计算、表彰奖励、社会活动以及申请科研项目等方面，享有与同级同类公办学校的教职工同等权利。

**2.在教育政策文本上**

2014年，辽宁省教育厅出台《关于进一步加强我省教师队伍建设的意见》的政策目标是：依法维护民办学校教师权益。

## （八）思政课教师

在《辽宁省教育事业发展"十三五"规划》中确立的思政课教师培训目标是：打造高素质专业化思政课教师队伍。《辽宁省"十四五"教育发展规划》中思政课教师培训目标是：壮大建强学校思政工作队伍。

## 二、中小学（幼儿园）教师培训政策的对象

中小学（幼儿园）教师培训政策的对象就是教育政策所涉及的主体，即政策出台是解决谁的问题。政策对象作为辽宁省中小学（幼儿园）教师培训实施的重要环节，是否明确直接影响到培训政策的实施效果。

### （一）有明确指向的专门性政策

在培训对象上有明确指向的专门性文件，法律文件有两个，分别是《辽宁省民办教育促进条例》和《辽宁省学前教育条例》。规划性文件有五个，分别是《辽宁省"十二五"基础教育干部培训规划》《辽宁省乡村教师素质提升计划（2016—2020年）》《辽宁省学前教育发展提升行动计划（2022—2025年）》《辽宁省县域普通高中发展提升行动计划（2022—2025年）》《辽宁省中小学名优教师校长成长计划（2016—2020年）》。意见通知类文件有2个，分别是《关于加强和改进新时代基础教育教研工作的实施意见》《辽宁省教育厅等六部门关于进一步加强新时代乡村教师队伍建设的通知》。

### （二）其他综合性政策

培训对象类提及最多的首先是中小学（幼儿园）教师，被提及12次；其次是农村（乡村）中小学（幼儿园）教师和校长，被提及11次；再次是幼儿园教师，被单独提及9次；从次依次为中小学校长、幼儿园园长、少数民族地区教师、中小学（幼儿园）骨干教师，并列的有党支部书记、思政课骨干教师和学科带头人及民办学校教师；最后是新任教师。在《辽宁省中小学教师继续教育暂行规定》中受训对象具体分为三个层次：一是义务教育阶段有发展潜力的中青年骨干教师，年龄最好不超过45岁；二是短期集中培训对象为义务教育阶段学校骨干教师、教研员、教学管理者及教师培训机构培训者；三是远程培训对象为农村义务教育阶段学校教师。具体见图2.1。

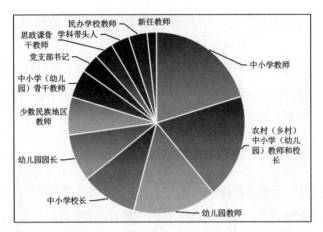

**图2.1 综合性教育政策中培训对象被提及次数比例示意图**

从培训对象看，首先是中小学校长、幼儿园园长和教师、乡村教师、中小学名优教师（骨干教师、学科带头人、教学名师等），他们受重视程度最高，不仅出台了专项政策，而且在综合性教育政策中被提及的次数也比较多；其次被特殊提及的是少数民族地区教师；最后是党支部书记、思政骨干教师和学科带头人和民办学校教师。

## 三、中小学教师培训政策措施

政策措施是培训政策中最核心的环节，可以将政策的措施分为实施措施和保障措施两部分。由于涉及内容较多，本研究将实施措施和保障措施作为一个部分来分析。

### （一）教育法律文本

《辽宁省学前教育条例》中明确：选定幼儿园教师培训实训基地，对在职园长和教师实施免费培训。

### （二）教育规划文本

《辽宁省教育事业发展"十二五"规划》的措施是：一是以师德教育为重点，以适应素质教育需求的能力建设为中心，对全省中小学教师开展全员培训；二是实施幼儿园园长、幼儿教师培训和名师培养工程。

《辽宁省"十二五"基础教育干部培训规划》的具体措施：一是所有在职在岗的中小学副校级（含村级小学）以上领导干部，对不同类型（指学校类型、任职时间不同等）的校长，根据不同岗位要求进行分类、分岗培训，提高针对性和实效性。实行培训备案制度，开展培训活动要向上一级培训机构上报备案。二是省级每年遴选50～100名富有办学经验和成绩、有较大发展潜力的中小学校长，通过多种形式和途径，开展有针对性的培养和培训；在此基础上，全省5年内遴选50名左右中小学优秀校长，通过两年的重点培养，努力造就一批能够引领基础教育改革和发展、在全省乃至全国具有一定影响和声誉的教育家型校长。各市要结合本地实际情况，参照省里模式，每年遴选一定数量的中小学优秀校长，开展有针对性的重点培养培训工作。实行培训备案制度，开展培训活动要向上一级培训机构上报备案。三是新任校长与校长后备干部，做到"先培训，后上岗"，把好入门关；实行培训备案制度，开展培训活动要向上一级培训机构上报备案。四是将校长的学历提升纳入校长提高培训之中，统筹规划，统一要求，努力提高中小学校长的学历（力）水平。采取有力措施，促使中小学校长通过脱产培训、函授学习、自学研修等多种形式提高学历（力）水平，争取具有研究生学历（或同等学力）水平的校长达到规定目标。实行培训备案制度，开展培训活动要向上一级培训机构上报备案。

《辽宁省中长期教育改革和发展规划纲要（2010—2020年）》采取的措施主要是行政部门履行职责，完善培训体系，实施系列工程。一是县级教育行政部门按照规定履行中小学教师培养培训等管理职能；二是完善学前教育师资培养培训体系；三是制订中小学、幼儿园骨干教师海外研修计划；四是完成农村中小学教师新一轮市级以上培训工作；五是实施中小学校长和名教师培训工程；六是实施中小学校长和名教师培训工程，在全省建设30个中小学校长、教师实训基地；七是实施中小学校长和名教师培训工程，中小学"首席教师"遴选培养培训计划。

《辽宁省中小学名优教师校长成长计划（2016—2020年）》主要措施：一是优先推荐及选派省中小学名优教师、校长参加国家级培训；二是搭建名优教师校长集中研修的平台，建立名优教师校长积极参与、合作研修与自主发展的工作机制；三是名优教师校长要通过下校诊断、做示范课、讲学、教育论坛、网络交流等方式，指导中青年教师专业成长；四是名优教师校长通过承担省、市、县（市、区）各级培训任务，切实提高名优教师校长的教育实践和培训能力，发挥辐射和引领作用；五是教学名师和专家型校长定点帮扶本区域内一所或多所乡村学校，每年要完成至少4次乡村教师培训任务。

《辽宁省乡村教师素质提升计划（2016—2020年）》采取的措施：一是整合高等学校、市级教师进修学院、县区教师进修学校和中小学校优质教育资源，构建乡村教师能力素质提升长效工作机制，引领乡村教师专业发展。二是打造乡村教师专业发展支持服务体系，保障教师全员全时参训。三是丰富培训内容，规范乡村教师教育教学行为。把师德教育作为乡村教师培训的首要内容；全面提升乡村教师信息技术应用能力；加大对薄弱学科的培训力度，特别要加强对体音美和少数民族双语教师培训。四是创新教师培训研修方式，提高乡村教师培训的实效性和针对性。采取跟岗研修、网络研修、送教下乡、专家指导、校本研修等多种研修，保证乡村教师培训的质量和效果。五是拓宽学历教育路径，培养一批"一专高能、多专多能"的乡村教师。

《辽宁省教育事业发展"十三五"规划》中的措施：一是开展普通高中骨干教师培训。二是加大对少数民族双语师资的培养培训力度。三是抓好骨干教师和学科带头人培训。四是以需求为导向，开展新一轮幼儿园园长和教师全员培训。五是完善省、市、县、校四级教师培训体系。落实中小学教师校长五年一周期不少于360学时的全员培训制度。建立教师培训质量监测评估制度，积极探索管、办、评分离的培训工作机制，提高教师培训质量和效益。六是实施"乡村教师支持计划"，带动和促进乡村教师队伍整体水平提高，稳定乡村教师队伍。实施"乡村教师素质提升计划"，培训10000名乡村骨干教师和500名乡村校长，提升乡村教师、校长能力素质。七是继续实施"中小学教师信息技术应用能力提升工程""乡村教师素质提升计划"和"网络学习空间专题培训计划"，培训教师30万人次，培养教师利用信息技术开展学情分析与个性化教学的能力。

《辽宁"十四五"教育发展规划》政策措施：一是针对思政青年骨干组织开展示范培训、海内外访学研修；二是针对民族学校教师开展国家通用语言文字教育教学能力培训；三是鼓励师范院校和教师培训机构与幼儿园协同建立培养培训基地；四是推进中小学教师培训提质增效，完善线上线下混合式培训，分层分类推进教师常态化学习；五是加大乡村骨干教师培训力度，补齐短板；六是加强教师信息技术应用能力培训，提高在线授课、网络教研、教学实施等能力；七是构建一体化思政工作新格局，开展中小学校长培训。

《辽宁省学前教育发展提升行动计划（2022—2025年）》通过健全省、市、县、校四级联动的培训体系，突出实践导向，实行幼儿园园长、教师和教研员定期培训制度，开展园长岗位任职培训。加强师德师风全员培训、非学前教育专业教师全员专业培训和《未成年人保护法》《家庭教育促进法》等法律培训。

《辽宁省县域普通高中发展提升行动计划（2022—2025年）》采取措施：用两年时间完成县中校长全员轮训；用三年时间完成县中骨干教师专题培训；用三年时间完成县中县中教师全员培训。

（三）教育政策性文本

在《辽宁省中小学教师全员培训实施办法（试行）》中提到：一是要完善培训手段，提高培训质量，通过组织实施"国培"和省级教师培训，逐步开展地、县级和校本培训，并加大选派骨干教师和校长到农民贫困对口援助项目的力度。二是充分发挥课程组和教学研究组的功能和作用，每周进行一次单独的课程组学习；教学研究组每两周进行一次教学和研究活动。三是教师应该有年度培训计划和培训总结。四是鼓励教师阅读教育理论书籍，及时记录，记录学习经验，提高理论依据。五是教学研究要有案例记录，理论研究以论文的形式呈现，研究项目有成果，每学期教师至少要发表一篇关于教育和教学方面的文章。

《关于进一步加强我省教师队伍建设的意见》中的措施最具体，对各类各层级的教师均有提及。一是开展中小学教师全员培训，促进教师终身学习和专业发展。转变培训方式，推动信息技术与教师培训有机融合，实行线上线下相结合的混合式研修。改进培训内容，紧密结合教育教学一线实际，组织高质量培训，切实提升教学水平。推行培训自主选学，实行培训学分管理，建立培训学分银行，搭建教师培训与学历教育衔接的"立交桥"。二是建立健全地方教师发展机构，加强专业培训队伍建设，优化市县级教师进修学院（校）教师岗位结构比例。建立健全地方教师发展机构和专业培训者队伍，依托现有资源，结合各地区实际，逐步推进县级教师发展机构建设与改革，实现培训、教研、电教、科研部门有机整合。鼓励教师海外访学。三是实施乡村教师素质提升工程，加强对乡村教师的培训，组建乡村教师导师团队，充分调动优质学校智力资源，提升乡村教师整体素质和专业化水平。四是推进实施中小学名优校长教师成长计划，做好教学名师和特级教师推选，发挥名优校长教师队伍的示范引领和服务乡村教育的积极作用。支持教师和校长大胆探索，创新教育思想、教育模式和教育方法，形成教学特色和办学风格，营造教育家脱颖而出的制度环境。五是创新幼儿园教师培训模式，依托高等学校和优质幼儿园，重点采取集中培训与跟岗实践相结合的方式培训幼儿园教师。鼓励师范院校与幼儿园协同建立幼儿园教师培养培训基地。六是在培训等方面向乡村青年教师倾斜。七是依法保障和落实民办学校教师在业务培训等方面享有与公办学校教师同等权利。

《辽宁省中小学教师继续教育暂行规定》在培训经费方面采取的措施：一是中小学教师继续教育经费以财政拨款为主，多渠道筹措，在地方教育事业费中专项列支。二是地方各级人民政府教育行政部门要按照国家规定的办学标准，保证对中小学教师培训机构的投入。三是经教育行政部门和学校批准参加继续教育的中小学教师，学习期间享受国家规定的福利待遇。学费、差旅费按各地有关规定支付。四是各级人民政府教育行政部门应当采取措施，大力扶持少数民族地区和边远贫困地区的中小学教师继续教育工作。对于教师培训要采用理论研习与实践反思相结合、个人自主研习与团队合作研修相结合、现实活动与网络研习相结合的培训方式，并且为辽宁省中小学教师提供继续教育，培训周期为五年，每个培训期，新老师的培训时间不少于一定时数，使教师培训更有针对性。在《辽宁省中小学教师继续教育暂行规定》中，师资培训分为对教师专业技术培训、合格教育（包括专业证书）培训、新教师培训、教育研究培训、高中级教育等5个级别的专业知识培训。同时提出，要加强中小学培训机构的教师队伍建设。

《中共辽宁省委　辽宁省人民政府关于全面深化新时代教师队伍建设改革的实施意见》的培训措施：一是建立幼儿园教师培训制度，加大幼儿园园长、乡村幼儿园教师、转岗教师、普惠性民办幼儿园教师的培训力度。创新幼儿园教师培训模式，依托高等学校和优质幼儿园，重点采取集中培训与跟岗实践相结合的方式培训幼儿园教师。鼓励师范院校与幼儿园协同建立幼儿园教师培养培训基地。二是开展中小学教师全员培训，促进教师终身学习和专业发展。转变培训方式，推动信息技术与教师培训的有机融合，实行线上线下相结合的混合式研修。改进培训内容，紧密结合教育教学一线实际，组织高质量培训，切实提升教学水平。推行培训自主选学，实行培训学分管理，建立培训学分银行，搭建教师培训与学历教育衔接的"立交桥"。鼓励教师海外研修访学。实施乡村教师素质提升工程，加强对乡村教师的培训，组建乡村教师导师团队，充分调动优质学校智力资源，提升乡村教师整体素质和专业化水平。鼓励和支持各地及相关高校制定专门计划提高在职教师学历层次。建立健全地方教师发展机构，加强专业培训队伍建设，优化市、县（区）级教师进修学院（校）教师岗位结构比例。建立健全地方教师发展机构和专业培训者队伍，依托现有资源，结合各地实际，逐步推进县级教师发展机构建设与改革，实现培训、教研、电教、科研部门有机整合。三是加强中小学校长队伍建设，努力造就一支政治过硬、品德高尚、业务精湛、治校有方的校长队伍。面向全体中小学校长，加大培训力度，重点开展乡村中小学骨干校长培训和名校长研修，提升校长办学治校能力。推进实施中小学名优校长教师成长计划，做好教学名师和特级教师推选，发挥名优校长教师队伍的示范引领和服务乡村教育的积极作用。支持教师和校长大胆探索，创新教育思想、教育模式和教育方法，形成教学特色和办学风格，营造教育家脱颖而出的制度环境。四是在培训等方面向乡村青年教师倾斜。五是依法保障和落实民办学校教师在业务培训等方面享有与公办学校教师同等权利。

《辽宁省中小学教师信息技术应用能力提升工程2.0实施意见》是针对提

升中小学（幼儿园）教师信息素养的专门性文件，为了实现培训目标采取的措施：一是提升学校管理团队信息化领导力；二是建立信息技术应用能力培训团队；三是整体推进教师信息化教学能力提升培训；四是创新信息素养培训资源建设机制；五是发挥典型示范作用；六是强化绩效评价。

《辽宁省教育厅等六部门关于进一步加强新时代乡村教师队伍建设的通知》的政策措施：一是构建省、市、县、校四级联动的乡村教师培训体系，推动开展乡村教师5年360学时的培训。二是将师德教育作为乡村教师培训的首要内容，推动师德教育贯穿培训全过程，实施中小学教师信息技术应用能力提升工程2.0，按照乡村教师实际需求改进培训方式，增强培训的针对性和实效性。三是加大名师名校长送教下乡力度，组织乡村教师到城镇学校研修、跟岗学习。四是把乡村教师培训纳入基本公共教育服务体系，保障经费投入，确保乡村教师培训时间和质量。

## 四、中小学教师培训政策的实施主体

培训政策的实施主体，通俗地说，就是政策由谁来实施。

2010年，《辽宁省实施〈中华人民共和国教师法〉若干规定》中明确了教师培训工作实施的主体：省、市、县（含县级市、区，下同）教育行政部门制定教师培训规划并组织实施。《辽宁省学前教育条例》于2017年9月1日起正式实施，该条例填补了辽宁省学前教育阶段法律法规的空白。"条例"提出完善学前教育师资培养和培训体系；县人民政府可以采取师资培训等措施对普惠性民办幼儿园予以扶持。

在能收集到的辽宁省20个政策文件里，有13个文件明确了中小学教师培训的实施主体，占政策文件的65%。《辽宁省中长期教育改革和发展规划纲要（2010—2020年）》中明确实施主体为县级教育行政部门。《辽宁省中小学名优教师校长成长计划（2016—2020年）》实施主体为辽宁省教育厅。《辽宁省乡村教师素质提升计划（2016—2020年）》的实施主体为辽宁省教育厅，各市、县（市、区）教育行政部门以及乡村学校。《辽宁省教育事业发展"十三五"规划》根据培训任务的不同，分别由不同的主体来实施。促进普通高中优质多样化发展由省教育厅、省财政厅、各市政府负责；加快发展民族教育，对少数民族双语教师实施培训由省教育厅、省发展改革委、省民委、省财政厅、省人力资源和社会保障厅以及各市政府负责；思政骨干教师和学科带头人的培训实施主体是省教育厅、省委宣传部、省总工会，各市政府；提升幼儿园园长和教师、中小学教师校长能力素质培训实施主体是省教育厅、省财政厅、省人力资源和社会保障厅，各市政府；加强农村教师队伍建设，对乡村骨干教师、乡村校长进行培训的实施主体是省教育厅、省编委办、省财政厅、省人力资源和社会保障厅，各市政府；全力推进信息技术和教育教学的深度融合创新，对中小学教师和乡村教师培训的实施主体是省教育厅、各市政府。《辽宁省学前教育发展提升行动计划（2022—2025年）》的实施主体是省、市、县（含县级市、区）教育行政主管部门。《辽宁省县域普通高中发展提升行动计划（2022—2025年）》的实施主体是省教育厅、各市政府。《辽宁省中小学教师继续教育暂行规定》的实施主体是省、市、县（含县级市、区）教育行政主管部门。《中共辽宁省委　辽宁省人民政府关于全面深化新时代教师队伍建设改革的实施意见》的实施主体由牵头部门和责任部门构成。对中小学教师、幼儿园教师、乡村教师和中小学校长开展培训的牵头部门是省教育厅，责任部门是省人力资源和社会保障厅、省财政厅、各市政府；对乡村教师开展培训的牵头部门是市政府，责任部门是省发展改革委、省教育厅、省财政厅、省人力资源和社会保障厅；对民办教师开展培训的牵头部门是省教育厅，责任部门是各市政府，省人力资源和社会保障厅。为落实《辽宁省中小学教师信息技术应用能力提升工程2.0实施意见》，按照教育部的要求，辽宁省成立了专门的工作领导小组，整个培训由省教育厅工程2.0领导小组、市级教育行政部门、县级教育行政部门负责。《辽宁省教育厅等六部门关于进一步加强新时代乡村教师队伍建设的通知》中对乡村教师的培训，实施主体是辽宁省教育厅、中共辽宁省委组织部、中共辽宁省委机构编制委员会、辽宁省发展和改革委员会、辽宁省财政厅、辽宁省人力资源和社会保障厅。

# 第三章 辽宁省中小学（幼儿园）教师培训政策的发展历程及特点

"十二五"以来，辽宁省中小学（幼儿园）教师培训政策经历了振兴发展和新时代建设两个阶段。不同阶段，中小学（幼儿园）教师培训政策重点各不相同。随着政策目标的变化，以服务教师专业成长为宗旨，采取多项措施加大教师培训力度，努力促进中小学（幼儿园）教师培训质量的提升，辽宁中小学（幼儿园）教师的培训逐步从"合格"走向"卓越"。

## 第一节 辽宁省中小学（幼儿园）教师培训政策的发展历程

十八大以来，以习近平同志为核心的党中央将教师队伍建设摆在突出位置，作出一系列重大决策部署。辽宁省委省政府深入贯彻落实党中央决策部署，高度重视教师队伍建设工作，出台一系列加强教师队伍建设的新举措，辽宁省教师队伍建设取得显著成就。

### 一、振兴发展时期（2011—2016）

2012年，党的"十八大"以来，提出"把立德树人作为教育的根本任务……加强教师队伍建设"，对教师的素质和能力提出了更高要求。为实现党和国家对教师队伍建设的殷切希望，辽宁的教师培训政策也不断改革创新，努力推动中小学教师队伍建设的全面发展。

## （一）加强薄弱地区教师队伍建设

2010年，《辽宁省中长期教育改革和发展规划纲要（2010—2020年）》就明确：今后一个时期，教育的基本矛盾是现代化建设和人民群众对教育日益增长的需求与优质教育资源不足的矛盾。突出表现在城乡义务教育均衡发展的任务比较艰巨。随着经济社会的快速发展、人民生活水平的提高，教育公平已经成为实现基本公共服务均等化的重点，成为和谐辽宁建设与城乡协调发展的关键。制定的总体战略之一就是把促进教育公平作为基本教育政策。以保障机会公平和促进义务教育均衡发展为重点，使广大人民群众都能学有所教，人人享有良好的教育。

为落实"教育规划纲要"的提出的任务和要求，推进义务教育均衡发展，切实加强辽宁薄弱地区教师队伍建设成为教育工作的重中之重，在教师培训政策的制定上开始向薄弱地区倾斜。

2011年，《辽宁省教育事业发展"十二五"规划》把促进教育公平作为基本教育政策。以"办好人民满意的教育为宗旨，加快缩小教育的城乡差距、地区差距和学校差距，使广大人民群众都能学有所教，人人享有良好的教育"作为基本原则，加强教师队伍建设。《辽宁省"十二五"基础教育干部培训规划》的实施原则是"以农村中小学校长培训为重点""突出骨干、倾斜农村"。

2014年，《关于进一步加强我省教师队伍建设的意见》要求，要关心乡村教师的生活和发展，优化乡村青年教师发展环境，加快乡村青年教师成长步伐，在培训等方面向乡村青年教师倾斜。

2015年，辽宁省人民政府办公厅制定了《辽宁省乡村教师支持计划实施方案（2015—2020年）》，要求以实施辽宁省"乡村教师素质提升计划"为重点，加强管理，全面提升乡村教师能力素质。到2020年，通过"乡村教师走出来、名优教师走下去、网络空间联起来"等培训研修方式，构建省、市、县（市、区）、学区、学校五级联动的乡村教师培训体系，对辽宁省乡村教师校长进行360学时的培训。要把乡村教师培训纳入基本公共服务体系，保障经费投入，确保乡村教师培训时间和质量。加强市、县（市、区）教师进修院校标准化建设，建立不少于100个乡村教师"影子"培训基地学校，组建1000名乡村教师导师团队，重点选拔培训10000名乡村骨干教师，打造乡村教师校长专业发展支持服务体系。要把师德教育作为乡村教师培训的首要内容，推动师德教育进教材、进课堂、进头脑，贯穿培训全过程。全面提升乡村教师信息技术应用能力，到2017年年底前完成对每名乡村教师不少于50学时的信息技术应用能力专项培训，推动信息技术在教师课堂教学和日常工作中有效应用。促进信息技术与教育教学融合，破解乡村优质教学资源不足的难题，建立支持学校、教师使用相关设备的激励机制并提供必要的保障经费。加强乡村学校音体美等师资紧缺学科教师和民族地区双语教师培训。2016年，省教育厅又配套出台了《辽宁省乡村教师素质提升计划（2016—2020年）》。该计划在乡村教师培训上采取的措施：一是整合高等学校、市级教师进修学院、县区教师进修学校和中小学校优质教育资源，构建乡村教师能力素质提升长效工作机制，引领乡村教师专业发展。强化省级统筹规划，各市、县（市、区）要切实履行实施主体责任，实现乡村教师参训的多层次和全覆盖，逐步形成省、市、县（市、区）、学区、学校五级联动，教育行政部门、教育教研部门、高等院校、学校全面协作的工作机制，共同发力、攻坚克难、有效破解乡村教师能力素质提升"最后一公里"问题。二是打造乡村教师专业发展支持服务体系，保障教师全员全时参训。"十三五"期间，各县（市、区）要建立1个以上的乡村教师培训基地，组建不少于10名优秀专家组成的乡村教师导师团队，重点选拔培训不少于100名乡村骨干教师，注重发挥本土优质教育资源在乡村教师培训中的辐射和引领作用，带动提升本地区乡村教师整体素质水平。各市、县（市、区）要对本地区的乡村教师校长进行360学时培训，把乡村教师完成学时情况作为教师年度绩效考核、评优晋级、职务评聘的必备条件，确保执行有据有力。三是富培训内容，规范乡村教师教育教学行为。加强师德师风培训，把师德教育作为乡村教师培训的首要内容，推动师德教育进教材、进课堂；全面提升乡村教师信息技术应用能力，各市、县（市、区）到2017年年底前完成对每名乡村教师不少于50学时的信息技术应用能力专项培训，推动信息技术在教师课堂教学和日常工作中有效应用。促进信息技术与教育教学融合，破解乡村优质教学资源不足的难题，建立支持学校、教师使用相关设备的激励机制并提供必要的保障经费。加大对薄弱学科的培训力度，特别要加强对体音美和少数民族双语教师培训，破解乡村学校薄弱学科教育质量参差不齐的困局。四是创新教师培训研修方式，提高乡村教师培训的实效性和针对性。在乡村教师培训过程中，各市、县（市、区）要采取跟岗研修、网络研修、送教下乡、专家指导、校本研修等多种研修，保证乡村教师培训的质量和效果。建立网络研修互动空间，由培训基地教师和导师团队在线实时与参训学员互动交流，教学指导，促进乡村教师专业成长与发展。

2016年制定的《辽宁省中小学名优教师校长成长计划（2016—2020年）》中确立的指导思想是："切实发挥名优教师校长示范引领、服务乡村的作用，带动和促进乡村教师校长队伍整体水平提高，推进义务教育均衡发展、促进教育公平。"并在特级教师、县级及以上骨干教师、学科带头人、名师、骨干校长和专家型校长的评选工作中，要将在农村学校和薄弱学校工作或支教经历作为重要的评选标准之一。

上述一系列政策举措，以职后培训的方式，为我省农村中小学提供了大量优质骨干教师，有效缓解了部分农村学校师资力量薄弱、结构不合理问题。

### （二）推进培训工作标准化建设

随着中小学（幼儿园）教师培训实践的不断深入，培训内容、方式等问题逐渐凸显，培训课程开发和实施的规范性、科学性、针对性亟待提升。

"十二五"期间，国家教师培训课程标准相继研制出台。2011年，教育部出台了《教师教育课程标准（试行）》，在为师范生教育提供课程标准的同时，也为在职教师的非学历教育课程提供了可参考的框架。2012年，教育部等三部门印发了《关于深化教师教育改革的意见》，首次提出制定"三大标准"，即教师培训机构资质认证标准、教师培训课程标准和培训质量评估标准体系。同年，为规范"国培计划"项目管理，教育部发布了《"国培计划"课程标准》,针对不同类型国家级培训项目分学段、分项目设置了67个标准,包括课程目标、建议课程内容、课程设置与实施建议、主题式培训设计样例等,要求各承担机构根据标准设置培训课程。2013年,教育部在《关于深化中小学教师培训模式改革全面提升培训质量的指导意见》中提出建立"分层、分类、分科的教师培训课程体系",再次强调课程体系的重要性,并对此进行政策部署。此后,教育部于2014年组织研制《中小学教师信息技术应用能力培训课程标准(试行)》,设置了三大系列共27个主题的课程,旨在规范和引领各地开展教师信息技术应用能力培训的课程建设及实施。这三个"课程标准",从框架、项目、专题三个不同的维度大步开启了课程标准化建设,也为我省全学科在职教师培训课程指导标准研制提供了实践经验与理论参考。

2011年我省出台了《辽宁省"十二五"基础教育干部培训规划》。计划中公布了中小学校长任职资格培训和提高培训的指导性教学计划,明确了课程设置、课时和教学要求。2016年,《辽宁省全面深化义务教育课程改革的指导意见》的主要目标是:"……进一步建立健全校本教研制度,加强以问题为导向的培训,增强课程标准意识,深化教学方式改革,促进教师专业化发展。"

这一阶段,国家中小学教师培训课程标准的密集出台,标志着中小学教师培训课程标准化建设的全面推进。各学科指导标准的研制和陆续出台,为区域教师培训机构进一步规范教师全员培训,创新开展教师培训,提供了顶层依据和实践"指南"。

## 二、以"全员"与"专业"为指向的内涵式发展阶段 (2017—2022)

2017年,党的十九大提出,"加强师德师风建设,培养高素质教师队伍,倡导全社会尊师重教"。2018年,《中共中央 国务院关于全面深化新时代教师队伍建设改革的意见》(以下简称《意见》)出台,成为新中国成立以来中央出台的第一个专门面向教师队伍建设的里程碑式政策文件,描绘了新时代教师发展的蓝图。《意见》中再次强调了"重视专业发展"的思想，提出"经过5年左右努力，教师培养培训体系基本健全"，"到2035年，教师综合素质、专业化水平和创新能力大幅提升，培养造就数百万计的骨干教师、数以十万计的卓越教师、数以万计的教育家型教师"的奋斗目标。2018年，教育部等五部门印发《教师教育振兴行动计划（2018—2022年）》，指出要采取切实措施建强做优教师教育，推动教师教育改革发展。该计划列出的十大主要举措明确了今后五年的具体任务，为教师教育的发展带来了新契机。

这一阶段，辽宁中小学教师培训政策不仅面向全体，更关注不同类别、不同阶段和不同层次的教师在专业发展上的差别需要，初步形成个性化的教师培训体系。

2018年，《中共辽宁省委 辽宁省人民政府关于全面深化新时代教师队伍建设改革的实施意见》提出，经过5年左右努力，教师培养体系更加完善，教师培训体系基本健全。到2035年，教师综合素质、专业化水平和创新能力大幅提升，全省培养造就数以万计的骨干教师、数以千计的学科（专业）带头人、数以百计的教育家型教师。该文件将培训对象分为党支部书记、幼儿园园长和教师、中小学教师、乡村教师、中小学校长、民办教师等。在2020年出台的《关于加强和改进新时代基础教育教研工作的实施意见》中提出建立中小学、幼儿园教研员全员培训制度。2020年《辽宁省教育厅等六部门关于进一步加强新时代乡村教师队伍建设的通知》明确，建立省、市、县、校四级联动的乡村教师培训体系，推动开展乡村教师5年360学时的培训。将师德教育作为乡村教师培训的首要内容，推动师德教育贯穿培训全过程，实施中小学教师信息技术应用能力提升工程2.0，按照乡村教师实际需求改进培训方式，增强培训的针对性和实效性。加大名师名校长送教下乡力度，组织乡村教师到城镇学校研修、跟岗学习。把乡村教师培训纳入基本公共教育服务体系，保障经费投入，确保乡村教师培训时间和质量。

辽宁省不断积极探索符合中小学教师专业发展规律的个性化教师培训，开展分层分类培训，形成了以新教师培训、骨干教师培训、卓越教师培训为主的个性化教师培训体系。

## 第二节　辽宁省中小学（幼儿园）教师培训政策的特点

辽宁省中小学（幼儿园）教师培训政策经历了从零散到系统、从单一到多元、从浅层到深层的发展变迁，在发展变化的过程中，逐渐形成了辽宁省特有的中小学教师培训政策模式。

### 一、教师培训政策的走向与国家政策发展相契合

教师培训政策的制定体现了党和国家对教师培训的总体部署和安排。辽宁省中小学教师培训政策的制定也伴随着教师培训工作的推进不断发展，与教师培训政策发展趋势有着一致性。

2010年，《国家中长期教育改革和发展规划纲要（2010—2020年）》发布，奠定了我国中小学教师培训政策的基本思想和基调。同年，教育部联合财政部发布《关于实施"中小学教师国家级培训计划"的通知》，并接连发布实施"国培计划"的相关政策文件，搭建起了较为完善的"国培计划"政策体系。"国培计划"中农村骨干教师培训作为计划中专项项目，引领了全国农村教师培训的热潮。2015年国务院办公厅发布《乡村教师支持计划（2015—2020年）》。同年，辽宁省在出台的《辽宁省中长期教育改革和发展规划纲要（2010—2020年）》中把农村中小学教师作为重点加以特殊提及。2016年，随着国家的政策出台了《辽宁省乡村教师素质提升计划（2016—2020年）》。此后，中小学教师培训政策的发展走向与这一风向标紧密联系。2021年，《辽宁省教育厅等六部门关于进一步加强新时代乡村教师队伍建设的通知》中，再次采取一系列举措，加强乡村教师培训，建立省、市、县、校四级联动的乡村教师培训体系。

### 二、教师培训政策的内容和体系更加完善

在全面深化教师队伍建设改革的大背景下，辽宁省教师培训政策涵盖的

培训要素愈加丰富、全面，为实现教师培训治理现代化、建设高质量的教师队伍打好了政策基础。

2018年，辽宁省委省政府出台了《关于全面深化新时代教师队伍建设改革的实施意见》，同时还制定了深化教师管理制度改革、"县管校聘"管理制度改革、义务教育学校教师校长轮岗交流、农村教师差别化补助等一系列专项政策，实施了"特岗计划"、乡村教师素质提升计划等一系列专项计划，夯实教师工作政策基础，教师工作保障能力不断增强，教师培训政策的内容和体系也更加完善。

在《关于全面深化新时代教师队伍建设改革的实施意见》中，政策对象涉及党支部书记、幼儿园园长和教师、中小学教师、乡村教师、中小学校长、民办教师。政策措施有15条，第一，建立幼儿园教师培训制度，加大幼儿园园长、乡村幼儿园教师、转岗教师、普惠性民办幼儿园教师的培训力度。创新幼儿园教师培训模式，依托高等学校和优质幼儿园，重点采取集中培训与跟岗实践相结合的方式培训幼儿园教师，鼓励师范院校与幼儿园协同建立幼儿园教师培养培训基地；开展中小学教师全员培训，促进教师终身学习和专业发展。第二，转变培训方式，推动信息技术与教师培训的有机融合，实行线上线下相结合的混合式研修。改进培训内容，紧密结合教育教学一线实际，组织高质量培训，切实提升教学水平。推行培训自主选学，实行培训学分管理，建立培训学分银行，搭建教师培训与学历教育衔接的"立交桥"。鼓励教师海外研修访学。实施乡村教师素质提升工程，加强对乡村教师的培训，组建乡村教师导师团队，充分调动优质学校智力资源，提升乡村教师整体素质和专业化水平。鼓励和支持各地及相关高校制订专门计划提高在职教师学历层次。建立健全地方教师发展机构，加强专业培训队伍建设，优化市、县（区）级教师进修学院（校）教师岗位结构比例。建立健全地方教师发展机构和专业培训者队伍，依托现有资源，结合各地实际，逐步推进县级教师发展机构建设与改革，实现培训、教研、电教、科研部门有机整合。第三，加强中小学校长队伍建设，努力造就一支政治过硬、品德高尚、业务精湛、治校有方的校长队伍。面向全体中小学校长，加大培训力度，重点开展乡村中小学骨干校长培训和名校长研修，提升校长办学治校能力。推进实施中小学名优校长教师成长计划，做好教学名师和特级教师推选，发挥名优校长教师队伍的示范引领和服务乡村教育的积极作用。支持教师和校长大胆探索，创新教育思想、教育模式和教育方法，形成教学特色和办学风格，营造教育家脱颖而出的制度环境。第四，在培训等方面向乡村青年教师倾斜依法保障和落实民办学校教师在业务培训等方面享有与公办学校教师同等权利。在实施的主体上也更加明确，落实了牵头部门和责任部门。

在《辽宁省贯彻落实〈教师教育振兴行动计划（2018—2022年）〉的实施意见》中，要求采取切实措施建强做优辽宁省教师教育，推动教师教育改革发展。继续加大教师队伍培训力度，计划每年培训中小学拔尖人才900人，乡村骨干教师2000人。随着教师教育改革不断深化，高素质教师的培养能力和教师的教育教学水平不断提高。

在《辽宁省中小学教师信息技术应用能力提升工程2.0实施意见》中，通过提升学校管理团队信息化领导力、建立信息技术应用能力培训团队、整校推进教师信息化教学能力提升培训、创新信息素养培训资源建设机制、发挥典型示范作用、强化绩效评价等多项措施，构建以校为本、基于课堂、应用驱动、注重创新的教师信息素养发展新机制。通过示范项目带动各地开展教师信息技术应用能力培训，努力实现"三提升一全面"的总体发展目标。

## 三、服务教师专业成长，全方位加大教师培训的力度

2010年"国培计划"全面启动，国家加强教师培训的顶层设计、示范引领，使得教师培训的专业化程度大幅提升。《中小学幼儿园教师培训课程指导标准》的出台为不同学科、不同发展阶段甚至不同教学能力水平的教师提供了培训指导，确保了"分层培训""按需施训"的实效。辽宁省也在不断丰富着区域内中小学（幼儿园）教师培训的形式。

从我省中小学（幼儿园）教师培训的各类政策文本中可以看出：短期集中培训、远程培训、置换脱产研修、名师工作室建设、线上线下相结合的混合式研修等相继开展；不断创新培训方式，有参与式学习、体验式学习、行动学习、现场学习、网络学习等；培训层次分类更加细化。

《中共辽宁省委 辽宁省人民政府关于全面深化新时代教师队伍建设改革的实施意见》中要求，开展中小学教师全员培训，促进教师终身学习和专业发展。转变培训方式，推动信息技术与教师培训的有机融合，实行线上线下相结合的混合式研修。改进培训内容，紧密结合教育教学一线实际，组织高质量培训，切实提升教学水平。推行培训自主选学，实行培训学分管理，建立培训学分银行，搭建教师培训与学历教育衔接的"立交桥"。鼓励教师海外研修访学。实施乡村教师素质提升工程，加强对乡村教师的培训，组建乡村教师导师团队，充分调动优质学校智力资源，提升乡村教师整体素质和专业化水平。鼓励和支持各地及相关高校制订专门计划提高在职教师学历层次。建立健全地方教师发展机构，加强专业培训队伍建设，优化市、县（区）级教师进修学院（校）教师岗位结构比例。建立健全地方教师发展机构和专业培训者队伍，依托现有资源，结合各地实际，逐步推进县级教师发展机构建设与改革，实现培训、教研、电教、科研部门有机整合。

为切实发挥学校育人主阵地作用，扎实推动"双减"工作取得实效，不断提高教师队伍施教能力，切实提高课堂教学质量与效益，推动义务教育高质量发展，自2022年起，辽宁省义务教育阶段教师开展岗位"大练兵"活动。活动的目的是关注中小学教师教育教学和专业发展中存在的主要困惑和问题，以教师教育教学技能和课程实施能力提升为核心目标。坚持以赛促教、以赛促研、以赛促训、以赛促改原则，通过岗位"大练兵"，使中小学教师全面贯彻党的教育方针，落实立德树人根本任务，增强学科育人意识，更新教育理念，夯实教学基本功，更好地理解掌握学科课程标准和学科知识体系，聚焦"双减"政策，将减负理念内化落实到实践中，不断探索创新教育教学手段和方法，切实提升教育教学能力，增长教育智慧，实现专业成长，促进课堂教学质量提升。专任教师"大练兵"主要内容包括教学基本功、专业知识、教学能力；教研人员"大练兵"主要内容包括专业知识和专业能力。

当前，按时完成规定学时的教师培训已成为中小学教师资格五年一周期定期注册的必要条件。新时代的到来，让教师教育的"源头"地位重新回归，以服务教师专业成长为指向的教师培训也必将得到加强。

## 第三节 辽宁省中小学（幼儿园）教师培训
## 工作取得的成效

### 一、加大经费投入，完成了全省中小学教师培训全覆盖

近年来，我省全面贯彻落实《中共辽宁省委 辽宁省人民政府关于全面深化新时代教师队伍建设改革的实施意见》，在中小学（幼儿园）教师培训工作中采取了一系列针对性强、卓有成效的改革举措，进一步在中小学教师队伍建设上取得积极成效。省财政安排专项资金2亿余元实施"省培计划"，各市各县区按照中小学（幼儿园）年度公用经费预算总额的5%安排教师培训经费，较为圆满地完成了全省30万中小学教师的培训全覆盖。

### 二、以农村教师为重点，有计划地组织实施
### 中小学教师全员培训

辽宁省坚持"示范引领、促进改革"的原则，紧跟时代步伐，不断整合资源，提升培训质量，为我省办学管理者及教师专业成长提供服务。分层分类举办学前教育发展、中小学课程改革、中高考改革、领军团队建设等培训项目，提供各类人力资源保障。坚持开展薄弱领域教师提升计划，其中"乡村教师培训"项目是投入经费最多、持续时间最长、覆盖面最广泛的省级培训项目，全省45周岁以下的3万余名乡村教师，100%参加了省级乡村教师培训，高质高效辐射带动全省乡村教师多维度专业发展。

### 三、形成了一支服务全省教师专业发展的专业化培训团队

"省培计划"带动了辽宁省各地中小学教师特别是农村教师培训的全面开展。我省初步建立了五年一周期的教师全员培训制度，推动指导各市有计

划地对全体中小学教师进行分类、分层、分岗培训。在培训中，也逐渐形成了一支服务全省教师发展的专业化培训团队。在开展"省培"同时，我省也积极承接国家级师资培训项目，传播辽宁教育改革经验，持续辐射带动辽宁教师专业发展。

# 第四章 辽宁省中小学（幼儿园）教师培训
# 工作的对策建议

## 第一节 中小学（幼儿园）教师培训的发展方向

### 一、信息技术推动着教师培训发生根本性
### 的改变与革新

信息技术不仅全方位地渗透到教育领域的各个方面，深刻地影响着教育理念与教育实践，还推动着教师培训发生根本性的改变与革新。

2018年，中共中央、国务院下发的《关于全面深化新时代教师队伍建设改革的意见》中明确指出，要"转变培训方式，推动信息技术与教师培训的有机融合，实行线上线下相结合的混合式研修"。一方面是教育革新的时代呼吁，另一方面是体现国家意志的政策要求。这些因素决定了教师培训必须走与信息技术深度融合之路。人工智能、大数据与云计算等新信息技术的出现与兴起为教师培训的发展与升级带来全新的机遇，使得大规模、低成本、跨时空的教师培训成为可能①。

随着"国培计划"向深度和广度的延伸、培训重心的下移以及信息化元素在教师培训领域的不断渗透，我国教师培训工作逐步进入由粗放式、规

---

① 赵鑫，谢小蓉.从技术化到智慧化：我国教师远程培训的研究进展与发展走向 [J].教师教育学报，2022（2）：29—38.

模化发展向内涵式、精准化发展转型的"高原期"①。处于发展"瓶颈期"的教师培训要想继续向前迈进并实现突破，就必须牢牢把握信息技术这个实现跨越式发展的关键抓手，既在内容与方式上实现更新，又在理念与机制上进行革新。

## 二、实施精准化的培训需求分析是确保培训实效性与针对性的关键

2013年，《教育部关于深化中小学教师培训模式改革全面提升培训质量的指导意见》中明确提出要"实行教师培训需求调研分析制度"。对教师培训进行需求分析是开展教师培训活动的先决条件，更是确保培训实效性与针对性的关键环节。

对培训对象的培训需求进行分析是教师培训系统运行不可或缺的重要组成部分。这既是确定培训目标、设计培训课程和实施培训方案的前提，又是进行培训效果评估的基础，还是影响培训实效性的最直接和最根本的原因。对培训对象和培训需求的关注，一方面，反映出我国教师培训工作开始走向精准化发展道路，教师培训会基于不同学科、学段和地区教师的差异化培训需求，设计出不同的培训目标、内容和模式，充分尊重教师的专业成长规律；另一方面，彰显着我国教师培训活动所呈现的专业化特征。教师培训作为一种特殊的教育形式，本身就是为达成特定的专业目标而实施的专业活动，而对需求的分析正是明晰和确定其专业目标的前提。因此，需求分析作为教师培训工作开展的前提与基础已经成为普遍共识。

需求分析，不仅分析培训对象的显性需求，还要挖掘培训对象的隐性需求。培训对象的培训需求既包括社会需求、组织需求、岗位需求和个体需求，又包含短期需求、中期需求和长期需求。因此，对培训对象的需求分析必须结合实际情况，从整体上进行动态地把握，即既要强调教师个体专业发展的近期目标，又要观照教师队伍专业发展的长期愿景。唯有如此，教师培

---

① 李运福，杨晓宏.基于大数据分析的O2O教师培训模式研究：对"互联网＋"教师培训的初步思考［J］.中国电化教育，2016（12）：113—120.

训才能真正发挥弥补教师工作实际状态与理想样态之间差距的预期功能。

### 三、课程体系构建要更加高效地满足培训对象专业发展的需求

伴随着"国培计划"的深入实施，我国教师培训课程体系建设走在世界前列。教育部先后出台一系列有关教师培训课程标准体系的规范性文件，其中包括《"国培计划"课程标准（试行）》《中小学幼儿园教师培训课程指导标准》以及11个"国培计划"教师培训项目实施指南。教师培训课程作为制约教师培训质量的核心要素，其标准的研制与出台不仅有助于提高教师培训的针对性与实效性，更有助于提升教师培训课程设计与设置的规范性，从而推动教师培训课程的体系化建设。

课程体系建设固然需要课程标准的引领与示范，但更需要从整体上对课程定位、课程目标、课程内容、课程实施以及课程评价等要素如何发挥引导功能予以把握，对课程体系如何更加高效满足培训对象专业发展的需求进行思考。也就是说，构建出更具实践价值的教师培训课程体系，既重视当下对实际教育教学问题的解决，又能满足教师专业成长的长期需要，从而真正实现在实践参与和情景体验中使培训对象获得持续专业发展的目标。

## 第二节  辽宁省中小学（幼儿园）教师培训 未来10年面临的任务

未来10年，辽宁省教师培训工作面临着持续提升教师培训质量、不断完善教师培训机制、健全教师发展支持服务体系、推动智能时代教育数字化转型四大任务。

### 一、持续提升教师培训质量

强化分层分类，精准实施五年一周期的"省培计划"，辐射带动市、县、

校级教师培训，实现教师培训全覆盖。以提升教师思想政治素质、师德师风水平和教育教学能力为重点，科学设计培训项目，落实教师培训课程指导标准，突出教师核心素养培养，全面提高教师培训质量。增强教师利用信息技术改进教育教学的意识，提升教师信息技术应用能力。重点支持乡村校长教师培训，深入实施名师和领航校长帮扶计划，实现优秀师资的"传帮带"效应。加强教师培训者队伍专业化建设，全面推进教师培训提质增效。

## 二、不断完善教师培训机制

推进教师常态化学习，开展线下集中培训、在线培训、校本研修融合的混合式培训，推动教师培训整校研修模式改革。探索教师自主发展机制，建设教师自主选学服务平台，持续开发、遴选教师培训精品资源，实现优质培训资源全面覆盖、全体共享。完善学分认定登记制度，加强培训学分银行建设。推动人工智能与教师培训融合，探索"智能+教师培训"，实施智能化、个性化、交互性、伴随性培训，建立基于大数据的教师专业发展评估和培训综合评价机制，推动人工智能支持教师终身学习、持续发展。

## 三、健全教师发展支持服务体系

打造高水平教师培训机构，以省、市、县教师发展机构为主体，高水平大学、专业机构、优质中小学（幼儿园）共同参与，建设一批专业、引领、创新型培训机构。建强专业化教师培训队伍，加大培训者、管理者培训力度，有针对性地遴选一批名师、学科带头人、教研骨干等作为教师培训储备力量进行培养，重点加强培训方向方法引领，持续培育省、市、县三级培训专家库。

## 四、推动智能时代教育数字化转型

2022年，国家明确提出要"实施教育数字化战略行动"。"推动教育数字化"是党的二十大报告中关于教育部署的全新表述，体现了数字化引领未来技术变革的时代要求，呼应了"科技、教育、人才"三位一体的统筹部署。教师作为教育发展的支撑性力量，是教育数字化战略得以落地、教育理念创新与教育模式变革得以实现的核心和关键，教师智能教育素养的提升已成为教育关切、政策关切。

## 第三节　对辽宁省中小学（幼儿园）
## 教师培训政策的建议

　　促进教师核心素养和能力的发展，需要有力的政策支持。提升教师职业的吸引力，提高教师培养质量，加大教师培训力度、增强教师专业发展活力是促进教师专业发展的有效举措。《辽宁省"十四五"教育发展规划》提出："加强教师培训。鼓励师范院校和教师培训机构与幼儿园协同建立培养培训基地，实行幼儿园园长教师定期培训制度，加强非学前教育专业教师培训。推进中小学教师培训提质增效，完善线上线下混合式培训，分层分类推进教师常态化学习。"为此，本研究就战略目标的实现提出以下建议。

### 一、完善政策，制定教师培训中长期专项规划

　　纵观"十二五"以来，我省出台的与五年"教育发展规划"相配套的只有《辽宁省"十二五"基础教育干部培训规划》，"十三五"和"十四五"均没有中小学教师培训中期规划。

　　中小学教师培训政策的执行本身就是一个极其复杂的过程，政策执行的效果往往要受到诸多因素的影响和制约，其中政策制定的科学与否直接影响到政策的执行效果，中小学教师培训政策本身的优劣是政策目标实现程度大小的先决条件。因此，要想使得我省中小学教师培训政策有效实施，就要首先从政策制定上着手。其一，制定教师培训专项中长期发展规划，可以使教育培训政策具有相对稳定性，有利于不同时期培训政策之间的衔接，避免脱

节；其二，制定教师培训专项中长期发展规划，可以使得各个阶段性政策目标更加清楚明晰，让教师培训组织者与参与者可以清楚明了地理解政策目标和内容。

## 二、以激励工具为抓手，激发教师参训内驱力

我省中小学教师（幼儿园）培训政策中有关激励的内容非常有限，建议从以下两个方面着手进行扩充。第一，为提升教师参训积极性，给政策"做加法"。加强激励工具的使用，增加正向激励，在教师参与培训、在培训中取得优异表现、经过培训后实现成长等环节进行正向的政策激励，鼓励教师主动参与培训，并在培训中切实提高专业水平，提升教师培训参与度和积极性。第二，为减轻教师培训压力，给政策"做减法"。2019年12月，中共中央办公厅、国务院办公厅印发《关于减轻中小学教师负担进一步营造教育教学良好环境的若干意见》，强调"切实避免安排中小学教师参加无关培训活动"。因此，辽宁省相关政策应运用负向的政策激励工具，促使各类教师培训机构根据教师实际需求提供培训资源，由教师自主选择培训课程，减少无效培训时间，为教师减负。同时，运用激励工具为参训教师和开展培训的培训者进行工作量折算，为教师提供专门的学习时间，使优秀教师的作用不仅发挥在教室内，更延伸至同行间。如此减负增效增利，可以让广大教师乐于培训，并且训有所得、训有所乐。

## 三、以能力建设工具为抓手，加强政策执行机构
## 和培训人员能力建设

美国公共行政学者埃利森指出，在实现政策目标的过程中，方案的功能仅占10%，而其余的90%则取决于有效的执行。当前，辽宁省中小学教师培训政策对能力建设工具的使用、对政策执行机构和培训人员能力建设的投入都不够充分。首先，运用能力建设工具，通过提供信息、资源、培训，强化相关机构工作人员对政策执行者的责任意识，提升其对政策意图的领会水

平以及对政策资源的使用能力。其次，针对目前教师培训者的概念尚未精确化、教师培训者资格认证制度尚未建立且缺乏相应的职业标准的问题，需要运用能力建设工具，提升教师培训者的培训需求分析、培训方案设计、培训课程开发、培训教学实施等十项专业能力，进而建立相应的职业标准及培养培训体系。

## 四、以权威重组工具为抓手，推动教师培训 从行政驱动向制度驱动转型

当前，我省中小学（幼儿园）教师培训政策的落实和培训工作的开展主要依靠行政力量推动，这与长期以来形成的以上级行政部门为主导、逐级制定转达指示的教师人事管理制度、教师职后培训制度相关。不论是教育主管部门还是学校校长和教师都已经习惯于自上而下、上传下达的政策执行模式，下级单位（个人）听从上级单位（领导）的工作安排落实具体工作，呈现出行政驱动的特点。然而，单纯使用行政权力是远远不够的，还需要明确教育行政部门、培训机构、高校以及中小学等其他利益相关主体行使权力与责任，建立以教育行政部门作为统筹和保障主体、教师培训机构作为资源提供主体、中小学作为实践场所提供主体的多元共治体系，完善管理体制机制，对教育行政部门的规划支持行为、教师培训机构的教育提供行为、教师的教育接受行为等进行规范，形成中小学教师培训工作的制度化运行机制。

## 五、加强对培训资源、培训方式、培训内容等要素的政策供给， 提升政策供给与培训需求的匹配度

2011年，《教育部关于大力加强中小学教师培训工作的意见》确立了以五年一周期的360学时教师培训制度，同时也提出了"鼓励教师自主选学，在培训课程内容、培训时间、培训途径、培训机构等方面，为教师提供个性化、多样化的选择机会"这一要求。随后几年，教育部印发《关于深化中小学教师培训模式改革全面提升培训质量的指导意见》（2013年）、《关于大力

推行中小学教师培训学分管理的指导意见》（2016年）、《中共中央 国务院关于全面深化新时代教师队伍建设改革的意见》（2018年）、《教育部 财政部关于实施中小学幼儿园教师国家级培训计划（2021—2025年）的通知》（2021年）等文件持续强调自主选学在满足教师学习需求、提高学习积极性等方面的作用，要求各地探索并推行教师培训自主选学。2022年4月，教育部等八部门印发的《新时代基础教育强师计划》中再次强调要优化培训内容、打造高水平课程资源，建立完善自主选学机制。从系列文件的表述看，教师自主选学仍是未来教师培训改革的重要方向。

因此，在教育数字化转型的背景下，设计和制定教师培训政策时更应体现对上述要素的凸显，提供非集中统一而是指向需求匹配的政策供给，为不同地区、不同学校提供更多贴合实际的政策选择。教师可根据自我发展和学校发展的需求，在教育行政部门统筹协调下，自主选择培训机构、培训内容、培训形式、培训时间等，从而激发自身的主动性和积极性，提高培训质量和效益，实现培训机构、教师及教师所在组织共同发展的一种继续教育联结关系和运行方式。其既区别于传统的自上而下的指令性培训，也不完全等同于自主性教师专业发展，而是介于两者之间，既强调借助于外力，突出政府、培训机构及学校在教师专业发展中的支持，又强调根植于教师自身需求，注重发挥教师的主体自主性。

实践篇

# 第五章　区域中小学（幼儿园）教师培训的模式创新

2013年5月，教育部在《关于深化中小学教师培训模式改革全面提升培训质量的指导意见》中提出：按需施训、改进培训的内容、转变培训的方式、强化培训自主性、营造网络环境、加强培训队伍建设、构建培训公共服务平台、规范培训的管理八项要求，并将教师培训列入中小学办学水平评估和校长考评的指标体系中。培训模式的改革受到高度重视，也掀起了各地各校和学者针对教师培训模式建设的探索浪潮。

## 第一节　区域中小学（幼儿园）教师培训模式概论

"模式"在词典上的解释为"事物的标准样式"。通常情况下，模式指涉范围很大，涵盖了事物之间的规律关系，而这些事物可以是图像和图案，也可以是数字、抽象的关系以及思维的方式。模式就是从循环往复的事件中寻找和提炼出的规律，是对解决问题经验的总结。只要是一再重复出现的事物，就可能存在某种模式。

各个事物之间运行都有着自己的模式，但任何模式又是在实践中不断发展和创新。本研究的中小学教师培训模式不仅是一种手段化的行为趋向，还是示范化的活动方式，指在一定的教育思想指导下，以提高中小学教师的专业发展为目标，由培训者、参训教师、培训内容、培训方式、实施过程及评价等诸要素之间形成的结构及其运行机制。

## 一、中小学教师培训模式的构成要素

一般而言，中小学教师培训模式的构成要素主要有培训实施的主体、培训的理念、培训实施的对象、培训目标、培训内容、培训方式与培训管理等。

第一，培训实施的主体。培训实施的主体指的是中小学教师培训的举办者、中小学教师培训的承办者（培训机构）和培训组织者。目前，我国参与中小学教师培训的机构大致有以下几类：大学或师资养成机构、专门的教师培训机构、教师专业团体（包括教研、科研组织）、中小学校。

第二，培训的理念。即培训实施的主体对教师培训性质、培训对象、培训过程、培训规律概括性的认识。

第三，培训对象。培训对象也就是接受培训的人，《中小学教师继续教育规定》规定，我国中小学教师继续教育对象是取得教师资格的在职中小学教师。

第四，培训目标。即某一阶段或某一项培训所要达到的目的，也是培训工作的出发点和归宿。

第五，培训内容。是培训目标的具体体现，不同时期，不同对象的培训内容是不同的。

第六，培训方式。培训主要分线下集中培训、在线培训（包括在线同步培训和在线异步培训）、混合式培训三种。

第七，培训管理。如培训时间、培训周期、课时要求、考核方法、绩效评价等具体管理制度。

在一定条件下，当上述各要素中的某个要素或多个要素特别活跃时，就会形成为一种培训模式。在该模式框架下，某个或某些要素只发生量的变化，则会出现此模式的变式，也就是模式创新。

## 二、中小学教师培训模式的分类

中小学教师培训模式具有多样化和复杂性的特点，本研究主要以培训实施对象在培训过程中主导式的学习方式为标准进行分类。

## （一）学徒式培训模式

学徒式培训模式是一种传统的教育方式，指通过专家的知识讲授或者优秀教师的经验分享使教师获得系统指导的培训模式。这种培训模式主要有四个特点：第一，培训内容以学科知识和教育教学知识等宏观理论为主干；第二，以资深的教师或专家担纲课程传授者；第三，培训形式基本为"专家授课—学员听课"的方式；第四，培训评估多采取问卷的方式进行。

受地方经济、教学条件等限制，一些教育欠发达地区的教师培训大多遵循学徒式的培训模式，培训方定期聘请或邀请专家、教研员或优秀教师，以讲座、论坛、示范等名师带教的形式为主，通过课堂观摩、实践交流、专家引领、行为改进等一系列过程，扩展教师的教学知识，修正教师的教学行为，以推进区域教育的均衡发展。

学徒式的培训模式在传授教学知识和教育经验方面具有简洁经济的优势，有力促进了教师素质的提升，推动了教师队伍的成长，但也存在明显的弊端：如社会本位浓厚、教师地位边缘化、忽视真实的教学环境等。

## （二）问题研讨式培训模式

随着课程改革的持续深入，对教师素质提出了更高的要求，中小学教师培训也必须走出以宏观理论为主要培训内容的困境，关注教学一线出现的问题，探索以情景问题为中心的新模式。

情境学习理论认为，学习是发生在一定情境之中的，学习的实质是个体在实践中与他人、环境等相互作用的过程。该理论强调学习者通过解决真实情境中的问题来学习隐含于问题背后的知识和技能，形成一定的批判性思维和自主学习的能力①。

美国教育心理学家布鲁纳指出："人唯有凭借解决问题或发现问题的努力才能学到真正的发现方法。这种实践愈积累，就愈能将自己学到的东西概

---

① 杨建伟.基于实践—反思取向的教师培训模式探索：以中小学信息技术教师培训为例［J］.北京教育学院学报（自然科学版），2013（1）：30-34.

括为解决问题和探究问题的方式，掌握这种概括的方式，对他解决各种各样的问题是有效的。"[①]教学过程伴随着教育问题，将问题解决的思想运用于教师培训，以真实的教育问题作为培训活动的出发点和落脚点，是问题探讨式培训模式的本质特征。

很多中小学的校本培训都采用了这一模式，如：围绕某一主题展开交流和互动的探究培训模式；以"实践—理论—行动"为技术路线的"问题—合作反思"培训模式；立足教师科研，以"问题课题化、课题课程化"为指导的研训一体培训模式；基于实际教学案例的课例培训、项目式培训等，采用的都是问题研讨式培训模式。尽管不同的培训在具体的实施过程中侧重点不同，但基本上遵循的都是"发现问题—分析问题—解决问题—总结评价"这条主线。

在具体实施中包括：

问题确定：这些问题来源于中小学教师在教育教学活动中遇到的热点、难点问题，通常由培训承办方在设计培训方案前通过调研来确定；

资源收集与分析：通过对文献资料的查阅、咨询专家等对问题进行正确合理的表征和分析，以便于设计培训方案；

问题解决：以参训的中小学教师为主，专家指导为辅，通过教学反思、探究学习、小组合作等方式，寻求问题解决的途径；

交流与评价：参训教师提交学习总结，相互交流和分享学习心得，并获得培训专家的反馈指导，最后，提交培训项目的反馈与评价。

问题探讨式培训模式关注的是教育教学实践中存在的问题，围绕问题开展的培训不仅提高了培训的针对性、时效性，而且能够由内而外地提高受训教师的解决问题能力、团结协作能力、科学研究能力等多方面素质，可以有效地促进教师专业实践能力的提升。

（三）体验式培训模式

相比其他的培训模式，体验式培训模式更加关注教师在培训过程中的认

① 耿国彦，翟向东."问题—合作反思"教师培训模式的探索 [J].中小学教师培训，2005（10）：21-23.

知冲突和情感体验。该模式来源于美国哈佛大学教授大卫·库伯（David Kolb）提出的体验式学习模型——体验式学习圈理论。库伯指出有效的学习始于体验，学习的过程不只是心智的成长，而且是整个人包括身体、想法、感觉和行动全然投入的过程。[①]

体验式培训模式强调的是学习共同体之间情感交流与合作，通过个体的实际行动和意义反思获得成长。如：以探究为核心，以体验为目的的参与式培训模式；以教师经验和个性为切入点的对话式培训模式；突出主体间指导关系的全动型培训模式；聚焦教师心理健康的参与—体验式的培训模式等。体验式培训模式的核心特点是"先行后知"，以教师的即时感受为起点，注重教师的信念与态度，引导教师在亲身实践中获得领悟和体认，力图使其在认知、情感、行为三方面相互平衡，达到高峰体验。

体验式培训模式主要特点是：

第一，关注"隐性知识"，充分挖掘教师已有的教育教学经验、思维方式和潜在价值观，在培训的具体实施中通过问题情境或辩论使"隐性知识"得以呈现；

第二，激发教师的主动参与的意识，将实践贯穿在整个培训过程中，以行动促进参训教师教育教学理念的转变和发展；

第三，增加培训内容的情境性和体验性，重视对教育教学中实际教学问题的解决；

第四，充分调动教师的情感因素，在实践中进行自我监测和同伴交流，力争使每位教师都成为培训的主人；

第五，突出阶段性反思，通过反思对以往经验进行理性提升，这种反思包括知识、道德、情感各个方面。

体验式培训模式加深了参训教师的"浸入"程度，有助于他们反思能力和创新能力等"高阶能力"的提升。更为重要的是，这种关注教师的身心投入的培训模式对增强教师的职业认同感和教学效能感，促进教师专业精神的

---

① Camelia Tugui. Can We Innovate Teacher Education Using Business Reflective Learning Methods？[J]. Procedia—Social and Behavioral Sciences，2013（4）：717-722.

发展以及心理健康等方面也具有重要意义。

## （四）技术支持式培训模式

随着科学技术的快速发展，知识的获取和交流也突破了时间和空间的限制。多媒体技术、通信技术、信息技术、网络技术等的介入，带来了学习方式的变革，也为教师培训模式的多样化发展注入了新鲜的血液。尤其是3年疫情，更加速了教师培训模式的变革。

借助于便捷的资源获取方式和丰富高效的信息传输，技术支持下的教师培训模式不必遵循统一的进度和固定的程序，实现了高度的开放性和灵活性；远程教育的引入，不仅为偏远地区的教师培训提供便利，也极大促进了新知识和理念的传播。此外，相比于其他一次性终结式的培训模式，该模式突破时间和空间的限制，为教师的终身学习提供持续性支持。

2018年，在中共中央、国务院印发《关于全面深化新时代教师队伍建设改革的意见》后，教育部等五部委又出台了《教师教育振兴行动计划（2018—2022年）》，均倡导实行线上线下相结合的混合式培训，为技术支持式培训模式提供了明确的政策依据。近年来，技术支持式培训模式被越来越广泛地应用于各级各类教师培训项目之中。

## 三、中小学教师培训模式构建的理论基础

### （一）国内外主要的学习理论

#### 1.建构主义学习理论

建构主义学习理论是既要考虑教师的学科专业发展要求，又不能忽视教师教育理论的学习，是通过其他人的帮助、利用学习资料、通过有意义建构的方式来获取知识。

建构主义学习理论的四大要素是："情境""会话""协作"和"意义建构"。虽然建构主义理论有着不同的派别，包括社会建构主义、认知建构主义、激进建构主义等，但各派别有着同一个核心价值。建构主义的核心价值

主要可以表述为：都是学习者居于中心地位，注重学习者先前经验的重要性，在教学过程中充分考虑学生已有知识、技能、态度和信念；强调真实的学习任务和复杂学习环境；注重学习情境的设计；运用先进技术支持高级的心智过程；主张学生用多种方式表征教学内容；强调多种观点的协商共存，强调活动和协作在知识建构中的作用[1]。

**2.认知主义学习理论**

认知主义学习理论认为：学习是人类倾向或才能的一种变化，这种变化要持续一段时间，而且不能够把这种变化简单地归之为成长过程。该理论有三层含义：第一，变化的时间是相当长期的；第二，变化的内容是记忆之中知识的内容和结构的变化，以及学习者行为的变化；第三，变化的原因是学习环境中的经验。

认知主义理论对教师培训模式构建的启示，一是教师的专业发展是连贯且可持续的，简单的集中面授式教师培训模式，会使短期培训的内容得不到及时强化，而短期培训之后通过网络平台及时强化和延续学习，是提升学习效果的关键。二是教师认知结构的发展主要是受学习环境中的经验影响，在教师的培训过程中，不能仅仅关注外部条件的作用。三是对培训效果的评价不仅包括知识和内容结构，更重要的应该体现在行为的变化，所以在培训评价时更要关注教师的行为变化。

**3.成人教育理论**

成人教育理论认为，成人教育必须与成人的经验结合起来，强调知行统一。受到杜威进步主义教育思想的影响，美国当代著名成人教育家林德曼和诺尔斯的研究将"经验"作为成人教育的基础，得到很多人的推崇。林德曼指出，在成人教育中"最有价值的资源就是学习者的经验"，"经验是成人学习者最有效的课本"[2]。诺尔斯将成人与儿童学习相对比，总结出成人学习的特点：一是自我概念方面，成人具有独立自主性；二是经验方面，成人经验丰富，与其学习息息相关，是丰富的学习资源；三是学习方面，成人则是因为生存工作等所扮演的社会角色的需要；四是学习过程方面，成人的学习

① 卢乃桂，钟亚妮.国际视野中的教师专业发展[J].比较教育研究，2006（2）：72.
② 朱旭东，周钧.教师专业发展研究述评[J].中国教育学刊，2007（1）：69.

是以问题为中心。

中小学教师作为成人群体的一部分，若想提升培训的效果，更好地服务于教师专业发展，教师培训模式必须符合成人学习者的特点和需求。

## （二）新课程改革的理念

新课程改革背景下，中小学教师的专业发展面临着前所未有的机遇与挑战，这也带给中小学教师培训工作前所未有的挑战。培训中如何准确把握时代发展与教育大改革提出的新要求，不断推进培训模式与方法的创新，进而优化培训效果，已成为每一个培训机构与培训者迫在眉睫需要解决的问题。

**1.中小学教师培训模式必须适应新课程改革这一政策变化**

课程是教育目的得以实现的重要载体，是各级各类学校组织教学的主要依据，课程内容不仅仅体现了教育思想，也在一定程度上反映了教育观念，从这一意义而言，学校教育的核心是课程，课程改革可以当之无愧地称之为教育改革的重中之重。

新课改在基本目标、课程结构、课程标准、教学过程、教材开发、课程评价、课程管理、教师培训和组织实施这九大方面对我国基础教育课程改革作出全面的规划与指导，我国中小学教师培训模式无论是从培训方案的制订、实施、评估再到调整和终结，都必须与新一轮基础教育课程改革的社会文化背景相适应。

**2.新课程改革是促进中小学教师培训模式变革的压力和动力**

一种教师培训模式是否有效，能够取得什么样的效果，关键就在于培训模式本身是否适应政策背景的变化。如果政策环境发生重大的变化，而中小学教师培训模式保持不变，那么这样培训模式就不适合应用于培训实践，培训效果也会大打折扣。

新课改对于我国中小学教师培训工作的压力恰恰是教师培训模式改进、完善的动力，只有不断创新中小学教师培训模式，才能更好地为我国基础教育的发展服务。

## 第二节　区域中小学（幼儿园）教师培训模式
## 存在的主要问题及破解路径

　　我省现行的中小学教师培训模式虽然经过很多年的实践与完善，已形成较为完善的管理与运行机制。但是，随着培训需求的变化和信息技术的飞速发展，很多传统的培训模式已经跟不上现代素质教育的教学理念与要求。

### 一、缺少多方联动的保障机制

　　教师培训不仅涉及省、市、县（含县级市、区）教育行政主管部门以及中小学校、培训机构、参训教师等多个利益主体，而且发生在各种环境之中，具有多渠道、多样化的特点。

　　教师培训项目的实施效果不但受培训者、培训目标、培训方案、培训环境等的影响，而且受到培训外部因素，包括社会、政府等提供的学习大环境等多方面要素的影响。从我省教师培训模式运行的实际情况看，多方联动机制构建还是较为薄弱的环节，尤其是学员所在的学校和承担培训的主体机构、教育系统与大众媒体。

### 二、理论讲授方式单一、互动交流少

　　关于理论讲授阶段的单一、初级，需要首先了解理论讲授法。理论讲授法是主讲教师运用语言向学员传授系统学习内容的培训方法。理论讲授法是最常用和最易操作的方法，主要包括：灌输式讲授、启发式讲授和点评式讲授。理论讲授的弊端是显而易见的：一是学员的被动和信息的单向。由于整个讲授过程和进度是由主讲教师控制，而且信息的获得只是从主讲教师一方传出，因此，学员非常被动，主讲教师与学员之间也甚少互动交流和反馈。二是过多的讲授也容易让学员产生抵触情绪。三是灌输讲授法仅通过语言来传授知识的方式，使学员缺少直观体验，可能会对培训内容的理解和迁移带

来一定的障碍。四是针对性不强，这也是最关键的一点。由于灌输式讲授法针对的是学员困惑的普遍问题，因此，难以照顾到每位学员的具体需求、个别问题和学习方式的差异。培训实施的过程中很多主讲教师都是从头讲到尾，尽管理论上似乎深刻透彻、鞭辟入里，授课时也是旁征博引，却不能有效地引导学员的自我反思与自我成长，培训实效有待提高。另外，对于启发式讲授也仅止于简单的提问。关于点评式的讲授基本没有。在我们的调查中，很多学员更愿意成为培训内容设置的参与者和决策者，因为所谓的专家指导跟真正一线教师的需求还有很长的距离。

## 三、训前准备不够，培训需求分析不足

教师培训不是一种完全改造的过程，它应该是基于教师的既有经验来展开的，学员每个人都是带着自己在教育教学实践中遇到的疑难问题来。所以，选择培训模式的基础是学员和学员所在学校乃至区域的培训需求。不做好需求分析、不考虑到个体需要和个体差异性，解决不了现实中的实际问题，参训人员就会认为是浪费时间。不做好需求分析，而去建立"自上而下"的培训课程方案、培训模式时，对学员来讲都是"要我学"而不是"我要学"，学员的学习积极性不高也应该归咎于此。只有深入中小学一线去调查分析，做好需求调研，了解学员最迫切的需求和最渴望解决的疑难问题，才能真正地对症下药，选择最适合的培训模式。

## 四、培训评价与管理有待加强

一些模式下的教师培训管理，一方面是缺乏内在的激励机制，另一方面，缺乏有效的教师培训后期管理。

当前，大部分教师培训的管理是以对学员的考勤管理来代替教师培训管理，忽视对教师培训文化的建设，忽视通过文化建设来实现教师培训的柔性化管理。这种考勤式的教师培训管理其实质就是一种教师培训的行政化管理模式，这样的管理模式往往是只管到，无法激励学员内在学习的动

机。同时，缺乏有效的教师培训后期管理也是当前教师培训模式中的一个亟待解决的问题。由于教师培训后期管理存在管理主体不明、管理方式不定、管理期限不清等问题，导致大部分教师培训模式忽视对培训的后期管理。

## 五、创新区域中小学教师培训模式路径

在新课改背景下，必须坚持改革与创新，才能探索出适合辽宁区域特点的新路径。

### （一）多方支持联动——建立保障机制

与教师培训相关的机构很多，有参训的学校、承担培训的主体机构、负责培训的上级教育部门，如省、市、县教育主管部门、教师培训部门，除此以外，还有关注教师培训的大众媒体。只有多方支持联动，建立保障机制，才能够真正将教师培训做大，做强。

首先，各方都应足够重视。教育事业功在当代、利在千秋，教师、学校、培训机构、社会媒体、教育部门要在思想上加以重视。譬如：在学校，将教师培训的实效与校领导的考核指标挂钩；培训机构不以完成任务为目标，而是认真开展需求调研，科学制订培训方案；由政府部门牵头，社会媒体广泛宣扬教师培训的重要性，营造良好的社区环境；等等。多方重视下的教师培训势必事半功倍。

其次，积极主动地与国家教育行政部门和政府相关部门进行沟通，把外争政策资金、内强素质功能有机结合起来，借力而行，扬优成势。另外，对于有需要的贫困地区，继续加大拨付培训资金的力度，用以推进教师培训的进程，使贫困地区的教师也可以获得先进的教育培训资源。

最后，要将各方资源联动起来，由教育主管部门牵头，学校重视推进，培训机构落实，全民关注参与。只有多方联合，建立保障机制，才能够使我省的中小学教师培训得到量的改变、质的突破。

## （二）教学资源保障——平台、内容、专家到位

要做好信息时代的中小学教师培训工作，教学平台是基础、内容是保障、专家是关键。在教师培训中，培训平台是最容易被忽略的项目。一个好的培训平台，不仅应该框架明晰、条目分明，还应该操作方便、易于学习。

在培训内容上要与时俱进。如在新课标的背景下，应建立健全新课改课程体系，要切实增强新课改意识，全面提升教师的课程领导力与实施力。新课改的核心理念是"为了每一位学生的发展"，更加注重引导学生热爱生命，注重对学生科学素养、动手实践能力、探究式学习能力的培养，对原有教材进行适当的调整，形成必修课程与选修课程相结合的重基础、多样化、层次化、综合性的课程结构；增加了选修课、学分制、模块设置、社会实践、成长记录等几大亮点。因此，在结合新修订的课程方案与课程标准时代背景及政策下，培训内容也应及时作出调整。

培训专家的质量直接影响到培训成效，需要制定多维遴选标准。一是专家基本资质。授课专家必须具有高级职称或者特级教师称号，且必须具有与培训主题相关的工作经验。二是专家地域标准。如新课改背景下的新课标培训，就要选取参与过新课标制定与教材编写的教师，最好是来自北京、上海、江苏、浙江等新课改实施地区的教师。三是层级标准。授课专家可以从一线教学名师、省市区教研员或者高等院校学者中选取。

## （三）培训方式创新——线上线下多元化培训

随着科技的不断发展，教学从传统的面对面教授，演变成远程培训、在线培训、智能培训、多元培训。想要提高中小学教师培训的质量，不仅要重形式，保障教师学习方便快捷，更要注重效果，使参训的教师在学习后获益颇多。探索适合的培训方式，是创新教师培训工作的根本途径。新的培训方式包括参与式培训、以问题为中心的培训、菜单式培训，等等。可以将"互联网+"现代信息技术与传统集中面授课堂相结合，充分利用远程培训平台、微信小程序等工具，支持需求诊断、日常签到、案例学习、互动分享、

教学评价等。归根结底，教学模式创新始终强调的是培训形式多样化、培训主体多元化以及培训效果优化。

## 第三节　区域中小学（幼儿园）教师培训
## 模式创新的实践

为全面贯彻落实《中共辽宁省委　辽宁省人民政府关于全面深化新时代教师队伍建设改革的实施意见》，在省教育厅的带领下，辽宁中小学教师培训工作积极探索培训新模式，不断提升培训实效，推动了辽宁教师培训工作创新发展。

**案例1：**
### 建构指向迁移的阶梯式培训行动路线
——助力民族农村地区幼儿园教师应用国家通用语言
文字开展保教活动能力提升

## 一、项目的背景与问题

2021年6月，辽宁教育学院积极参与遴选并获得教育部语用司"十四五"期间开展民族地区、农村地区幼儿园教师国家通用语言文字应用能力培训即"童语同音"项目实施单位资质，成为全国有此资质的33所高校之一，也是东北地区唯一一所"童语同音"计划师资培训项目承训高校。

"童语同音"项目旨在贯彻落实党的十九届五中全会"加大国家通用语言文字推广力度"精神，落实全国语言文字会议部署，切实加强民族地区、农村地区学前儿童普通话教育，对内蒙古、四川、云南、西藏、甘肃、青海、新疆等七省区乡村、镇乡结合区、镇区的幼儿园教师开展国家通用语言文字应用能力培训，助力乡村振兴战略，服务铸牢中华民族共同体意识。

受教育部语用司委托辽宁教育学院承办教育部2021年"童语同音"计划师资培训——内蒙古自治区赤峰市巴林右旗送教任务。学院通过开展扎实的培训需求调研，深耕精研"童语同音"项目推进措施，探索构建了行之有效的模式策略。通过访谈、文献分析、报名信息内容分析、语音数据分析、调查问卷等方式对教育部总体培训要求、项目县地域文化、幼儿园教师群体、学员学习基础、当地普通话测试政策、培训环境因素等方面进行了训前调研，并深入究因、探索对策，着力解决更为突出的"四不足"和"四缺少"的问题：一是民族农村幼师应用国家通用语言文字"真环境"不足，缺少普通话学习与生活场域应用环境；二是民族农村幼师应用国家通用语言文字开展保教活动的"真学习"不足，缺少学习应用机会和专业引领；三是民族农村幼师应用国家通用语言文字开展保教活动的"真提高"不足，缺少指向迁移的系统指导和成长陪伴；四是民族农村幼师应用国家通用语言文字开展保教活动的"真自信"不足，缺少发展内驱动力。

## 二、问题的解决思路

### （一）认清需求逻辑，确定指向迁移的阶梯式培训行动路线

基于辽宁教育学院成立几年来参与国培与省培项目实施的经验，借鉴乡村振兴"加强教育扶贫扶志"等指导思想，贯彻党的十九大以来国家提出"加大国家通用语言文字推广力度""幼有所育"，应加强"高素质善保教"幼儿教师队伍建设等重要精神，项目团队基于培训迁移理论，将差异化教学理论、选择性教育理论、人本主义教育理论等融合借鉴运用于"童语同音"民族农村地区幼儿园教师应用国家通用语言文字开展保教活动能力提升培训中，从而有针对性地解决前期研究过程中发现的问题。通过创研"指向迁移的阶梯式培训行动路线"，力求"精准送教"，通过"分层分类""延长链条""领航+续航"等策略，帮扶民族乡村幼儿园教师在原有基础上获得不同程度的自我成长及团队共进，使之应用国家通用语言文字开展保教能力大幅度提升，有效纾解乡村幼师专业发展"四不足"的问题（见图5.1）。

**图5.1 指向迁移的阶梯式培训行动路线**

（二）立足精准送培，建构基于多关键词的模块化培训内容框架

项目团队始终坚持以问题为导向，在培训内容框架制定时，对照民族农村幼师"四不足"问题，锁定教育部要求的"国家通用语言文字水平""保教活动能力提升"关键词开展研究。二者看似在不同的学科领域独立存在，但是在"民族农村地区""幼儿园教师"两个培训对象关键词的视域下考虑，使"国家通用语言文字水平""保教活动能力提升"有机融合，确保模块化精准送培，最终达到培育民族农村地区学前儿童具备基本的普通话交流能力，就成为了建构成功培训课程的底层逻辑。

参训学员以一线幼儿园教师为主，他们不同程度期待普通话技能、幼儿园教育教学能力、普通话教学能力、普通话理论基础知识、中华优秀语言文化知识、普通话应试技巧、幼教研修能力、普通话家庭教育活动指导能力的提升。在实际操作层面，学院在"童语同音"项目培训实施过程中将普通话理论基础知识、语言文字素养提升、语言能力训练、语言教育教学能力提升为培训内容的必备模块，对应每一模块设计开发独立的学习内容。在实际的培训内容开发中，按照参训教师专业发展现状进行相应的培训内容设计，主要重视四个层面培训内容的平衡性（见图5.2）。

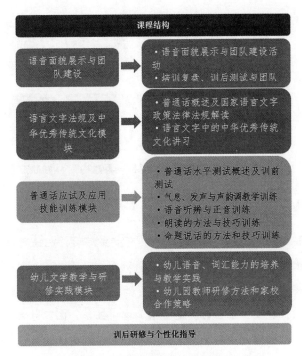

图5.2　基于多关键词的模块化培训内容框架

## （三）注重专业引领，探索设置"解构—再建构"的学习过程

培训通过学习型团队建设、专家报告、示范观摩、案例分享、参与互动、训后跟踪等多种方式，深入开展了培训活动。使线下短期培训呈现多样化培训方式的设计，使参训教师迅速进入学习状态，产生浓厚学习兴趣，自驱力不断增强，培训质量自然提升。

基于对复杂学习机理的深刻认知，项目团队与每位授课专家沟通，要求根据课程特点遵循"激发认知冲突—对话生成意义—重构个人体系"的认知逻辑，赋能每项学习任务，通过元认知分析、阅读、辩论和分享等方式激发参训教师对习以为常的语言与教学认知产生质疑，进而在学习共同体中实现共创共享，磋商生成新的意义，最终反馈于自身认知，整理、重构、升华并实现迁移。整个学习过程的八步"创设情境—引发反思—构建图像—形成概念—体验操练—阶段回顾—提炼总结—融会贯通"，简而言之就是呈现参训者认知"解构—再建构"的运演轨迹（见图5.3）。

图5.3 项目参训者"解构—再建构"认知轨迹

## （四）延展培训机会，合理拉长培训链条

"时间安排"对课程实施的效率具有重要影响，也被列为"设计合适的课程"的十个关键要素之一。在本次调研开放问题中，大部分幼儿园教师期待经常获得高水平应用普通话教育教学能力提升培训机会。幼儿园骨干教师的参训积极性较高，应当为其适当增加培训机会，在不影响正常工作的情况下，满足其对培训时间的需求。从名单确定后组建班级微信群开始，通过训前需求问卷与访谈、资料分享、自我介绍视频互动等形式增加学员自我展示、同侪互助、资源获取的技能，再到集中培训期间的与专家面对面共同提升，直到参训后返岗在线与专家互动，接受个性化指导。在培训中加长培训链条，建立起能够长期共同发展的学习型组织，为民族地区教师专业发展服务（见图5.4）。

图5.4 项目培训链条

## （五）重视多层次产出，搭建多维度培训评价体系

培训考核是检验培训成效的重要方式，全面的培训考核能够清晰地反映培训目标的实现程度。项目团队根据教育部语用司项目绩效评估有关监测指标，以柯氏评估模型作为理论支撑，以培训学员为测评对象，将评估内容层次聚焦在"反应""学习""行为""结果"上，搭建了以网络问卷调研、线

下访谈调研、培训前后普通话在线测试比对、作业完成情况、培训迁移行动反馈表等多种方式收集、分析数据为主的评估框架，对学员条件与需求、课程活动体验感受、项目组织管理、环境资源、训后迁移情况等开展全面调查分析（见表5.1）。

表5.1 辽宁教育学院"童语同音"项目培训考核评价指标体系

| 阶段 | 内容层次 | 考核项目 | 相关要求 | 权重 |
|---|---|---|---|---|
| 培训前 | 学员反应 | 投入 | 积极参与训前调研、训前互动参与度高 | 5% |
| 培训中 | | 反馈 | 积极参与对培训项目的主观感受，如学员一课一评教、学员项目整体满意度评价等 | 10% |
| | | 考勤 | 集中培训按时出勤；在线研修按要求完成学习，达到要求时长 | 20% |
| | | 互动 | 参与研讨、汇报、发帖、评论等活动的表现 | 20% |
| | 学习成果 | 作业成果 | 1.每名学员需完成平台普通话水平前测与后测；2.每名学员需完成一场幼儿语言活动展示或一堂幼儿语言游戏课方案；3.培训最后，以小组为单位，完成组内任务，即每组需以运用普通话说课形式展示组织一场幼儿语言活动展示或一堂幼儿语言游戏课。强调分工合作，择优展示，小组成绩计入个人成绩 | 15% |
| | | 集体贡献 | 主动承担班级或小组简报制作等相关任务，以及承担班委、组长等工作情况 | 10% |
| | 工作行为 | 计划 | 培训结束前按时提交"5-3-1行动计划表"前半部分 | 5% |
| 培训后 | | 执行 | 积极参与训后在线指导和研修活动，以发帖、回帖形式参与问题讨论，总结训后行动计划执行情况 | 5% |
| | 工作结果 | 反馈 | 1.培训后1个月内按时提交"5-3-1行动计划表"后半部分；2.返岗后每位学员需提交以下活动任意选择2项完成视频录制：（1）在幼儿园举办一次"小手拉大手"（幼儿与家长）活动；（2）在幼儿园组建一个学习工作坊；（3）在幼儿园录制一个运用普通话表演的特色幼儿节目 | 10% |
| 总计 | | | | 100% |

内容主要包括：一是一课一评，实施课程质量监控。培训期间开展"一课一评网络调查"。关注每一节课程及实践活动在目标设置、内容逻辑、主讲人的水平和态度等方面的表现与反馈。使每一个环节、每一堂课都从多维度进行综合评定，有效提高课程的质量。二是综合评价，全方位把脉培训过程。培训末期开展"项目综合评价网络调查"。以教育部语用司参训学员评价要求为蓝本进行调查问卷框架设计，细化测量点，精准施测。三是技能测试，把握学员受训提升幅度。用好教育部为"童语同音"项目统一提供"畅言普通话"App（免费版），在课程中连线软件开发团队专家，为学员讲解软件测试操作方法，引导学员有效运用软件开展普通话水平自测，学会解读软件智能生成的个性化普通话缺陷分析。通过利用App对学员进行普通话水平前测与后测，实现培训中"普通话应试及应用技能训练"单模块效果反馈，把握学员受训提升幅度。四是随访观察，关注学员差异性反馈。特定场域随机学员访谈与观察。关注学员在不同环境中对培训细节的描述性反馈，报到处、餐厅、会场间歇、课堂互动期间都对学员进行随机访谈，同时采用级别量表法在不同场域不同培训环节观察学员现场体验情绪反应状态，以提供即时性反馈信息。五是迁移衔接，促进培训返岗后应用。探索使用"5-3-1行动计划表"。学员在集中培训结束前总结收获，提取出返岗后准备立即付诸行动的项目，并细化行动计划实施步骤，继而就返岗应用期间所遇到的问题在后续线上课程与指导阶段中进一步交流，实施后由所在单位签章证明培训成效。六是训后作业，检验迁移应用效果。在用人单位了解学员在培训中所学内容、计划并给予相应支持的前提下，学员在返岗后积极开展培训所获技能的交流与应用，认真录制教育教学活动视频并提交，项目团队组织专家评定迁移效果，并给予指导反馈。

## 三、创新举措

（一）提"质"立"信"，赋能培育民族农村地区学前儿童普通话交流能力重任

使命感成就教育者。支持民族乡村幼儿园教师发展，不仅注重增量提

质、更重赋能高效，不仅注重专业提升、更重自信建立。乡村幼教既承载着传播知识、塑造文明乡风的功能，更承担培育师资人才、为乡村未来发展提供智源的重任。辽宁教育学院在项目中重视学员的思想修为，培养学员热爱教育事业，立足岗位加强学前儿童普通话教育，助力乡村振兴战略，助力服务铸牢中华民族共同体意识，成为具有坚定的教育理想与情怀"种子教师"，将精神力量无感式融入每个培训环节，促进了学员组织凝聚力和思想政治素养的提升，使学员倍增自豪感与使命感，有效提升培训迁移动机。项目团队还通过培训成果展示、训后视频作业及训后指导挖掘项目县本土教育资源的能力，建构具有本土文化特质的幼教活动课程，引领儿童认同传扬本民族优秀文化，助力乡村幼师树立文化自信、增强专业自觉，使之更具可持续发展的内生动力。

（二）以"训"促"用"，增设培训场域与工作场域的衔接环节同促返岗迁移发生

培训迁移是学员在培训的环境中学习到的知识、技能、态度等有效地应用到工作中去的程度。项目团队积极探索在培训过程中关注学员个性特点观察、培训迁移动机的注入、组织学习气氛的烘托、培训迁移氛围的营造，并形成指向迁移进行培训设计。在培训迁移的设计中，无论从语音面貌展示与团队建设模块、语言文字法规及中华优秀传统文化模块还是普通话应试及应用技能训练模块都与学员生活与工作情境有着高度的贴合，强调任务的程序性，以实现近迁移；而幼儿文学教学与研修实践模块更接近于通过培训使学员掌握原理以便能够解决不同教育教学情境中的各类问题，以实现远迁移。项目团队还探索营造迁移气氛，协助学员打通"学有所用"的壁垒，以"5-3-1行动计划表"，为学员提供返岗后的情境线索与结果线索。

（三）"远"领"近"修，链接培训机构专家引领和项目县属地研修共同促进专业发展

通过"童语同音"项目的集中培训专家送培到县，参训学员成长是在当地，辽宁教育学院把训后链接当地资源与项目县幼师共同发展，开展学员属

地研修，使学员回到实践场域，通过"线上答疑会""辽蒙同课异构研讨""公开课展示活动"等环节，远程协助项目县幼师培训迁移及专业发展长线指导。一是从多个维度立足学员的成长环境和经历，从其教育教学及辐射工作等方面开展引领，更有针对性地助力学员专业成长；二是链接各方资源，共同赋能"种子教师"发展，促进名师在当地的影响力提升和示范引领作用发挥；三是促进学员之间的相互学习、借鉴、促进与交流。

**案例点评：**

指向迁移的阶梯式培训行动路线"具有"广谱"实践价值。其极具创造性与灵活性的特点，为民族农村地区幼儿园教师应用国家通用语言文字开展保教活动能力提升培训的开展提供了有效研修培训行动路线。同时它具有激励性，通过提"质"立"信"、以"训"促"用"、"远"领"近"修全面有效提升培训迁移动机，助力乡村幼师树立文化自信、增强专业自觉，使之更具可持续发展的内生动力。

"基于多关键词的模块化培训内容框架"具有"模板"参考价值。基于多关键词的模块化培训内容框架搭建模式可成为单项技能结合能力提升类教师培训的内容建构模板，也在"童语同音"项目整体推进中为民族农村地区幼儿园教师应用国家通用语言文字开展保教活动能力提升培训提供了内容蓝本。

"多层次多维度培训评价体系"具有"多重"效果保障价值。在培训设计和实施过程中深刻认识培训效果评估的激励功能、诊断功能以及导向功能，推广"多层次多维度培训评价体系"，能够有效地保障在培训全程对学员的激励，对项目实施细节的诊断，从而保障对后续工作的改进及专业化发展。

（案例负责人王晓卉，案例完成者孟志宏、常歆、马如宇、张鹏、雷宁、徐丽俐）

案例2：

# 沈阳市名优教师工作室主持人能力提升培训

沈阳市名优教师工作室主持人能力提升培训是"十三五"期间沈阳市教师培训工作的重要举措之一。历经探索期、组建期、成长期、发展期，现已逐步走向成熟阶段，工作室主持人群体正逐步形成富有我市地域特色的教学主张和教育风格。该项目创立5年来，为沈阳市教师队伍领军团队的建设与作用发挥开创了研训一体、教学相长的学习共同体模式，为优秀教师的专业成长和示范引领提供了优质平台。增强优秀教师话语权与专业认可度，同时带动了教育资源均衡共享，为推动我市教育事业的内涵发展起到积极作用。

## 一、背景与问题

"十三五"以全面完成教育现代化建设为目标，是沈阳教育进入发展方式转型的关键时期，为实现这一目标，必须建立一支业务精湛的教师队伍，专业化更是队伍建设的核心。建立教师专业发展常态机制是教师培训工作的重要挑战。

### （一）领军团队可持续发展与作用发挥的需要

沈阳市从"十二五"开始通过"以训代评"的方式建设领军团队，分为校长系列和教师系列。教师系列领军团队为沈阳市骨干教师、沈阳市名师、沈阳市首席教师三个层级，到"十二五"末期，这个架构已基本建成。到2015年，市级教育领军团队达到教师队伍总数的15%。包括600名骨干校长、300名优秀校长、60名教育专家、6000名骨干教师、600名名师、200名首席教师（含特级教师）和10名功勋教育工作者。这样一支阶梯式的优秀教师队伍为工作室的开发与组建奠定了良好的人力基础。

2016年，我们对121名首席（特级）教师进行了专业发展需求调研，调研结果显示各学校主管教学副校长对首席教师的总体满意度为100%，其中非常满意的比例达到了93%。除了业务素质过硬、教学经验丰富外，这一群体还展现出很强的团队意识和钻研精神，特别是郊区县的首席（特级）教师，其工作热情极高，虽然教龄长，却没有职业倦怠情况，是提升教育质量、推动教育改革的主力军，并能对其他教师的发展和提高起到带动和辐射作用。

从教师专业发展需求上看，有56%的受访教师选择"专家结合实例讲解"，34%的教师选择"与专家面对面交流"。值得注意的是，在面向一般教师调研中呼声很高的"师徒结对式"和"同伴互助式"研修模式只占13%和8.5%（见表5.2）。这表明，首席（特级）教师已在实践层面走到一定高度，能与之产生专业对话的同伴在常态工作中日渐减少，亟须一种既有理论高度，又有具体内容的专业对话充实自身的专业成长。迫切需要通过扎根研究，聚焦问题，突破瓶颈打造个人教学特色和教育主张，完成从成熟教师向专家型教师的蜕变。

表5.2　专业发展需求调研情况一览表

| 选项 | 小计 | 比例 |
|---|---|---|
| 专家结合实例讲解 | 67 | 55.71% |
| 与专家面对面交流 | 41 | 34.27% |
| 师徒结对 | 16 | 13.29% |
| 同伴互助 | 10 | 8.51% |
| 本题有效填写人次 | 121 | |

为更好地支撑领军团队可持续发展，发挥其示范引领作用，提升我市教师师资平均水平、促进教育资源优质共享，2015年年底起，我们开始探索首席（特级）教师工作室的组建与运行，并计划"十三五"期间逐步建立名优教师工作室，从重点学科到薄弱学科，分层次建成覆盖全学段、全学科、全领域的工作室布局，切实支撑教师专业研修的内涵发展。

（二）市级教师培训工作转型升级的需要

首先，从全市教师专业化成长的需求来看，是研训一体工作推进的需要。研训一体是基于问题解决的教师专业发展有效模式，聚焦于教育教学问题与教师专业的有机结合。这一模式在北京、上海、武汉等兄弟城市已经初具规模，并在教师队伍建设方面取得成效，也是我市教师队伍内涵发展的重要策略之一。我市教师专业发展尚存在教研、培训两条线，各自为营的局面，虽然在近年的市级项目中，有意加大与学科教研的紧密融合，但个别项目的融合远不能满足研训一体快速发展的需要，阻碍了学科及教师的双向发展。迫切需要学科实践专家投入到研训一体的工作中，壮大一线教研力量，推进我市研训一体进程。

其次，是本土培训资源开发完善的需要。在多年的培训设计中，我们苦于本土实践型培训资源的匮乏，教育内涵发展的转型，使得实践取向的教师培训越来越重要。我们自2011年开始，坚持每年对教师培训需求进行常规调研，对基层教师培训需求进行比较分析，通过逐年比较可以看到，基层教师对"小实体、多功能、大服务"的研修平台的需求量逐年上升。我市拥有优秀教育教学经验的学校、教师很多，但能够形成资源并广为使用的很少，对实践培训资源需求量的激增，迫使我们必须要挖掘本土教育智慧，开发资源。而领军团队教师，特别是处于金字塔尖的首席（特级）教师，在实践方面的优势明显，发挥领军团队教师的优势作用打造研修平台，是教师队伍建设的迫切需要。

基于以上需求，沈阳市研发了"名优教师工作室"这一教师培训新模式，满足不同层级教师专业发展的需要。

## 二、问题解决思路

"十三五"期间，沈阳市教育局联合各区（县、市）教育局委托沈阳市教育研究院共培训、遴选出近1500名由市级名师、首席和特级教师组成的领军团队。领军团队成员在市、区等层面的教育教学、课题研究、扶贫送教等领域都发挥了积极示范、辐射引领作用。为提升领军团队的专业素养，促进其示范引领作用发挥，"十三五"期间，沈阳市教育局计划组建"名优教师工作室"。

## （一）明晰定位，厘清主要职责

### 1.工作室的发展定位

工作室是具有高度自主性的专业组织群体，明晰工作室发展定位，能够保证工作室在自主创立及完善运行的过程中，达成共同愿景，集中优质力量解决我市教育改革中的现实问题，是市级工作室组建与发展的根本基石。基于"十三五"期间，沈阳市教育发展目标是全面完成教育现代化建设，对教师队伍提出了高水平、深钻研、勇担当的内涵发展需求这一现实背景，工作室的建设目标确定为：在实践中探索重点、难点和热点问题的解决及转化方法，在研究中学习、在学习中研究，全力支撑、引领、服务教育内涵发展。

### 2.工作室的主要职责

市名优教师工作室是沈阳市教育局盘活优质教师活力，发挥名优教师引领示范作用的重要载体，界定职责范围能够引导主持人落实任务规划，把握工作室发展方向，设计工作室重点任务，聚焦关键领域。

第一，成为我市教育教学改革的实验田。开展研究并在实践中不断完善自身教育教学特色，形成系统化、独特化的教育思想，形成一批教育教学改革实验研究的实践成果，成为经验的原产地。

第二，形成研究与学习共同体，搭建优秀教师集中研修的平台。建立一线教师积极参与、合作研修与自主发展的工作机制，主动承担我市教师培训的相关任务，在本区域内乃至更大范围产生一定影响。加强名优教师工作室之间的资源共用、人才共享、平台共建。

第三，成为名师的孵化器。促进工作室成员共同成长，工作室至少每月开展一次教育教学研究活动。提高工作室成员的研究能力与实践能力，提高工作室成员所在学科（领域）的教学（研究）成效。促进工作室成员的专业发展水平。

第四，发挥示范引领作用。充分利用现代教育技术手段开展活动，开通线上工作室，主动承担下校指导、送教下乡等活动。对工作室成员进行跟踪指导，每学年到农村地区开展2次送教下乡活动。承担培训任务，成为师资的培训基地。

根据上述四个职责，建立了工作室一个工作周期内的任务模型，即"八个一"任务模型：完成一项行动研究、推进一项改革、形成一套微培训课程系列、举办一次论坛、提供一份咨询报告、建设一个网络名师工作室、打造一个核心团队、培养一批名师。这样一份具体的任务清单为创建初期的工作室指明了发展方向，有效促进工作室建立常态研修模式，合理规划工作室活动安排。

## （二）科学规划，分层分类建设

自2015年起至今沈阳市教育局在已获得市特级教师、市首席教师和市名师称号的教师中遴选组建三批名优教师工作室，共75个，每三年设为一个工作周期。

### 1.市级统筹，合理布局

工作室现已基本覆盖了学前、小学、初中、高中和教科研学段和领域（表5.3）。2015年首批18个工作室成立，目的是要发挥市级首席教师的示范引领作用，形成良好的内涵发展态势，打造贴近教师需求的个性化、专业化发展平台，探索工作室的运行模式。经过一年半的探索尝试，于2017年成立第二批首席工作室19个，完善申报甄选流程，形成公信度较高的主持人选拔机制。2018年4月，开展第三批工作室的申报工作，根据发展需要和两年的运行经验，与市教育局达成了"热情、专业"大于"能力、称号"的共识，将主持人资格从首席扩展到名师，增大了遴选范围，打破名誉壁垒，使得一部分功底过硬、有专业热情的名师成为市级工作室主持人，初步完成工作室建设任务，基本达到全学段全学科覆盖，主要学科达到计划目标（见表5.3）。

表5.3　沈阳市名优教师工作室情况一览表

| 申报批次 | 获批时间 | 审批个数 | 一线主持人 | 教研员主持人 |
|---|---|---|---|---|
| 第一批 | 2015.09 | 18 | 8 | 10 |
| 第二批 | 2017.11 | 19 | 8 | 11 |
| 第三批 | 2018.04 | 38 | 23 | 15 |
| 合计 | | 75 | 39 | 36 |

### 2.组织形式，多样自主

工作室实行主持人负责制。以主持人姓名命名工作室名称，凸显优质教师个人教育教学特色。主持人由正高级教师、辽宁省特级教师、沈阳市首席教师、沈阳市名师等名优教师担任。成员由主持人自主招募志同道合者组成，成员中需包含沈阳市名师、沈阳市骨干教师、农村教师、青年教师和一线教师等多类型教师，大力倡导成员组成能够突破学校和区域壁垒，形成优质资源共享，群体合作共赢的局面。

工作室主持人主要分成两类群体，一类是来自学校的一线教师占全体主持人的52%，另一类是来自市（区、县）教育事业发展中心的教研员占48%。第三批吸纳的一线教师主持人明显多于前两批（见图5.5）。这也是沈阳教育改革全力倾斜一线教育教学的有力证明。

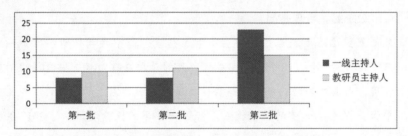

**图5.5　沈阳市名优工作室主持人来源情况**

### 3.全面覆盖，专业管理

到2021年底，市级工作室已经达到全学段覆盖，甚至在教科研领域也成立了相关工作室。具体学段领域分布情况如表5.4所示。截至"十三五"末期，尚未开通工作室的学科仅有小学思品与社会、小学心理健康、高中通用技术3个学科。各学科工作室组建个数综合排序前四位的分别是语文、数学、英语、物理（见表5.5）。凸显出此类学科教师综合业务素质较为突出，承担市级工作室任务热情较高，优秀教师资源丰富。

**表5.4　沈阳市名优工作室具体学段领域分布情况**

| 学段（领域） | 学前 | 小学 | 初中 | 高中 | 教科研 |
|---|---|---|---|---|---|
| 工作室个数 | 2 | 20 | 29 | 23 | 1 |

表5.5 沈阳市各学科工作室组建个数一览表

| 排名前五的学科 | 语文 | 数学 | 英语 | 物理 | 化、体、音、信 |
|---|---|---|---|---|---|
| 工作室个数 | 13 | 12 | 12 | 7 | 4 |

全市范围内，工作室主要分布在和平、沈河、皇姑、大东、铁西、浑南6个区和市直单位内，其中和平区工作室最多，有14个。工作室发展除了与区域自身的教育质量有关，还与该区内教师主动性、专业热情有关（表5.6）。

工作室在成功组建之后，统一由沈阳市教育研究院人力资源开发部负责常态化管理，负责市级工作室的年度发展计划制订、主持人培训需求调研、再提升培训的设计与实施、年度工作室工作总结、考核方案制订、区域活动支持等工作室常规运行事务。全面跟进工作室发展动态、了解工作室主持人需求与困难、协助沟通解决管理困难，系统服务并支撑工作室发展。

表5.6 沈阳市名优工作室的主要分布

| 区域 | 工作室个数 | 学段（领域） | | | | | 主持人类别 | |
|---|---|---|---|---|---|---|---|---|
| | | 学前 | 小学 | 初中 | 高中 | 教科研 | 教师 | 教研员 |
| 和平区 | 14 | | 6 | 8 | | | 9 | 5 |
| 沈河区 | 10 | | 5 | 3 | 2 | | 5 | 5 |
| 铁西区 | 5 | | 1 | 4 | | | 1 | 4 |
| 皇姑区 | 9 | | 2 | 6 | 1 | | 6 | 3 |
| 大东区 | 6 | | 3 | 1 | 2 | | 4 | 2 |
| 于洪区 | 2 | | 1 | | 1 | | 1 | 1 |
| 浑南区 | 5 | 1 | | 4 | | | 1 | 4 |
| 沈北新区 | 1 | | | 1 | | | 1 | |
| 苏家屯区 | 1 | | | 1 | | | 1 | |
| 辽中区 | 1 | | | 1 | | | 1 | |
| 新民市 | 1 | | 1 | | | | 1 | |
| 法库县 | 1 | | | 1 | | | | 1 |
| 康平县 | | | | | | | | |
| 市直 | 19 | 1 | 1 | 1 | 15 | 1 | 8 | 11 |

### 4.稳定投入，持续发展

市教育局每年为每个工作室提供2.5万元的活动经费，可在周期内统筹使用。经费主要用于开展教学科研、学习培训及其相关辅助活动，如学习培训费、资料费、差旅费、外聘专家课酬等。参照培训经费比例标准，分配各项支出比例。长期稳定的经费投入，保障了工作室常规活动的自主运行，为工作室建设的可持续发展提供助力。

综上，市级工作室的发展呈类别清晰、学段学科分布相对完整、区域分布相对均衡、组织管理系统高效、活动经费持续稳定的态势。

## （三）盘活资源，任务驱动发展

工作室以主持人的姓名命名，主持人就是工作室的灵魂。每一位工作室主持人都是教师队伍中的佼佼者，都有其成熟的教育风格与独到的教学主张。一位主持人就是一座优质教育资源的宝库。名优教师工作室自创建以来，通过丰富多样的组织活动形式盘活主持人自身优势，完成了团队组建与管理、人才培养与培训、辐射引领区域教育质量提升、课程开发与建设、课题探索与实践、帮扶支援薄弱区县、送教送培进疆进藏、承接上级培训任务等一系列任务，忠实履行了名优教师工作室的职责，圆满完成了任务计划。

### 1.以团队管理，探索运行机制

工作室创建以来，积极招募成员，组建核心力量。在招募过程中兼顾城乡教育，关注不同层次教师，力图做到成员覆盖面广，在很大程度上促进了优质教育资源的共享。此外，各工作室出台了相关组织管理办法，确定工作室的服务宗旨。围绕工作室管理办法规定的"八个一"任务模型，制定长期规划与短期目标，明确工作步骤，建立管理细则，完善各项制度，制定科学预算，力图将每一项任务与工作室自身的研究领域相结合，将工作室运行做成常态化研修。

### 2.以实践活动，助力区域提升

各工作室都开展了丰富多彩的实践活动。用实践行动促进区域教育教学质量的提升。工作室紧跟各区教育教学计划，扎实掌握区域教育发展的基本情况，跟进重点、难点问题的研究服务。在主持人带领下，工作室成员深入弱势学校对口帮扶薄弱学科提升教学质量，每年开展至少2次主题送教；组织区域内的论坛沙龙、主题讲座，引领全区教师专业发展；开展同课异构、教研组展示等研讨交流活动，为同学科教师提供交流展示的平台。据统计，5年来，以工作室研修名义开展的学术交流活动、教学研修活动多达400余场，辐射一线教师12000人次，以工作室名义推送或公开发表的教育教学专业文章（或教育信息）多达5200余篇（条）。通过丰富多彩的研修活动和专业引领，为区域内的薄弱学校、薄弱教研团体提供针对性强、直指一线教学的丰富案例。推动了区域教育质量的提升。

### 3. 以专业研修，引领教师发展

各工作室以培养人才为己任，关注成员个人发展，带领成员系统学习理论知识、开展主题阅读活动、有设计有反馈地进行实践历练和指导，为青年教师和骨干教师提供实践场域，搭建教师专业发展台阶。帮助成员从"布置任务"走向"行为自觉"，建立良好的职业发展习惯，为我市优质师资的储备作出了巨大贡献。名优教师工作室成员在各类比赛、评优活动中展现了突出的教学技能和科研能力。与此同时，各工作室能积极配合完成上级下达的各类培训任务：援教新疆塔城、援教西藏那曲、援教农村地区、担任农村跟岗教师的跟岗实践基地，指导跟岗教师。工作室在这些培训任务中都能做到无私分享、跟踪服务，成为我市优质培训资源的中流砥柱。

### 4. 以研发创新，推动教学改革

教育教学改革走到现在，最大的难题不再是理解，而是应用于实践。市级名优教师工作室在此方面作出了巨大的贡献。他们依据深厚的实践基础，丰富的实践素材，系统化的理论结构，形成一批教育教学改革实践研究的实践成果。在实践中检验，在实践中创新，彻底改变以往的纸上谈兵、文字成果，真正作出了扎根实践、源自实践，能够直接指导实践的科研成果。成为经验的原产地。例如张鑫工作室的"三测两研一反馈"、邹春燕工作室的"享受式语文教学"等都已经开始在全市铺开，进入到深入推广阶段。研发、创新是市级名优教师工作室最蓬勃的生命力。这些研发创新为我市的教育教学改革开疆拓土、为我市的教育事业注入新鲜血液，更是名优教师工作室最与众不同、不可取代之处，是其精尖的专业实力、充沛丰满的教育情怀的价值体现。

### （四）强化管理，加大保障力度

为充分发挥沈阳市名优教师工作室引领示范作用，推进培训模式创新，沈阳市教育局于2018年3月发布了《沈阳市中小学教师（校长）工作室（坊）暂行管理办法》（沈教发〔2018〕17号），明确规定了名优教师工作室的遴选、职责、管理和经费使用等。并计划在"十四五"的领军团队建设中继续加大对名优教师的培养和工作室建设力度，计划组建100个工作室（含优秀班主任），开展工作坊式研修。出台市级领军团队管理办法，实施动态管理，充分发挥领军团队的示范引领辐射作用。区县（市）也要建立、管理、使用好区域内的领军团队。

委托沈阳市教育研究院（教育事业发展中心）对领军团队成员开展专项培训，重点提升他们专业引领能力、进一步凝练他们的教学主张和办学思想。全面跟进工作室发展动态，了解工作室主持人需求与困难，协助沟通解决管理困难，明确工作室在教育教学研究、专业引领和队伍培养等方面的职责，鼓励工作室开展自主创新、自主探索，逐步将工作室培育成教育教学的研发中心、教师的创客空间等。专业、系统管理支撑工作室常态化运行和可持续发展，为工作室的研发成果转化提供支持与保障。

## 三、创新举措

### （一）宏观布局，行政推动

沈阳市名师工作室的组建是在行政的大力推动下，通过严密完善的甄选流程确立组建并进行系统扶持。

#### 1.自上而下，宏观布局

"名师工作室"的理念最早在南方部分城市兴起，借鉴美国的学习共同体模式尝试探索。这一时期，以上海、南京为代表的一些市级工作室，多是由教师个体自发组成的民间组织，随着发展壮大到一定程度，获得了市级行政部门或业务指导部门的认可，随后授予其×××工作室的名牌，这是一种自下而上的组建方式。这类方式组建的工作室，起步阶段没有扶持系统，靠着优胜劣汰法则自然淘汰，有一些工作室往往刚起步，主持人虽然富有热情、业务过硬，但因其经验不足或其他一些客观因素，就消失了，再难崛起。而存活下来的工作室常会有较强的发展后劲，主持人热情也比较高，但学科分布相当不均衡，常常是主要学科语文、数学等工作室数量很多，即便有一些不太高质量的工作室也能在庞大的数量下依托其他工作室的合作帮扶运行下去。而其他学科如道德与法治、体音美等工作室寥寥无几，难以形成气候支撑全市专业教师对这类学科教研的需求。从全市教师专业发展的布局来看存在缺陷。

沈阳市名优教师工作室的组建通过反复推敲，采取了一种自上而下的组建方式——由市教育局根据全市城乡分布，学科分配情况制订组建计划，经过申报甄选确定主持人。工作室成立后，行政和业务指导部门会投入大量的财力、人力扶持推动工作室的建设。这样一种自上而下的组建方式对于起步阶段的工作室有很大的辅助作用，大大提高工作室种子的"成活率"，有利于全市范围内学科的均衡发展，使得小学科与主要学科有同等的发展平台。更有利于集中优质教师资源集中解决主要矛盾。是教育行政部门为教师群体办实事的重要举措之一。

### 2.严把入口，配套扶持

自上而下的组建方式，需要科学系统地选拔优质教师承担主持人工作，保证工作室组建及运行效果。

经过逐年的工作室主持人申报，现已形成系统的申报甄选流程。①市教育局发布本年度工作室组建计划，确定入围标准，在领军团队范围内征选优秀教师申报工作室主持人；②各区县（市）教育行政部门组织申报及资格初审，以区县（市）为单位递送申报材料；③由市教育局组织专家进行文本评审和答辩评审，根据评审结果、组建计划和入围条件，初步确定主持人人选；④市教育局发布公告授予主持人称号，协助主持人完成成员招募。经过以上流程产生的工作室主持人，具备较高的综合业务素质，在某一区域内具备一定的专业影响力，除了扎实的基本专业素养更具有热情的教育情怀，乐于投身于教育改革的实践探索中，自我效能感充沛。主持人的这些特性，都在一定程度上保证了工作室建立初期的稳定运行与日后长效发展。"十三五"期间市级工作室的组建存活率达到了96.2%，除个别主持人因工作调转或其他不可抗外界因素影响退出主持人系列，其他工作室均运行良好，每年能达到10余项科研成果或决策咨询的固定产出。切实发挥了自身作用，成为沈阳市教育内涵发展的重要支柱。

## （二）助力提升，业务指导

为了更好地服务支撑主持人的专业发展，使得工作室发展能够有源源不断的实践智慧，市教育局每年设立专门的培训项目，系统扶持，专线培训，在市级规划项目中占有一席之地。

市教育局委托沈阳市教育研究院人力资源开发部进行工作室组建后的统筹管理工作，以市级培训项目作为依托，组织工作室主持人进行学习交流、研讨分享、外出学习等，全面跟进工作室发展动态，及时与行政部门沟通解决管理困难，系统服务并支撑工作室可持续发展。业务指导部门以服务为主要工作，在表奖表彰、福利待遇等方面也会向市级工作室主持人适度倾斜，为工作室主持人搭建了立体的成长空间。相比较其他地区的业务指导部门主要以考评绩效为主要工作，对工作室组建推动更具有现实意义。

另外，协助工作室申报市级规划课题。通过与规划办沟通协调，打通主持人申报课题通路，设立工作室专项课题，注重主持人自身能力提升，为主持人的教育教学研究开辟绿色通道。到2021年年底，工作室市级规划课题70项、省级规划课题50余项、国家基础教育教学成果奖1项，正在尝试全面冲击更多的国家课题与省市教学成果奖。

## （三）作用发挥，教学相长

名师工作室以名师为引领、以学科为纽带、以先进教育思想和科研方法为指导，旨在搭建促进教师专业成长及名师自我提升的发展平台，有针对性地解决实际问题，回应教师专业发展个性化需求，打造一支有成就、有影响、有专业话语权的专家教师团队，切实支撑起我市教育内涵发展的需要。

**1.与市级教师培训项目紧密结合，成为带培带教主阵地**

名师工作室自创建之初，就将承担市级培训任务作为一项主要的工作内容进行规划。"十三五"期间，是沈阳市教师培训工作的转型升级期。培训组织形式从过去的集中理论培训为主转变为实践能力提升，培训内容从理论理念向实践中的办法策略倾斜，市级培训项目要求实践性课程的占比不可低于45%，这就需要一批能够提供实践课程的专家和能发生实践指导的场域。

工作室正是回应这一需求的主要群体。工作室以主持人为核心，主持人自身就是实践专家，有着丰富的教育教学经验和鲜明的个人亮点，同时具备学科特色和生发于实践的教研视角，又能依托工作室活动不断深入研究，提升自身的科研水平，进一步聚焦自身亮点，不断提炼已有经验形成独具风格的、可复制推广的教学主张。这些属性使得工作室成为承担市级培训项目的主力军，工作室承担的市级培训项目包括：援教新疆塔城、援教西藏那曲、援教农村地区、担任省农村骨干教师的跟岗实践基地，指导跟岗教师960余人次，接待外地来沈访问学习任务30余次。在承担市级项目的过程中，工作室主持人和成员的身份从学习者、吸收者转变为讲授者、输出者，这样的角色变化自然需要对已有经验和研究内容进行阶段性梳理，系统性建构，完成教育教学理论的内化等，可谓最具现实意义的学习提升过程。对工作室而言，承担市级培训既是工作任务，也是能力提升渠道。

**2.成为服务农村教育质量提升的主力军**

扶持农村学校、城乡接合部薄弱学校是工作室作用发挥的重要内容，也是周期考核的主要指标。

根据沈阳市名师工作室管理办法规定，每个工作室每年送教次数不得少于两次，分为自主送教和集体送教两种方式开展。自主送教可在8个郊县（市）中自主选择学校开展活动，送教所产生的费用由工作室自理。集中送教活动仅面向新民、辽中、法库、康平四区县（市）农村，有研究院每学期组织1～2轮送教活动，工作室需提前上报备选课题，供四地按需选择。送教活动由研究院统一组织安排，所产生的费用从市级项目培训经费列支。各工作室可根据自身实际情况，选择送教方式。据统计，"十三五"期间，以工作室名义开展的送教活动、教学研修活动多达300余场，辐射一线教师万余人次，以工作室名义推送或公开发表的教育教学专业文章（或教育信息）多达6000余篇（条），形成课程菜单70余项，充分满足不同学段、不同学科的送教需求。通过丰富多彩的研修活动和专业引领，工作室为区域内的薄弱学校、薄弱教研团体提供针对性强、直指一线教学的丰富案例。通过课例展示、整体综评等环节，多维度、多层面、全方位深度引领教师潜心探索课堂教学的新思路、新方向、新形态。推动了区域教育质量的提升。

部分成熟工作室经过两年的送教探索，自2017年起组织并指导农村地区常态校本研修已近5年，深入到农村地区最困难学校，通过提炼校本研修科研主题，促进校本研修深化和升级，共同打造校本研修的学习共同体。每学期组织多次研修活动，帮助扶持校拓宽研修思路，提出了更加适合试点校学生的教学方法和教学策略。在课堂智慧、教学理念、方式方法上逐步推出切实可行的方案、微课、案例、生成方便农村学校直接使用的教学资源包。在扶持农村的过程中，也以部分城区薄弱学校为试点，对工作室已有成果进行检验论证，并不断调整完善，取得了双赢共建的效果。

### （四）资金支持，全面保障

市教育局每年在教师培训经费中列支专项为每个工作室提供2.5万元活动经费。工作室经费主要用于支持工作室的常规活动及研修费用，如资料费、租车费、差旅费、出版费、专家讲课费、咨询费等。稳定的资金投入，是工作室能够正常运行的基础保障，也是行政管理工作室的调控手段。工作室实行周期管理制。一个工作周期是3～5年，周期内市教育局将进行中期和末期考核，考核结果将作为经费拨付的重要依据。

**案例点评：**

名优教师工作室作为一种专业的学习共同体，已经成为各级教育行政部门和教师发展机构锻炼骨干教师、名师、打造领军教师的重要载体和形式。沈阳市在名优教师工作室通过5年的市本级培训以基本实现既定目标。形成了初具规模的工作室共同体。

首先，沈阳市名优教师工作室的组建模式打破了常规壁垒，大胆创新，通过市级调控，全面布局，自上而下建立市级工作室的模式有利于推动地区内教育均衡发展，调整全市学科分布的比例，基本做到全学科、全学段覆盖。特别是在"双减"大背景下行政杠杆的撬动，为"五育并举"的落实创造良好发展生态，获得优质培训资源的倾斜。

其次，沈阳市教育局每年为工作室主持人及核心成员进行全员培训，并从培训经费中列支专项支撑培训的组织实施。这一举措有效地保证了周期内工作室的运行，专业的管理团队、系统的管理办法和持续跟进的动态研究，都为工作室的发展开拓一条可持续发挥作用、可持续专业成长的道路，为我市教师队伍的专业化、内涵化转向，现代化专业发展格局奠定坚实基础。

最后，工作室建设与市级培训项目的有效融合为教师培训提供了全新的实践场域和实践课程。工作室的有效活动能够帮助中青年教师跨越隔层，更直接地与名优教师对话，树立个体职业标杆。工作室常年处于研究梳理经验的过程中，能够源源不断地为成员及周边教师提供贴近一线的实践智慧，也在这个过程中提升自身的理论水平。是一种聚焦具体问题的自组织专业学习模式，具有自我更新和活力持久的特点，能够很好地解决教师培训中常常出现的职业倦怠、一言堂、纸上谈兵等问题，值得在更多的教师培训项目中推广。

（案例负责人吴南希，案例参与者郭毓鹏、钱复、马超、李伟、常虹）

## 第四节　中小学（幼儿园）教师培训模式的发展趋势与展望

21世纪，是全球经济一体化和信息化的时代，知识的广度和深度在高速增长、飞速拓展、快速应用。面对这样一个知识和技术不断推陈出新、信息喷涌和剧增的时代，中小学的教师只能不断学习，不断"充电"，不断提高。在一些新知识领域，教师和学生很有可能站在同一起跑线上，有时教师的起步甚至更慢。教师必须在整个职业生涯期间不断更新和改进自己的知识和技术，促进教师专业化发展是长远、艰巨、持续、创新的事业，教师培训是教师专业化的主要催化剂。教师培训要培养教师具有终身学习的能力和可持续发展的素质，让他们成为自主成长型教师。而培训模式的不断创新也是教师培训发展的重要趋势：一种思路是根据地域特点和学校特色建构的新模式；另一思路是是借鉴其他领域的思想而形成的新培训模式。

## 一、强调培训目标的转变

培训目标不仅应该关注知识和能力的获得，而且应该关注认知和情感的发展。知识和能力是教师专业发展的基础，完整的培训模式应该以建构主义、成人学习理论、人本主义理论、反思性理论、教师专业化发展理论等为依据，以知识和能力的获得为基础，以认知发展为主线，以情感体验为渗透，以技术手段为支撑，使教师从"知识的接受者"转变为"知识的建构者"，从传统的教书匠转变为全能型的教育工作者，促进教师知、情、意、行全面协调的发展。

## 二、回归教师专业成长本原

中小学（幼儿园）教师作为成人学习者，其认知特征与认知水平与未成年学习者不同，基于需求学习，在自身经验上建构新知识是成人学习者学习的特征。在培训实施的过程中，应该意识到中小学（幼儿园）教师不仅是在社会生存，要达到社会要求的"社会人"，也是独立存在，要满足内生需求，实现个人价值的独立个体。开发和设计关注教师个人生命成长的培训内容首先需要转变偏向实用主义的设计理念，平衡实用主义和人文主义在培训内容中的体现。每一位参训教师都有不同的认知能力、认识水平，来自不同的社会背景，拥有不同的性格情感倾向和成长环境，其内生性的需求势必带有其个人不同于他人的特征，因此，培训内容的选择应该与教师个人发展需求相符合。

## 三、突出培训过程的问题性和情境性

以教育问题作为研究基础是当前各类培训模式的基本特征，在培训过程中应当创设民主、平等的环境，鼓励教师以"参与者"和"合作伙伴"的身份理解和分析教育场景中真实典型的问题，通过讨论、对话、实践、反思等途径，寻求解决问题的方法，最终应用于教育实践，促进教师在这一过程中转变理念、拓展知识、形成能力、获得体验。

## 四、构建多维度信息交流的学习共同体

学徒式的培训模式多采用"专家—教师"型信息互动方式，问题研讨式和体验式学习多采用"专家—教师"型和"教师—教师"型的二维的信息互动方式，而技术支持下的培训模式则是"专家—教师—技术"三要素构成的三维立体的信息互动方式，多维度的信息互动方式不仅能够调动教师的参与热情，提高培训时效，而且能促进教师多方面的发展。

在客观条件允许的情况下，培训模式应从单维走向二维，从二维走向三维，构建以信息技术为载体，以"教师—教师"交流为主体，以"专家—教师"交流为促进的学习共同体。

## 五、重视培训模式的融合和创新

随着社会的不断进步，国家、学校对教师发展的要求越来越高，教师对自身发展的期望也越来越大，单一的培训模式很难满足教师专业发展，不同培训模式融合的优势互补已成为教师培训发展的重要趋势。此外，一些基于教师专业发展阶段，将不同的培训模式应用于不同发展阶段的培训模式。在诸多培训模式融合的过程中，学徒式的学习方式是培训工作的基础和前提，问题研讨的学习方式是培训开展的基本思路，体验式学习方式为培训的进行提供动力系统，技术支持的学习方式是培训的有效辅助。

## 六、顺应教师发展数字化转型带来的变革

2022年，国家明确提出要"实施教育数字化战略行动"。"推进教育数字化"是党的二十大报告关于教育部署的全新表述，体现了数字化引领未来技

术变革的时代要求。教师队伍作为教育强国的第一资源，是教育数字化战略行动落实与创新的关键力量。与此同时，教育数字化转型也是推动新时代教师队伍建设高质量发展的重要动能。用数字赋能，以智能提质，全面推进教育数字化转型，把制度优势、规模优势、数字技术优势转化为推动教育高质量发展的新优势，构建网络化、数字化、个性化、终身化的教育体系，通过数据的应用助力教育走向精准、走向科学、走向高效，有利于推动教育从基本均衡到高位均衡。

教师作为教育发展的支撑性力量，是教育数字化战略得以落地、教育理念创新与教育模式深刻变革得以实现的核心与关键。中小学（幼儿园）教师培训也要全面推进教师队伍建设的数字化转型。具体包括：以智慧平台应用为牵引，推进教师发展的数字化转型；以人工智能应用为抓手，推进教师教育教学的数字化变革；以教师信息系统建设为基础，推进教师管理的数字化转型；以教师数字素养提升为关键，打造推进教育数字化的主力军。

综上，教师培训模式应当在传授学科知识和教育理论知识的基础上，以教育教学中的实际问题为出发点，综合运用多种信息交流方式，重视学习体验，在问题解决的过程中丰富专业知识，提高专业能力，加深专业情感，增进专业效能，全方位促进教师专业成长。

# 第六章　区域中小学（幼儿园）教师
培训的课程建设

## 第一节　基于教师学习特征的培训课程建设

### 一、教师学习的动机

　　教师学习属于成人学习范畴，其动机是指激发个体进行学习活动、维持已引起的学习活动，并致使行为朝向一定的学习目标的一种内在过程或内部心理状态。成人参与任何一种教育活动都有一种或多种学习动机推动。在学术界，有多种理论支撑成人学习动机。例如：强化理论认为人们的行为是由于外部刺激而产生的，刺激包括但不仅限于奖励或惩罚；需求层次理论认为人的基本需要有五种，生理需要为最基础需求，安全的需要、归属和爱的需要、尊重的需要依次上升，而自我实现作为一种最高级的需要，包括认知、审美和创造的需要；成就动机理论把个体的成就动机分成"力求成功的动机"和"避免失败的动机"，成就动机是个体努力克服障碍、施展才能、力求又快又好地解决某一问题的愿望或趋势；成败归因理论把人类行为成败的原因归结为能力高低、努力程度、任务难易、运气（机遇）好坏、身心状态、外界环境等六大因素；自我效能理论认为人的行为受行为的结果因素与先行因素的影响，个体自身行为的成败经验是影响自我效能感形成的最主要因素[①]。综合学术界的成人学术动机理论后，我们认为，最具普遍性的

---

　　① 靳玉乐.课程论[M].北京：人民教育出版社，2015.

成人学习动机包括：

一是增长智识的意愿。此类成人学习者参与学习主要基于满足求知欲望，他们参与教育活动通常是为了不断获取和更新知识、增长智识、满足兴趣知识。

二是自我实现的渴望。此类成人学习者参与学习主要基于自我追求，有成为某领域或行业佼佼者的自我价值追求。

三是职业发展的需求。此类成人学习者参与学习主要基于职业发展需求，如职业资格认定、晋升职务职称、提高薪酬待遇、胜任岗位工作、增加竞争能力等。

四是调节生活的兴趣。此类成人学习者参与学习主要目的在于改变固定且沉闷的生活状态，在学习的快节奏与全身心专注投入的生活中获得享受或调整。

五是外界期望的加持。此类成人学习者参与学习主要目的在于满足来自外界的要求和期望，如实现组织的要求、接受意见领袖的忠告、满足家庭的期望以及受到同伴的影响等。

六是社交圈层的扩展。此类成人学习者参与学习主要目的在于结交志同道合的朋友，拓展社交圈层。

## 二、教师学习的特征

美国成人教育家诺尔斯在其成人教育思想中提出四个成人学习特点：成人的自主学习型较强；个体生活经验对学习活动具有较大的影响；学习任务与社会角色和责任密切相关；适合采取问题中心或任务中心为主的学习。美国学者雪莉·霍德（1997）通过实验研究指出教师学习共同体的五大特征，即共享价值观与愿景、相互支持和共同领导集体学习与实践、提供支持性的条件以及分享实践经验。我国学者袁维新根据自组织理论分析教师学习共同体的特征为：自我认同、自我控制、自我适应和自我发展。作为成人，教师学习也存在共通之处与职业特征。

一是自我导向。教师自己感受学习需要，总结学习经验，制订学习计划，依据计划进行学习并评价学习结果。当教师自己的学习需要不明确时，自我导向就不会发生。

二是基于经验。教师具有一定的经验，具有较为成熟的判断能力。他们的经验有时会成为有价值的教学资源，相对于学生的"以未知求未知"教师则是"以已知求未知"。

三是问题中心。教师学习主题主要是为了解决自己工作实践中的问题，而不是为了系统掌握某个方面的知识。教师不同于学生学习的目的是系统掌握学科知识，而是希望学习到新的知识和技能能够马上应用于教育教学。

四是做中求学。教师只有在实际教育教学场景中通过个人的实践反思与同侪互动中才能逐步得到精进，只有书本中的理论没有充分的实践是永远无法胜任教师工作的。

五是多重兼顾。工作和家庭的压力制约着成人学习的时间和精力，教师在学习过程中还要兼顾头绪繁多的教育教学工作与个人家庭事务，使其能用于学习的时间短暂且零散①。

总结教师学习特征表明，开阔视野、增长智识、自我实现等对教师个人来说固然重要，但教师明显对于立即可用的、能够直接迁移至教育教学场景并提高学生学习效果的培训需求程度更高。教师倾向基于问题解决的、以案例或课例为支撑的、以同伴互助和专业引领为基础的学习方式。通过培训实践研究表明，学员"能够运用"内容，一般具有以下几个明显的特点：

一是现实而又体现工具性的。以解决实际问题为指向，基于教育教学实际和职业生活场景总结方法、策略、诀窍、技巧等，帮助学员把握操作要点和关键节点。

二是思辨而又体现启发性的。以促进主动思考为指向，基于某一具体事实、现象去追溯其产生原因，剖析其影响因素，帮助学员形成某种思考路径，掌握思考工具使用方法，形成有效的思维方式。

三是形象而又具有趣味的。以激发兴趣为指向，基于故事、游戏等形式帮助其掌握直观、感性的认知方式，进而形成新的想法、看法与做法。

四是互动而又具有体验性的。以强化行动为指向，基于某种场景设定的

① 陈霞.教师培训课程设计[M].上海：上海教育出版社，2019.

情境再现、角色扮演等，帮助学员通过亲身体验深化认知，积累经验。

## 三、教师培训课程的内涵与要素

教师培训课程必须深入理解"教师""培训"与"课程"的意义与之间的关联，并在充分分析的基础上，凸显教师培训"专业化培训"的特征。

### （一）教师培训课程的内涵

李秉德在其主编的《教学论》中认为，课程就是课堂教学、课外学习以及自学活动的内容纲要和目标体系，是教学和学生各种学习活动的总体规划及其过程[①]。吴文侃在《比较教学论》一书中指出，课程一词的定义至少要包含下列要素：课程是对人类文化进行恰当的绅绎；课程是实现教育教学目标的手段；课程是关于教学内容及其进度的规划；进行教育教学评价的依据[②]。陈霞在《教师培训课程设计》中认为，课程是指在一定教育目的的指导下，经过筛选的、符合学习者年龄特点的、具有内在一致性的一系列经验。那些没有明确目的，没针对内容进行精细筛选与组织，没有对目标达成度进行检测的活动不能称为课程。

教师培训的课程既不等同于教材也不等同于学科课程,我们认为教师培训课程的重要指标就是课程目的、内容、实施、评价之间是否具有内在一致性。教师培训课程是在一定教育目的指导下，经过筛选的、符合学习者年龄特点的、具有内在一致性的一系列经验，它是培训者所组织、学员所体验的经验总和，它既来源于教师在培训活动中提供的各种资料、传授的言语信息、呈现的观摩现场、营造的学习氛围，也来源于学员在学习过程中聆听、发问、交流、反思、行动等积极状态，以及师生在互动过程中所生成的体验情境、正式和非正式的交往环境[③]。教师培训课程作为成人学习经验，体现在其综合性，从结构上要综合主题明确、目标清晰、内容富有逻辑、有目标

---

① 李秉德.教学论[M].北京：人民教育出版社，1991.
② 吴文侃.比较教学论[M].北京：人民教育出版社，1996.
③ 余新.教师培训师专业修炼[M].北京：教育科学出版社，2012.

达成度检测的课程；在内容上要综合体现出以树立科学教育理念为先导、以支持教师学习为目的、以改进学校工作为目标、以研究教育教学实践问题为导向；在课程形态上要综合线下面授课程、线上课程、线上线下混合式课程。

### （二）教师培训课程的构成要素

一门完整的教师培训课程主要包括以下构成要素：

课程基本信息：课程名称、课程开发者、课程类别、课程形态、适用对象、课时学分、开发背景、课程简介等；

课程目标：指出通过课程学习，学习者能够达到的具体目标；

课程内容：依据课程目标与学习者的需求筛选和组织起来的一系列课程内容；

课程实施：课程实施者与学习者以课程内容为载体的授受、互动活动；

课程评价：检测课程实施效果与学习者目标达成度的活动；

相关资源：与课程学习相关的教学材料。

## 第二节　教师培训课程建构的价值取向

教师培训是教师专业化发展不可或缺的重要手段，如何设计与实施教师培训课程，是影响教师培训质量的一个关键问题。教师培训课程内容已经存在多次专业升级：一是从学科知识及其教法升级到学科教育；二是从兼顾学科知识和学科教育内容，升级到关注教师学习与培训方法本身；三是教师专业发展的范式已从"培训问题"转变为"学习问题"。教师专业发展的主体是教师，教师是能动的学习者，一切教师专业发展活动以理解、支持与促进教师主动、有效的学习为指向。在这一趋势下，理解教师是如何学习的以及教师是如何将知识运用于课堂情境中的，并基于此设计与实施教师培训项目或课程，是教师培训提供者必然的选择。

# 一、传统教师培训课程之藩篱

教师培训课程作为教师专业发展活动中提供给学习者的一系列有目的、有组织的学习经验，理所当然应该坚持"以学习者为中心"的理念，即教师培训课程的目的是为了满足并支持学习者的学习与发展需求，教师培训课程的设计与实施应该遵循学习者的学习规律，尽可能地让学习者参与并投入课程学习中来，教师培训课程评价的重心在于诊断与促进学习者的学习，教师培训课程提供者与学习者之间是一种平等的对话协商关系等。从这一视角来看，教师培训课程在设计与实施中还存在有待完善之处。

## （一）重课程预设，轻过程生成

以往教师培训课程被视作一套独立于学习者之外的现成经验，被早早地、满满地放置在课程表和培训者的头脑中，课程较少为学习者在学习过程中暴露出的新需求留出空间，或即使留有空间也很少生成有价值的内容。教师的已有观念随着学习过程的深入不断被暴露，新旧观念的交锋持续进行，学习者本人也是在学习过程中逐步加深对自我和发展需求的认识。当下的教师培训往往把"经验"和"培训者"置于中心，学习者与学习的中心地位没有真正被尊重。

## （二）重知识结构，轻认知结构

以往教师培训课程比较重视所选择知识的内在逻辑结构，而对课程内容的展开与内容的实施对教师学习的心理特点考虑不够充分。教师的学习动机主要来自于问题解决和现实需求，更倾向以任务或问题为中心的课程组织方式。有学者发现，相对于结构松散的短期课程"拼盘"还是结构严谨的学术专著型课程，教师普遍认为任务导向型的学习更为有效。基于数据的发现与教师学习理论的研究均揭示出：教师学习是基于问题解决式的，具有学习与实践应用相结合，理论讲解与案例分析、现场演示相结合，个人学习与社群学习相结合，输入与输出相结合等特点。然而，在实际的教师培训课程实施中，还一定程度上存在着教学方式单一的弊端。

### （三）重正式学习，轻准备与迁移

从教师学习的视角来看，教师对培训课程的学习全过程可以分为学习前的准备阶段、正式学习阶段与学习后的迁移应用阶段。以往的教师培训课程比较重视学习者与课程正式接触的正式学习阶段，对学习前学习者应该做何准备、学习结束后学习者迁移应用情况如何等关注较少。这种片面的培训观会导致教师培训课程目标定位、内容与活动安排以及评价设计上的局限性，削弱了课程促进学习者深度学习的价值。

### （四）重终结性评价，轻过程性评价

"终结性评价"是指培训结束时以培训效果的测评为主的评价，"过程性评价"是指以记录、巩固、改进教师学习为主的评价。以往的教师培训课程在学习评价方面，一定程度上存在比较重视课程学习结束时对学习者学习效果的评价，常见于教师培训中的学习效果评价，也多为学员满意度学习收获心得等，对所学内容的应用及其对学生学习效果的影响等缺乏有效和普遍的关注。除此之外，对完成评价任务的质量标准很少加以清晰说明，这在一定程度上削弱了评价对学习的导向作用。教师培训课程的评价应该兼顾过程性评价与总结性评价，充分发挥评价对学习的诊断、导向、调控等功能，使学习前就明确深度学习的目标。

## 二、教师学习的内在机制及课程重构

教师学习的过程机制可以依据不同的学习理论作出阐释。本文依照英国哲学家哈瑞（Harre）根据苏联心理学家维果茨基的社会建构主义学习理论提出的学习环路模型来理解教师学习的过程机制。哈瑞的学习环路模型由四个过程构成：第一，内化，即个体在与文化及他人的交往中，在已有经验的基础上努力理解与重构新知识；第二，转化，即个体将这种理解与个人情境进一步结合走向新的能够指导个人实践的理解；第三，外化，即新的理解通过实践行动外化出来，形成成熟的个人经验；第四，习俗化，如果经验有效，则被他人所仿效，从而实现某个群体中的习俗化。成人学习中的质变学

习对教师学习过程机制的理解也有颇多启示。质变学习用来指成人的思想观念、人生观、世界观等发生实质性变化的学习。美国教育理论家麦基罗描述了质变学习的发生过程：首先，遇到一种令人困惑的两难境地；其次，批判性反思，包括对信仰、价值、潜意识、假设、判断标准等的批判性反思；再次，参与反思性对话，与其他人交流新认识，以获得共鸣；最后，按照新观点进行行动，实践新观点。美国教育学家泰勒发现，支持麦基罗质变学习的理想条件是一个安全的、开放的、信任的环境，它允许参与、合作、探索、批判性反思和反馈。

哈瑞的学习环路模型和麦基罗质变学习阐释的均是实现教师深度学习的机制。所谓深度学习是指一种面向真实社会情境和复杂技术环境的学习方式和学习理念，倡导通过深度加工知识信息、深度理解复杂概念、深度掌握内在含义，主动建构个人知识体系并迁移应用到真实情境中解决复杂问题，最终促进全面学习目标的达成和高阶思维能力的发展。基于哈瑞的学习环路模型和麦基罗质变学习的过程设计教师培训课程，课程需要：给教师提供反思、外显已有观念与知识的机会，帮助教师学习者进行新旧观念的正面交锋与相互作用，从而实现新观念的内化；帮助教师将内化的新观念进一步与自己的教育教学情境建立起联接，帮助教师去思考"这些知识适合我的情境吗""如何才能使它适合我的情境"，从而将内化的新观念变成可以有效指导个人实践的观念；鼓励与支持学习者将自己内化和转化了的新知识去付诸实践，只有通过真实情境中的实践，新观念才能与学习者的潜在观念进行真正的相遇与深刻的交锋，在情境背景中双方展开持久的拉锯战，新观念不断得到检验、修正与调整，最终成为内在于学习者的个人成熟经验；成熟经验显性化[①]。

### 三、教师培训课程重构的核心取向

#### （一）课程理念——以学习者及其学习为中心

教师培训课程是为实现教师的深度学习而存在的。基于社会建构主义、

---

① 陈霞.以教师学习为中心的教师培训课程重构路向[J].教育发展研究，2017（18）:58-64.

情境学习理论以及质变学习的观点，要使教师的深度学习发生，教师培训课程的设计与实施需要把学习者置于学习的中心地位。首先，在课程观上，教师培训课程提供者需要把课程视为培训者与学习者共同建构的学习经验，课程不是一套预先存在、不可改动的经验。只要学习者需要，有助于学习者的学习与发展，课程可以进行适当的调整或生成新的内容，也就是说教师培训课程是生成性的，给学习者的深入学习留有适当的空间。其次，在培训者与学习者之间的关系上，两者是一种平等的伙伴关系，只不过角色各有不同，学习者是学习的主体，培训者起着教练员、帮助者或支持者的作用。教师培训者与教师培训课程存在的意义在于他们是教师学习与发展的支持性条件。因此，识别与准确把握学习者的学习需求，为不同需求的学习者尽量提供个别化的学习内容，是教师培训课程开发与实施的首要之责。此外，教师培训课程的开发与实施还要唤醒与激发学习者的学习主体意识，再好的课程如果没有学习者积极主动的参与、没有学习者毫无保留的智慧付出，深度学习将无法真正实现。

### （二）课程目标——聚焦教师专业学习与发展

课程目标表达了对学习结果的期望，对课程开发者和学习者均起着重要的导向作用。尽管不同课程的目标各异，但对教师培训课程的学习对象——教师来说，其肩负着国家赋予的立德树人的光荣使命，是学生健康成长的引路人，对学生的学习与发展有着至关重要的影响。教师的学习与发展不仅是教师作为一个独立的人的需要，更是学生得到更好的发展的需要，教师学习与发展的最终目的是为了学生的学习与发展，这是教师职业的特点所决定的。因此，不管教师培训课程的具体目标为何，在课程的目标定位中必须考虑到教师立德树人的职业特点，挖掘并体现课程对教师教育教学专业实践的迁移价值。

### （三）课程内容——兼顾知识逻辑与学习者特征

课程内容的组织方式在此指课程内容的展开顺序。在设计课程内容的展开顺序时，课程开发者需要处理好课程所选择的学科知识的逻辑体系以及学习者的学习心理之间的关系。从教师培训课程内容的组织现状来看，课程开发者对这对关系的处理很难尽如人意。长期以来，由于对教师学习缺乏充分的研究与关注，教师培训课程开发者鲜有教师学习方面的理论与知识，教师培训课程难以真正考虑到教师学习的心理特点也就不足为怪了。因此，教师培训课程内容在展开时比较多关注的是学科知识的逻辑体系。

（四）课程实施——基于教师学习过程机制进行连环跟进设计

课程实施活动以教师学习的内在机制——理解内化、情境转化、实践外化与知识的公共化为依据，关注教师学习的全过程——学习前的准备、学习中的投入与学习后的迁移应用，调动教师学习的积极性与主动性，让教师在充分的参与、互动、体验、实践与反思中建构新知识，实现教师的深度学习。

首先，在正式学习之前，要让学习者对即将学习的内容做好必要的准备，课程实施者可以针对学习者实际，让学习者完成必要的预习作业，作业的形式可以是自学研读规定的文献、完成几道简答题等。这些预习作业具有"先行组织者"的功能，为学习者学习新知提供必要的知识储备，加深对新知的理解。课程实施者也可以让学习者完成前测调查问卷，以了解学习者在相关知识方面的已有水平，为教学重难点的确定提供必要的参考。让学习者在正式学习前完成一定的预学习任务，还有助于提高他们对学习的重视程度和投入度。

其次，为使学习者充分卷入到学习之中，培训者需要运用各种培训方法，让学习者去参与、体验、思考、实践、对话、建构。就促进学习者对新知识的理解与内化而言，可以综合使用讲解、案例分析、同伴研讨、活动体验与自学研读等多种方法，尽量避免培训单调乏味，形式丰富多样的教学活动使学习者无开小差的机会，高度投入到学习之中。

在帮助学习者将内化的知识变成有效指导个人实践方面，培训者需要引导学习者进行实践性思考，即如何将所学知识运用到教育教学实践中的对话与思考。鼓励并支持学习者制订详细的将所学应用到教育教学实践中的行动计划，即一份关于其如何将培训所学运用到实际工作中的具体安排和承诺，详细说明回到自己的工作岗位后应用新学到的概念和技能的措施。实践计划应包括：打算采取的行动、怎样采取行动以及分别在什么时间采取这些行动，同时指导学习者预测实践应用中可能出现的问题和存在的困难，使学习者对实践应用的困难及问题做到心中有数。培训者还要给学习者提供练习和应用培训所学的机会，鼓励他们在多种真实或模拟的情境中应用培训所学知识。也就是说，帮助学习者在教师教育理论与实践之间架起桥梁，提升其实践智慧。

有研究者还研究了影响新知识实践应用的因素，这些因素包括：新知识内化的程度、学习者的抱负与自我效能感、工作环境、外部专业支持等。研究表明，在一个支持性的、鼓励新尝试的工作环境中，那些抱有实践想法的学习者更愿意将想法付诸行动。因此，学习者新观念的实践外化需要支持性的工作环境，需要专家的持续指导。因此，在正式培训结束后仍能与学习者保持联系，对学习者新观念的实践外化来说是必要的。此外，采取基于实际工作情境的培训，鼓励学习者总结提炼与分享个人经验，对教师的深度学习来说都是必要的。

（五）学习评价——兼顾教师的学习过程与学习结果

为发挥评价促进学习的功能，教师培训课程的学习评价应做到兼顾教师的学习过程与学习结果。评价由终结性评价和过程性评价两部分构成：终结性评价注重学习结果，以结业考试、问卷反馈等为主；过程性评价注重学习者在学习过程中的参与、互动、体验与建构等，采取前测、讨论发帖、测试、阶段性作业等形式。两类评价各占一定的权重。无论哪种评价，培训者均需提供具体、可操作的教师学习表现、学习过程和学习成效的评价标准，使评价发挥先于教学、导引教学的作用。

## 第三节 教师培训课程开发的模型与流程

### 一、教师培训课程开发的模型

培训课程开发理论与实践发展至今，适用于教师培训课程开发的模型有很多种，其中一些常见的模型包括教学系统化设计模型（ISD模型）、绩效技术模型（HPT模型）、能力本位教育培训模型（CBET模型）等。

#### （一）ISD——教学系统化设计模型

ADDIE（有系统地发展教学的方法）模型是一个教学系统设计（ISD）框架，包括分析（Analysis）、设计（Design）、发展（Development）、执行（Implementation）到评估（Evaluation）五个阶段，许多教学设计师和培训开发人员使用它来开发课程。该框架主要包含了三个方面的内容，即要学什么（学习目标的制定）、如何去学（学习策略的运用）以及如何判断学习者已到达学习成效（学习评量的实施）。在ADDIE五个阶段中，分析与设计属前提，开发与实施是核心，评价为保证，三者互为联系，密不可分。

表6.1　教师培训课程教学系统化设计模型

| 阶段 | 内容 | | | | |
|---|---|---|---|---|---|
| 分析 | 学科分析 | 学员分析 | 需求分析 | 工作分析 | 环境分析 |
| 设计 | 学习资源 | 认知工具 | 学习策略 | 学习情境 | 管理服务 |
| 开发 | 课程体系 | 课程标准 | 课程模块 | 课程专题 | 课程单元 |
| 实施 | 资源筹备 | 选择教师 | 集体备课 | 创建情境 | 研究教学 |
| 评估 | 形成性评估 | 结果性评估 | 持续改进 | | |

教学系统化设计模型与传统的学科课程相比较，从立足点来看已经从知识传授指向了学习需要，课程原则从"以教师为中心"转向了"以学员为中心"，由不可测量的课程目标也转变为可以测量的课程目标，活动过程从单一的"教师讲授、学员听讲的模式"向"体验式、参与式、情境式"学习转化，传统课堂式的实施方式向灵活多样且资源丰富的实施方式转变，由简单

的学员评议升级至多元评价，与工作需求紧密结合的培训结果已经取代了以系统知识为主、鲜用于工作的培训结果形式。

## （二）HPT——绩效技术模型

HPT 模型（Human Performance Technology Model），即绩效技术模型，它通过确定绩效差距、采取有效益和效率的干预措施，获得所希望的人员绩效。该模型强调对低成本、高效益和高效率的解决问题的方法选择。绩效技术模型的操作步骤及内容如下：

1.绩效分析：从组织分析、岗位分析、环境分析等方面发现学习者工作绩效现状。

2.差距分析：把绩效现状与工作标准和预期目标对照，描述绩效差距并分析其产生的原因。

3.课程开发：基于绩效改进的培训目标，开发促进员工发展的课程和课程实施的支持系统（包括人力资源政策、财务、岗位人员安置等）。

4.执行：实施开发的课程和变革人力资源管理政策，把培训作为重要的资本投入生产过程之中。

5.评估：评估课程投入成本与产出效益。绩效技术课程开发模型是基于绩效目标导向的培训理念，关注课程是为眼前的工作绩效改进服务而不是为提高学员素质实现长远目标。

## （三）CBET——能力本位教育培训模型

CBET 模型（Competency Based Education and Training Model），即能力本位教育培训模型，起始于技术工人的职业培训，基于职业岗位而开发，明确模式的教学基础、教学目标和评价标准。它基于某一工作岗位所需的能力作为开发课程的标准，并将学习者获得相关能力作为培训的宗旨。这种开发模型强调根据工作特征建立各种能力系统，一般由若干项综合能力构成，每个综合能力由若干专项能力构成，一个专项能力又由知识、技能、态度、经验构成。表6.2为由某一种职务所要求的各种综合能力（任务领域）以及相应的专业技能（单项任务）所组成的二维矩阵图表，描述了专业课程开发的目标和从事该项职务必须满足的各种要求。

表6.2  某能力本位教育培训课程分类

| 综合能力 | 技能1 | 技能2 | 技能3 | 技能4 | 技能5 |
| --- | --- | --- | --- | --- | --- |
| A | A1 | A2 | A3 | A4 | A5 |
| B | B1 | B2 | B3 | B4 | B5 |
| C | C1 | C2 | C3 | C4 | C5 |
| D | D1 | D2 | D3 | D4 | D5 |

## 二、教师培训课程开发的流程

课程开发是课程形成、实施、评价和发展的全部过程，涉及课程基本要素及其组织形式和方法的安排设计。

### （一）培训课程目的的确定

课程目的是在项目背景下说明学员为什么要培训，对课程目标范围、对象和内容起指导作用。通常是为了提高教师的某些能力或技能，以满足某项教育战略发展需要。

### （二）培训需求分析的开展

培训需求分析是课程开发的起点，用来判断组织和个人是否需要培训和需要哪些方面培训的重要依据。所谓培训需求分析，是指在规划和设计培训项目或培训活动之前，培训者采用各种方法和技术，通过收集和分析各种信息确定培训对象的工作现状与应达目标之间的差距，寻找产生差距的原因，并进一步从这些原因中找到那些可以通过培训来解决的学员知识、技能、态度、能力和行为等方面的问题，为开展培训活动提供依据。从教师培训的全过程来看，培训需求分析既是培训的出发点，又是培训的归宿。教师培训需求分析一般从社会需求、组织需求、工作需求和人员需求四个维度开展，且这四个维度是要遵循一个先后的顺序依次开展的，首先要以社会宏观需求分析为基础，其次要考虑到组织需求分析和人员需求分析的优先顺序。再次以工作需求为基础，兼顾组织需求。当组织和人员对某项培训需求均高时，并与工作需求一致，培训项目属于培训需求"优先满足型"；如果组织需求高，人员需求低，该项目培训属于"必要满足"型；如果组织需求低，人员需求高，该项目培训属于"可能满足"型；如果组织需求和人员需求均低，则该项目培训为"可有可无"型。

（三）培训课程选题的锚定

培训课程选题要遵循具体、实际、专业以及高效的原则。一是具体，选题要切口小，聚焦解决具体问题，选题要细化到各个环节，如教学设计、作业设计等，如果开发的课程规范较大或成体系开发课程，建议进行模块化开发。二是实际，立足当下教育教学中的盲点、热点、难点、痛点、疑点锚定选题，使之来源于教师教育教学实际需求。三是专业，课程内容要具备专业深度，要解决教育教学实践中的真问题，把解决实现高质量教育的"最后一公里"问题真正解决，既要有理论层面的分析探索，又要落实到如何落地与操作。四是高效，教师培训课程实施周期短暂，所以不需要涉及方方面面，抓住关键点，力争见效快。

（四）培训课程目标的确立

培训课程目标与课程目的是两个不同的概念，课程目标指的是学员通过培训应达到的具体标准，具有可达成、可测、可评的特征，不像课程目的那样更加宏观抽象。在确定课程目标时应遵守SMART原则，即：S（Specific）明确、特定、具体即用具体的语言清楚地说明要达到的行为标准；M（Measurable）可衡量性，即有明确的数据或可观测的表现作为衡位课程目标达成度的依据；A（Attainable）可达成性，即根据学员的素质、经历等情况，以实际工作要求为指导，确定切合实际的可达成的目标；R（Realistic）实际性，即考虑在目前条件下是否可行或可操作，是否高不可攀或没有意义；T（Time-bound）时限性，即目标达成是有时间限制的，没有时间限制的目标不仅没有办法考核，而且容易造成考核结果不公正。

（五）培训课程系统的设计

课程系统设计是针对某一专题或某一类的培训需求所开发的课程建构，具体设计任务包括确定经费预算、划分课程模块、安排课程进度、设计课程形态、选定培训场所等。

确定教师培训经费预算是一个复杂的过程，需要考虑多个因素。通常考虑的成本包括：师资成本、学员参训成本、场所成本及课程成本等。师资成本通常包括师资费（主讲、教学支持、组织管理）、师资城市间交通费、食宿费、培训方案设计及绩效评估费用等；学员参训成本包括学员食宿费、培训场所间交通费等；场所成本通常包括场地租用、教学设备、网络研修平台租用、网络流量等；课程成本通常包括前置预学课资源制作、在线导学资源开发编制、学习资料、办公用品等；另外部分培训项目可能还包括高等院校项目管理费等。

教师培训的课程模块划分应该考虑以下因素：首先，需要确定每个模块的教学目标，这些目标应该与培训目标和培训对象相关。例如，培训目标是提高教师的教学技能，那么可能需要将课程划分为"课堂管理""教学设计""评估与反思"等模块。其次，需要确定每个模块的主题，这些主题应该与培训目标和培训对象密切相关。例如，培训目标是提高教师的课堂管理技能，那么可能需要将课程划分为"班级管理""纪律管理""学生关系管理"等模块。再次，需要考虑每个主题的复杂性。如果某个主题非常复杂，则可能需要将其拆分为多个模块。如培训课程涉及复杂的技术或概念，则可能需要将其拆分为多个模块。

安排培训课程进度是指培训课程根据教师专业发展的阶段特征进行递进式设计，以发展水平为依据，开展所需的实际时间以及具体安排。培训课程所需的时间过长会影响学员工作和休息，而且令人疲惫，难以获得良好的培训效果；时间过短则可能使大量的学习内容难以被学员吸收和消化。因此，课程设计者要以人为本，把课程进度安排得短、平、快，课程进度要基于培训经验和学习情境，具有一定弹性。

设计培训课程形态往往要呈现出多样化，如知识、技能、能力、思维、心理及行为等各类素质拓展课程相结合，现场授课与在线授课结合，研讨会、工作坊、实践活动、自主阅读等多种形式相结合。

教师培训场所要综合考虑场地位置、场地设施、场地服务、场地价格等因素。选定前要根据培训方案进行提前预订、开展实地考察比较、签订合同并注意了解场地安全，避免发生意外事故。

## （六）课程专题及单元建构

课程专题和单元设计是在课程系统设计基础上，具体确定各模块的每一专题和单元的培训内容、方法和材料的过程。各专题之间、各单元之间的内容与课程目标相照应，具有逻辑性。

## 案例1：辽宁省小学劳动教育骨干教师培训课程专题及单元建构

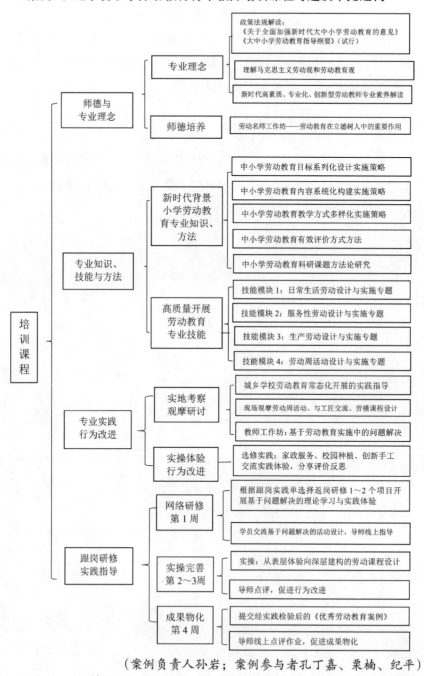

（案例负责人孙岩；案例参与者孔丁嘉、栗楠、纪平）

（七）课程阶段性评价修订

在完成课程专题和单元设计后，需要对课程目的、培训需求分析、课程目标、课程系统设计、专题和单元设计进行阶段性评价和修订，以便为课程实施做好充分准备。

（八）培训课程整体实施

实施培训课程包括培训教学、培训管理和培训服务三个方面的工作。培训教学主要包括培训方式选择、教学技巧应用、课堂时间调控、学习氛围营造等方面。培训管理包括培训师的选择、培训质量监测、培训效果评估等。培训服务包括培训场地安置、教学设施设备准备、学员学习档案管理等。培训课程实施往往需要一个培训团队与培训师互相配合支持。

（九）培训课程终结性评价完成

培训课程整体评价是在课程实施后对课程全过程进行总结和判断，重点分析培训目标达成度、学员满意度及其原因。课程整体评价的主要目的是进一步完善培训课程的结构、形态、内容和资源。

## 案例2：
### 大连市中山区教师进修学校基于骨干教师学习指导力提升的课程设计

项目组重点负责"学生学习指导力提升"项目培训，三年来在培养教师学习指导力提升方面进行了"学习动机、学习方法、学习管理"三大自主学习系统和"可视化学习、教学评一致性、全育导师"三个视角下的指导思维系列课程开发。这是一个生成性的课程，我们的出发点是以整合链接、协同增效、无限可能的思维方式去开发课程、共创课程。

项目组与专家、导师团队共同研发课程方向，将学生学习指导力，划分为学生自主学习力和教师指导力两大组成部分。学生自主学习能力分解为学习动机（目标策略）、学习方法（认知策略）、学习管理（元认知策略）三大系统，教师对学生自主学习的指导力从可操作的维度分解为：分项解构训练，包括可视化学习视角下的学习活动逻辑建构和显化指导能力（有方法的学习），解决能学的问题；系统建构训练即教学评一致性视角下课堂教学整体设计能力（有意义的学习），解决会学的问题；拓展融合训练即全育导师视角下的成长性思维引导能力（有温度的学习），解决想学的问题。在"学研改训一体化"混合式学习模式实践探索中生成了骨干教师"学习指导力"提升三阶三会课程设计路径。

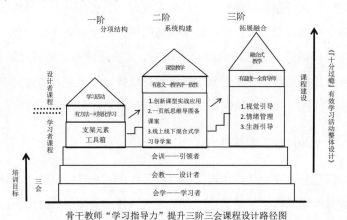

骨干教师"学习指导力"提升三阶三会课程设计路径图

## 图6.1　骨干教师"学习指导力"提升"三阶三会"课程设计路径图

**第一阶段：分项解构课程——"学习方法工具箱"培训体验**

此阶段（2018.3—2019.2）课程设计与实施是学习方式方法的解构培训。只有深入了解了学习方法的各个支架元素，才能进行学习方式方法的有效信息检索，才能作出判断和选择进行有机的整合，形成最佳学习活动策略。关于学习方法培训的重点内容是开展以小组合作学习"人员合作支架"和学习活动设计"认知思维支架"两个维度的学习方式方法指导力提升培训，并研制相应课程工具箱、课程目录及案例。为此拓展视野，从有限的体制内拓展到无限的社会资源中，培训路径是探索实践"学研改训一体化"混合式学习模式。

学：专家以法授法和学员以法学法。（有效教学模式）小组合作学习团队以法授法进行"小组合作学习方法教学打样课"体验式培训，区域培训师进行"可视化学习活动设计学习工具的实践应用"体验式培训，指导力班学员以法学法进行"单要素评价、经典型评价"两个评课维度的参与式分组现场评课研修活动。

研：研读和研行。研读《MS-EEPO有效教育探幽》《图解五类学习活动设计》《布卢姆教育目标分类学》等教育专著，解决实践生成的困惑之需；研行，以数学学科小导师为试点在白云小学开展学以致用的教学行为研究系列培训活动，真实的针对生成问题循环改进的培训活动，进行到第四次培训时代表区域进行了"十三五"中期自主培训项目现场展示，无论是培训现场的课堂环节的生成还是研修环节的新生问题的碰撞让参训教师更明晰了MS-EEPO小组合作学习和可视化学习活动思维支架的设计的实用性、有效性、操作细节和注意事项。

改：行为管理，行为改进。11—12月份，设计了学员行为改进时间管理表进行支架元素应用的行为改进自我调控和评价。学员选取板卡、约定、单元组、流程卡、思维导图等支架元素在校内进行课堂实践活动，40名学员六个小组分组行动，团队助力课堂观察，学员在交流碰撞中共同成长。不同的培训方式、不同的跨学科跨校际交流给学员带来了不同的体验和感受，更加唤起了学员教学行为创新改进的积极性。

训：以赛代训，以会代训。10—12月份，适逢区域教学技能大赛。参赛的学员纷纷反馈在赛课中应用了板卡、约定、大小单元组、流程卡等元素的课堂教学效果和赛课后的自豪感、成就感，以赛代训，扩大了学员作为种子学员的辐射作用，与此同时，学员在备课组、教研组、学校集中培训会等各层面的校本研修会上开始传递可视化学习认知思维支架和小组合作学习支架的理念和操作办法，以会代训，"用讲给别人听的学习方式"将学习效果最大化，在方法策略层面提升区域"思维课堂"研究背景下的中小学教师指导学生学会学习的能力。

**第二阶段：系统建构课程——"有效学习活动整体设计"培训实践**

此阶段（2019.3—2020.2）课程设计与实施是教学评一致性视角下课堂教学有效学习活动整体设计的建构培训。当学习达到概括性理解、整体性架构的时候，这些知识才能变成学员个人的个性认知结构的一个持久的部分，从而持续影响他的教学行为。关于课堂教学整体设计培训的重点内容，一是指教学环节中的学习目标、学习活动、学习评价的指向一致才是有意义的设计，二是指借助信息技术与课堂教学深度融合支架（简称"信息融合支架"）让教学评精准指向学生认知能力进阶。为此，研制了指向"会教"目标的适用于各种课型的一页纸的"教学评一致性思维导图备课案"和进阶式线上线下融合教学模式。此阶段继续深度实践"学研改训一体化"混合式学习模式。

学：专家深入课堂实践打样和理论讲座双导师引领。"平台式互动式课型"培训课程中学员体验小组合作学习平台互动式课型的应用；"哲学方式课型"培训课程中学员代表示范上课，现场讲座点评，学员深度解读了哲学方式课型对学生高阶思维培养的内涵和方法；"信息技术与课堂教学深度融合支架的应用"培训课程中，以法授法，学员体验了利用信息技术支持学生开展自主、合作、探究等学习活动的2.0版信息技术能力应用。

研：骨干班种子学员（小导师）学习研读和实践研行双向并行。学习研读是实践尝试后问题牵动下的《布卢姆教育目标分类学》《MS-EEPO有效教育探幽》《图解五类学习活动设计》等教育专著阅读，这种阅读方式使教师更容易内化书中理论，生成行知学习的智慧。实践研行是以骨干班种子学员"小导师引路　助力行为转化"开展教学课例实践研究，"平台互动式课型""哲学方式课型"应用专题由区域小导师分为小学和初中两组进行课例引路和研讨，引领学员学以致用，提高训后课堂实践行为转化能力。"信息技术与课堂教学深度融合支架的应用"专题引发了学员学习信息融合支架（UMU平台功能、认知进阶导学案等）的探索热情，并以实验班的方式开展行动研究和跟踪指导。

改：自评和自改相结合，确立学员"合格、拟示范、示范"学习进阶层级标准，学员以小导师整理的《"十分过瘾"有效学习活动设计工具箱》和《教学评一致性视角下教学设计指导力》为行动指南，在课堂实践中逐条落实、行为改进，种子学员身体力行，达到了自身成长、辐射带动二级培训的目的。

训：区域层面和校本层面横纵辐射。区域层面，在中小学副校长和教师教育专干培训会上，指导力班学员分享了关于学习方法探索的实践应用及效果，并真诚地表达了中小衔接共同递进式培养的愿望。在教育集团专题培训活动展示会上，39教育集团与区域项目组联手分别选择了"平台互动式"

"哲学方式"课型主题培训，通过小导师打样课辐射区域地理学科教师及39集团校的英语老师。校本层面，骨干种子学员在夯实熟练的基础上开展不同范围的校本研修辐射引领。

**第三阶段：拓展融合课程——"五育课堂创新重组"培训探索**

这个阶段（2020.3—2021.3）的课程设计与实施是全育导师视角下成长性思维引导能力及五育融合课堂教学的创新重组培训。根据《中国教育现代化2035》以德为先、全面发展、面向人人、终身学习、因材施教、知行合一、融合发展、共建共享等教育理念的引领，为了每个人生出彩，教师培训必须担当起人才培养模式创新探索的使命，项目组与时俱进，大胆设计重组教师培训课程主题，将先进教育理念全面融入骨干教师课堂教学改革的培训中。如果说第一、第二阶段的方法、思维的培养仍属于"教书"层面的拓展，那么第三阶段的视觉引导、自我价值、情感引导则属于"全面育人"层面的深挖。关于第三阶段成长性思维引导能力及课堂教学融合重组培训的重点内容一是指基于视觉引导的课堂教学（心脑平衡的方法系统），二是指基于情绪管理的课堂教学（激发自我调节管理系统），三是指基于生涯指导的课堂教学（激发自我动力系统），这三个重点内容归类为引导管理支架（也称为情感能量支架）。2019年年末新冠疫情暴发，一边任务驱动，夯实学习成果，组织学员总结编撰第二阶段课程输出成果，一边联合专家团队开发三个领域的课程。选择了雨心视觉创始人雨鑫团队负责八大思维图示和视觉思维模型的体验式引领、大连心无限教育团队负责情绪管理的体验式引领、大连萌涯教育团队负责生涯教育的体验式引领。这三大领域的课程，组建了小导师团队先期体验，准备在"十四五"期间结合学科教育乃至班级管理共创生成指向"五育融合的课堂教学和主题班会"的学习指导力课程，2021年，学习指导力骨干教师班开发的"可视化思维工具——八大思维图示助力学习活动设计"的五个视觉引导系列精品课程，通过网盘云端课程面向276名区级骨干教师和813名班主任实施"学法指导"20学分的教学指导底层逻辑通识培训，目前东港中学和九中作为试验点校设立了"可视化思维工具助力高阶思维课堂""可视化思维工具助力学科单元作业设计"为主题校本研修项目。各校选送的种子学员陆续在学校的校本研修中开展辐射引领并上交"讲给别人听"的过程实录。

第三阶段是整个课程设计的灵魂,有了灵魂,才能纲举目张,诸多理论知识才能有机地协调在一起,有了灵魂,才有创造出个性化的可能。面对真实的问题,引领学员处在成长型思维模式中,以通驭专,作出人情味强、交互感好的课程,这也是会教、会训的底层逻辑。2020年疫情复课后,教师、家长乃至全社会对学生自主学习力培养的必要性认识进一步加强,学习指导力班学员开发的《我的学习我做主——读懂学生的自主学习力》微视频作为区域培训课程下发全区中小学教师,为区域在自主学习力的学习动机、学习方法、学习管理三大系统的全面指导、全员深化培训奠定基础。其中基于情绪管理和生涯探索的体验式课堂教学指导远比预设时具有逻辑深度。2021年4月,全区建立了第二个学习指导力骨干教师班,指向"五育融合的课堂教学和班会"的学习指导力生成性课程探索和实验仍在路上。

**(案例主持人,刘海云、霍红,案例参与者张丽莉、王晓燕、王晶、宋彩奕、张旭阳)**

## 第四节 区域中小学(幼儿园)教师培训课程开发策略

### 一、基于"ST+"模式的沈阳市教师培训课程开发

#### (一)沈阳市教师培训工作的现实诉求

"十二五"期间,沈阳市共有办公幼儿园教师6452人,小学教师18517人,初中教师11023人,九年一贯制教师13299人,高中教师11599人,中等职业学校教师3457人,特殊教育学校教师533人,沈阳市教师培训需求无论从总量还是层次结构的需求上都是多元的、复杂的。通过大规模的调研,沈阳市教师培训课程主要问题表现如下:一是课程零散,缺乏系统性和连贯性,不能有效形成课程合力;二是课程设置比较随机,缺乏必要的规范;三是课程实施形式比较单一,对成人学习者的学习特点和效果欠缺考虑,评价滞后;四是负责培训工作的部门及教师对于课程的自主开发缺乏意识与足够

动力；五是课程设置的地缘性、本土化、实用力还不能满足当地受训教师的切实需求。

为建设萃取自身本土经验的区域化教师培训课程，针对教师培训课程开发与建设现状，如何建设一条基于沈阳市本土特色的教师培训课程开发之路？市级教师培训课程建设体系如何定位？市级教师培训课程建设的原则与标准如何确立？市级教师培训课程建设的开发及辐射人员如何确定？市级教师培训课程的评估与可持续发展如何体现？综合诸多问题可以概括为体系、标准、人员与评估。针对这四个维度的问题，逐一突破。

## （二）基于本土特色的教师培训课程开发体系建构之路

紧紧围绕课程建设的核心问题以及辅助问题，深入研究、大胆探索、勇于尝试，终于探索出一条基于沈阳市本土特色的教师培训课程开发之路，建构出"ST+"教师培训课程开发模式。即：建设满足沈阳市中小学校长教师培训需求的课程体系；研发教师培训课程开发的系列标准；打造优秀的教师培训课程开发师和培训讲师团队；双重检测出一系列优质的培训课程。

"ST+"模式包括四个关键词：System/体系、Standard/标准、Team/团队、Test/检测。这四个关键词就是沈阳市教师培训课程开发的四维核心要素，即以体系建设为重、以标准研制为核、以团队协作为主、以课程检测为导。

### 1. System——沈阳市教师培训课程开发体系

沈阳市教师培训课程体系作为重要的理论架构与实践基础，具有极其重要的前瞻性作用。在经过前期调研—团队研修—专家论证—广泛征询四个环节后，形成了沈阳市中小学校长教师培训课程体系。针对本市本土化的课程需求，开展了大规模、深层次的培训需求调研。采用定性和定量相结合的研究方法，将问卷法、访谈法、量表法等科学工具合理使用，多维度调研，保证培训需求调研结果的科学性与前瞻性。前期需求调研分为两条路径：一是采用访谈与量表相结合的方式，走访沈阳市13个区县（市），了解沈阳市各区县（市）在教师培训课程建设方面的基本情况。二是采用问卷调查的方式，在全市中小学范围内发布问卷。图6.2为走访13个区县（市）的数据信息，横轴为13个区县的代码，纵轴为实际的客观评分，其中下方线代表的是培训资源建设现状的走向，上方线代表的是培训资源建设的意愿走向（分值为0-5分，5分为最高分）。通过对比可以看出，每个区县市培训资源建设意愿强烈，但实际课程现设情况普遍较弱。所以各区县都急需市级推出优质的培训课程内容以供选择和学习。

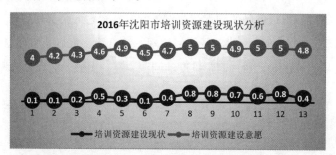

**图6.2 沈阳市13个区县（市）培训课程建设情况**

率先聚焦于新教师培训开展的课程开发，为了更好地了解沈阳市新教师群体对培训课程的需求现状，立项专项课题，确定详细的研究思路，深入开展访谈和调研。最终，已回收问卷2501份，其中有效问卷2477分，有效率99%。根据访谈结果，梳理出18门新教师群体急需的课程内容，包括了学科专业教学类的课程（教材分析、备课与教学设计技巧等）、班级管理类课程（班级管理的技巧与班主任的专业素养等），还有通识类课程（师德师风、教育法律法规、课题研究、沟通技巧、信息技术等）。让沈阳市新教师根据每门课程的需要程度进行打分，1分为非常不需要，5分为非常需要。

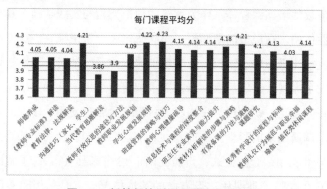

**图6.3 新教师培训课程需求数据结果**

从图6.3中可以看出，这些课程之间存在着较大的波动需求，一些实用性的课程，例如沟通、学生心理规律的掌握、方法的运用、备课与管理的技巧、信息技术手段的获取等课程总分较高。为了更加清晰地看出每门课程之间的需求差异，本研究又统计了每门课程的总分（图6.4）。

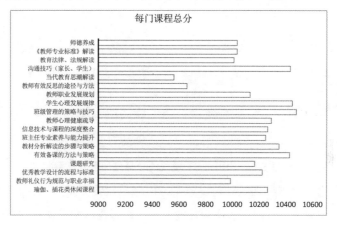

图6.4 每门课程的总分

在研究过程中，以4为一个分数分割线，在题目设置的5分问题中，4分是"比较需要"，所以平均分在4分以上的课程都是新教师认为比较需要的课程。有16门课程的平均分超过4分，只有2门课程的平均分低于4分。根据大数据的培训需求调研结果，可以了解沈阳市新教师急需备课、教学设计、班级管理、沟通技巧、信息技术整合等解决教育教学现实问题的课程，据此分属类目进行归纳研究，以确定课程体系雏形。在数据信息收集分析后，开展了多次团队研修，课程开发负责团队针对数据内容进行详细分析，并提炼出相应的课程体系。团队研修后，多次邀请学科专家、培训专家等进行专业论证。在课程体系基本确定后，面向全市开展了培训体系的征询工作。其中，各区县负责中小学校长教师培训工作的负责人员针对整体的课程体系以及内容设计，提出了很多切实可行的参考性建议。

通过以上几个环节的层层深入，确定了"基于需求、基于层次、基于岗位"的两大层级、六大体系、十四大门类的培训课程体系，在不断研讨打磨后，最终确定为通识课程体系人文心理课程、信息技术课程，专业课程体系教师学科专业课程、班主任管理课程、干部培养课程、培训者培养课程。

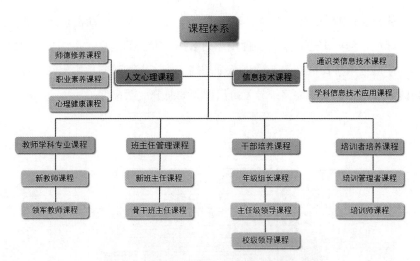

**图6.5 沈阳市ST⁺模式的教师培训课程体系**

依据沈阳市培训现状和建设思路，以体系建设为重、以标准研制为核、以团队协作为主，以课程检测为导的原则，小步深入探索实践培训课程自主开发之路。主要通过两个途径实践自主开发：一是自上而下开发培训课程，二是自下而上征集培训课程。经过严谨务实的组织流程，2016年确定了六大体系，当年共建设近300门课程，重点针对新教师培训开发了91门课程。在市级新教师培训中，沈阳市自主研发的培训课程满意度达98%。实践证明，自有优质课程是最受欢迎、最接地气、最有指导价值的课程，能有效提升培训的针对性与实效性。

**2. Standard——沈阳市教师培训课程开发标准**

标准作为课程开发与建设的重要关卡，对培训课程的质量起着重要的作用，将直接影响到培训项目的实施效果。基于标准的重要性，沈阳市研制了一系列关于培训课程开发的标准，包括课程开发培训环节的标准、课程开发流程的标准、课程开发文本撰写的标准、课程开发试讲的标准等。每个标准的研制与撰写，都经过了调研—研修—论证等多个环节，才最终确定。

沈阳市教师培训课程开发培训环节标准。沈阳市教师培训课程的开发始于培训的引领，从2016年开始连续两年开展了课程开发培训。课程开发培训严格遵守科学的标准与严谨的流程，按照图6.5的流程图，从课程开发培训—课程大纲设计—培训讲师培训—课程内容设计—课程双重评审—课程实施六个环节层层深入，集中培训后（课程开发培训、培训讲师培训）都设计了学员的主动研讨与自主研修，例如课程开发培训后学员自主进行课程大纲设计、培训讲师培训后学员自主进行课程内容的设计。课程双重评审是对课程文本材料的撰写和课程试讲情况进行双重的评审，层层把关，严格筛选。

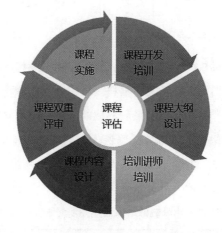

**图6.6 沈阳市教师培训课程开发培训环节标准**

沈阳市教师培训课程开发流程标准。为了保证教师培训课程的优质性，加强对教师培训课程开发专业流程的把控，研制了沈阳市教师培训课程开发流程标准（见图6.7）。在确定了要开发的培训课程后，进行课程开发的详细分析，包括两方面的内容，一是对需求分析，二是对可行性进行分析。在了解了培训对象的需求以及自身课程开发的优势、不足、可行性之后确定课程的可测性目标，然后进行对本课程的整体系统设计，包括课程大纲的建构与拟定、课程内容设计与文本撰写、课程讲义编辑与PPT结构化设计等，由框架—内容—形式，步步助推专业化课程开发。在一门课程初步形成后，还要进行阶段性的评价与修订，在不断的修正与改进之后，最终进行课程的实施。在课程开发的整个过程中，都贯穿着对课程的评估。

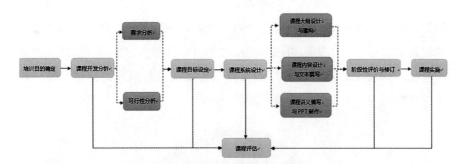

**图6.7 沈阳市教师培训课程开发流程标准**

沈阳市教师培训课程开发文本材料撰写标准。对课程开发形成的文本性材料的撰写建立了严格的标准。最后形成的文本材料都是将来进行课程实施的重要基础,只有坚实的基础才能确保优质的课程实施效果。从课程大纲、课程内容、授课方法、预期效果、专家标准五个维度进行了文本材料审核,并且根据重要性,对权重进行了划分。

**表6.3 沈阳市中小学教师培训课程开发文本评价标准及评分表**

| 评价指标 | 评价标准 | 分值 | 评分 |
|---|---|---|---|
| 课程大纲<br>(10分) | 1.课程大纲中培训需求分析到位,课程目标定位科学合理,能够解决实际的教育教学问题; | 2.5分 | |
| | 2.课程目标设计体现新课程三个维度,重难点设置合理,并以学员为行为主体,描述准确具体; | 2.5分 | |
| | 3.课程大纲内容准确、逻辑清晰、结构完整,具有指导性和可操作性,通过培训可以实现。 | 5分 | |
| 课程内容<br>(50分) | 1.课程内的知识点准确,符合前沿教育理念,能够围绕课程目标设计课程内容; | 15分 | |
| | 2.课程内容完整、层次清晰、结构合理、逻辑性强,有理论、有案例; | 15分 | |
| | 3.课程内容体现本土(自我)经验的萃取,贴近实际,能够有效解决实践中的问题。 | 20分 | |
| 授课方法<br>(10分) | 1.课程内容能体现适切的授课方式或培训组织形式,能够调动先教师的学习积极性; | 5分 | |

| 评价指标 | 评价标准 | 分值 | 评分 |
|---|---|---|---|
| | 2.课程设计中能体现对新教师学习情况的关注与评价。 | 5分 | |
| 预期效果<br>（20分） | 1.课程设计可达成既定目标,顺利解决问题; | 6分 | |
| | 2.课程内容可满足新教师的培训需求; | 7分 | |
| | 3.课程内容与培训方式的有机结合,可增益新教师的相关经验,并利于形成技能技巧。 | 7分 | |
| 专家标准<br>（10分） | 以各位专家对培训课程开发的理解以及对新教师培训的专业视角评价本课程。 | 10分 | |

沈阳市教师培训课程开发试讲标准。除建立了培训课程文本标准,还对其课程的试讲效果研制了评价检测标准。课程开发者或培训师在10～15分钟的试讲后,根据每个教师试讲的情况专家进行专业提问和答辩指导,更能保证课程实施的效果。试讲的标准包括授课态度、基本能力、授课内容、授课方法和形式、授课综合能力和表现六个维度,专家根据主讲教师的试讲情况,依据六个维度进行打分。

表6.4 沈阳市教师培训课程开发试讲标准

| 内容 | 评分项目 | 评价标准 | 该项满分 | 评分 |
|---|---|---|---|---|
| 试讲 | 授课态度<br>（10分） | 精神饱满、举止大方、着装得体; | 5 | |
| | | 准备充分、教态自然。 | 5 | |
| | 基本能力<br>（10分） | 能较好地运用普通话; | 5 | |
| | | 能脱稿讲授、具有培训师的气场。 | 5 | |
| | 授课内容<br>（30分） | 教育理念前沿,能针对新教师培训设计课程内容与结构,结构完整,重点突出; | 10 | |
| | | 主题鲜明、内容充实、层次分明; | 10 | |
| | | 能联系实际,运用案例提炼经验,充分体现指导性与可操作性。 | 10 | |

续表

| 内容 | 评分项目 | 评价标准 | 该项满分 | 评分 |
|------|---------|---------|---------|------|
| | 授课方法和形式(15分) | 启发性强,能采用恰当的培训形式有效组织培训; | 5 | |
| | | 课程制作合理,素材质量高,使用恰当有效; | 5 | |
| | | 内容与方法有机结合,能突显培训的实用性与实效性 | 5 | |
| | 授课综合能力与表现(30分) | 内容娴熟、语言生动、逻辑性强、有感染力; | 10 | |
| | | 专业知识扎实,富有亲和力,善于互动; | 10 | |
| | | 课堂驾驭能力强,时间安排合理。 | 10 | |
| 答辩 | 综合表现(5分) | 观点明确、思路清晰、表达流畅。 | 5 | |
| 合计得分 | | —— | 100 | |
| 综合评价(如有突出的优点或不足请写明): | | | | |
| 评委签名: | | | | |

备注:评分以整数计,不要出现小数评分。

### 3.Team——沈阳市教师培训课程开发师团队

团队开发是沈阳市教师培训课程开发的原则和特点之一。个人的力量和智慧是有限的,但是团队的智慧是无穷的,尤其对于课程开发这样激发个人能力、萃取个人经验的开创性工作。沈阳市以培训讲师团为切入点,先通过之前评审而会聚了一批具有丰富实践经验的优秀教师,由点带面,招募更多的主动参与者,包括一线的首席名师、骨干教师和各级教科研人员,依托培训课程开发培训项目组建了教师培训课程开发师团队。并通过专业的课程开发培训项目的牵引,集中力量开发出一批优质的培训课程。首批开发的针对新教师培训的优质课程,新教师培训项目中进行了课程实施,取得了非常好的效果和反馈。

#### 4.Test——沈阳市教师培训课程开发检测

检测是对课程效果的再验证，也是保证课程实施效果的有效途径。沈阳市培训课程开发的检测为"双重检测制"，即在课程开发完成后进行专家审核检测，再到课程实施中的学员评价检测。专家审核检测属于阶段性检测，根据建立的文本和试讲标准实施检测。学员评价检测属于终端性检测，则根据沈阳市对教师培训项目效果评估的研究，研制了一套自主的评价模型和评价体系。并根据研究框架，细化了专属评估指标，即特别指向于培训课程以及主讲教师的评估指标。在对培训项目的评估时，评估小组要从众多指标中筛选、重组成适切的培训项目评估指标。

图 6.8　沈阳市基于实践的 K/C 理论融合模型框架

表 6.5　沈阳市基于实践的 K/C 理论融合模型框架

| 阶　段 | 评估内容 | 评估主体 | 评估工具 |
|---|---|---|---|
| 培训前评估 | 背景评估 | 评估小组 | 资料审核 |
| 培训中评估 | 反应评估 | 评估小组 | 满意度问卷（问卷星）访谈 |
|  |  | 培训组织方（授课教师） | 自评量表 |
|  | 学习评估 | 评估小组<br>授课教师 | 课堂观察（学习评价）<br>前后测问卷（问卷星） |
| 培训后评估 | 行为改进 | 授课教师单位 | 考核评价<br>问卷调查、访谈（360） |
|  | 总结评估 | 评估小组 | 资料审核 |

**表6.6　针对课程和教师的具体评估指标**

| 课程 | (1) 课程目标 | 清晰性、合理性、可测性 | | 评价量表问卷调查访谈 |
| | (2) 课程结构 | 科学性、逻辑性、关联度 | | |
| | (3) 课程内容 | 针对性、准确性、先进性、实践性、丰富性 | | |
| | (4) 课程组织与实施 | 有序性、参与性、实效性 | | |
| 教师 | (1) 专业素养 | 专业理念的先进性\n专业知识的科学性\n专业态度的积极性\n语言表达的流畅性、生动性、感染性\n仪容仪表的整洁性 | | 评价量表问卷调查访谈 |
| | (2) 培训能力 | 教学方法的多样性、启发性、灵活性\n教学组织的有序性、互动性、控场力\n课件应用的适切性 | | |

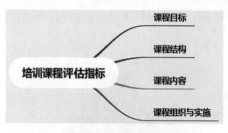

**图6.9　培训课程的评估指标**

图6.9为培训课程的评估指标，分为课程目标、课程结构、课程内容与课程组织与实施四个一级指标。一级指标下又细化为若干二级指标，二级指标为指向性的指标。课程目标包括清晰性、合理性和可测性。课程结构包括科学性、逻辑性和关联度。课程内容包括针对性、准确性、先进性、实践性和丰富性。课程组织与实施包括有序性、参与性和实效性。

在有了自主研制的检测框架以及检测工具后，对于第一批开发的培训课程先进行了专家审核的阶段性检测，择优选取课程后，再针对沈阳市800多名新教师的培训课程进行了学员评价的终端性检测，本次检测不仅仅是对课程内容的评估，还有对教师的授课方法、专业素养、专业知识等内容，所以从图14的指标体系中选择了课程指标中的课程内容、教学方法、课程设计（课程结构）以及教师指标中的专业素养、专业知识以及培训能力（组织能力）等指标进行评估，检测报告如图6.10。因为进行的是新教师的自主选课，所以下面这位教师的评价反馈是由选择他课程的105名新教师完成。其中在满意度雷达图中，实线代表的是该教师在6个维度的分数，虚线代表沈阳市新教师培训中所有主讲教师在6个维度的平均水平，基于大数据的直观对比能迅速掌握该课程的实施情况。

**培训课程开发实施效果评价反馈**

×××老师：

您所开发的新教师岗位技能课程《教师有效教学反思的途径与方法》，通过专家的文本评审和试讲评审获得了全市新教师培训的主讲教师资格，并与 2016 年 12 月 12 日承担了该课程的培训任务，共计 105 名学员对您的培训做出了课程实施效果的满意度评价，具体评价情况如下：

| 姓名 | 课程内容 | 教学方式 | 课程设计 | 专业素养 | 专业知识 | 组织能力 | 整体 |
|------|---------|---------|---------|---------|---------|---------|------|
| 郑桂斌 | 4.87 | 4.87 | 4.9 | 4.88 | 4.88 | 4.9 | 4.883 |
| 整体 | 4.88 | 4.86 | 4.86 | 4.88 | 4.88 | 4.89 | 4.875 |

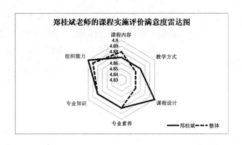

您的教学方式、课程设计和组织能力方面均高于整体平均值，专业素养和专业知识方面与整体平均值相等，课程内容方面略低于整体平均值。

**图6.10　某新教师培训检测报告**

通过双重检测，既可以让组织方了解课程开发与实施的效果，也可以让主讲教师深入掌握自己课程的开发与实施情况，便于今后的修正和提升。

培训课程的检测与评估继而应用在后续的每一个培训项目中，也采用同样的test检测方式开展项目中的课程评估工作。表6.7是2018年沈阳市待评名班主任培训CXX教授的课程评估，表6.8为2020年沈阳市农村中小学教学管理者能力提升培训的WJH教授的课程评估。针对整个培训环节都设计了量化打分，本文只展示培训课程的打分。采用矩阵量表的方式，由参训学员来打分，分数为1～5分，满分为5分。每个维度下的数量为不同选项下学员人数的总和。通过对培训课程的评估，可以清楚地掌握每位授课专家的培训课程开展情况，以及学员对培训课程的满意情况，便于指导后期培训工作的开展。

表6.7 沈阳市待评名班主任培训培训课程评估分数

该矩阵题平均分：4.97

新课改背景下班主任的核心素养与自主发展 主讲教师：CXX

| 题目/选项 | 1 | 2 | 3 | 4 | 5 | 平均分 |
|---|---|---|---|---|---|---|
| 课程目标的达成度 | 1(0.38%) | 0(0%) | 0(0%) | 4(1.51%) | 260(98.11%) | 4.97 |
| 课程结构的逻辑性 | 1(0.38%) | 0(0%) | 1(0.38%) | 3(1.13%) | 260(98.11%) | 4.97 |
| 课程内容的针对性、指导性 | 1(0.38%) | 0(0%) | 0(0%) | 5(1.89%) | 259(97.74%) | 4.97 |
| 课程的实施效果的实效性 | 1(0.38%) | 0(0%) | 1(0.38%) | 4(1.51%) | 259(97.74%) | 4.96 |
| 主讲教师专业知识的科学性 | 1(0.38%) | 0(0%) | 0(0%) | 3(1.13%) | 261(98.49%) | 4.97 |
| 主讲教师专业态度的积极性 | 1(0.38%) | 0(0%) | 0(0%) | 2(0.75%) | 262(98.87%) | 4.98 |
| 主讲教师语言表达的生动性 | 1(0.38%) | 0(0%) | 1(0.38%) | 4(1.51%) | 259(97.74%) | 4.96 |
| 主讲教师教学方法的多样性 | 1(0.38%) | 0(0%) | 1(0.38%) | 3(1.13%) | 260(98.11%) | 4.97 |
| 主讲教师教学组织的适切性 | 1(0.38%) | 0(0%) | 1(0.38%) | 4(1.51%) | 259(97.74%) | 4.96 |

表6.8 沈阳市农村中小学教学管理者能力提升培训课程评估分数

基于问题解决的教学领导力提升 主讲教师：WJH

| 题目/选项 | 1 | 2 | 3 | 4 | 5 | 平均分 |
|---|---|---|---|---|---|---|
| 课程目标的清晰度 | 2(3.92%) | 0(0%) | 0(0%) | 0(0%) | 49(96.08%) | 4.84 |
| 课程结构的逻辑性 | 2(3.92%) | 0(0%) | 0(0%) | 0(0%) | 49(96.08%) | 4.84 |
| 课程内容的针对性 | 2(3.92%) | 0(0%) | 0(0%) | 0(0%) | 49(96.08%) | 4.84 |
| 课程的实施效果的实效性 | 2(3.92%) | 0(0%) | 0(0%) | 0(0%) | 49(96.08%) | 4.84 |
| 主讲教师专业态度的积极性 | 2(3.92%) | 0(0%) | 0(0%) | 0(0%) | 49(96.08%) | 4.84 |
| 主讲教师语言表达的生动性 | 2(3.92%) | 0(0%) | 0(0%) | 0(0%) | 49(96.08%) | 4.84 |
| 主讲教师教学组织的互动性 | 2(3.92%) | 0(0%) | 0(0%) | 0(0%) | 49(96.08%) | 4.84 |
| 小计 | 14(3.92%) | 0(0%) | 0(0%) | 0(0%) | 343(96.08%) | 4.84 |

在对"ST+"模式包括四个关键词：System/体系、Standard/标准、Team/团队、Test/检测，经过科学论证、多轮打磨之后，形成了具有沈阳市地域特色的中小学教师培训体系，并编制、集结了数十门课程建设成果。

（案例主持人张馨月、李小萌，案例参与者郭毓鹏、姜巍）

## 二、"四步五环"进阶式名优教师培训课程建设实践

"兴国必先强师"，加强高素质教师队伍建设在建设社会主义现代化强国进程中和优先发展教育事业中具有基础性意义，尤其是培养高素质、高水平教师队伍，是我国各级各类教育事业发展和教育质量提升的重要基石。

2010年7月印发的《国家中长期教育改革和发展规划纲要（2010—2020年）》中明确指出："通过研修培训、学术交流、项目资助等方式，培养教育教学骨干、'双师型'教师、学术带头人和校长，造就一批教学名师和学科领军人才。"2012年，《国务院关于加强教师队伍建设的意见》（国发〔2012〕41号）文件要求，"培养造就高端教育人才。实施中小学名师名校长培训工程"。2018年2月，教育部等五部门印发《教师教育振兴行动计划（2018—2022年）》提出实施中小学名师名校长领航工程，培养造就一批具有较大社会影响力、能够在基础教育领域发挥示范引领作用的领军人才。可见，随着课改的深入，对名优教师的培养与打造受到了前所未有的广泛关注。但在当前的中小学教学名师培养实践中，仍然存在着若干主要问题。

首先，发展目标功利性色彩较为明显。在当前的中小学教学名师培养实践中，教师接受教育的目的并不是从参训者自身经验发展而来，而主要源自外部强加的行政要求或命令。这样的名师培养带有较强的功利主义色彩，是固定的、呆板的，不能启发参训者的思维，参训教师也大多认为培训不接地气、脱离教学实践。对大连市中小学骨干教师培训开展的调研发现，多数老师指出通过培训习得的新理念很难运用于自己的教学实践，新理念、新知识往往是脱离实际的说教，经常与学校和教育行政部门抓教学成绩的目标相冲突。可见，不管是教师专业发展目标，还是教育目标都存在不同程度的功利性。

其次，发展内容存在理论与教学实践脱节现象。在现实中，教学名师培养的内容设计往往忽略了其专业发展的诉求，很少考虑名师现有发展水平与教学实践需求间的差距，导致理论与实践相脱节，教师普遍感觉培训习得的理论很高深、也很有道理，但就是不知该如何应用到具体的教育教学实践中，培训结束后有"一头雾水"之感。此外，学习内容缺乏整体建构和一体化设计，就问题说问题，教师习得的是碎片化的知识，不利于其专业素养的系统提升。

第三，发展动力以被动发展占主导。中小学教师的压力普遍存在。通过对大连市"十三五"期间教师队伍现状进行调查，发现教师的压力普遍存在，主要来自社会、学校、家长、学生学业表现等方面。这些压力夺走了一线教师有限的时间和精力，极大地削弱了教师主动谋求专业发展的动力。再加之教育行政部门对教师发展的目标要求过多过高、急功近利，教师的专业发展多半靠"逼"，留给老师的发展空间越来越少，使之长期处于被动状态。

第四，发展策略与方法上缺乏系统性训练与培养。纵观以往的名优教师培养工作，从培养策略和路径上看，多是依托教育行政力量、采取策略牵动的横向工作思路培养区域名师，缺乏从目标、周期、课程、管理、评价等多种要素协同作用的系统性训练和培养，尽管有经验的梳理总结，但多数只是理论论证、停留在应然的状态，缺乏行动研究指导，对区域内的教学名师没有专门的深入研究，缺少业务机构有组织、有目标、有路径的专业化培养。

第五，培训成果上迁移转化力度不够。以往的大连市骨干教师及名师培训，对培训成果的规定多是固定框架的论文、著作、荣誉等物化成果的表达，很少关注教师作为一个独立而有个性的生命体的成长历程以及学生的发展与进步成果。名师培养是一个复杂而艰巨的系统工程，迫切需要走向一种重视培养过程的内涵式培养取向。

基于上述背景和主要问题，依据国家、省市的工作部署要求，结合大连市教育发展现状，大连教育学院于2017年启动实施了"大连市中小学名师培养对象培训"项目，围绕"名师教学领导力提升与教学风格提炼"主题，依托宽基础、多模块的课程内容，对195位名师培养对象开展了为期三年的进阶式培训。项目整体上采用基于行为改进的名优教师进阶式培训课程设计与实施思路，概述为"研""学""习""行"四步骤，"需求分析""目标设定""课程构建""课程实施""课程评价"五环节（如图6.11）。

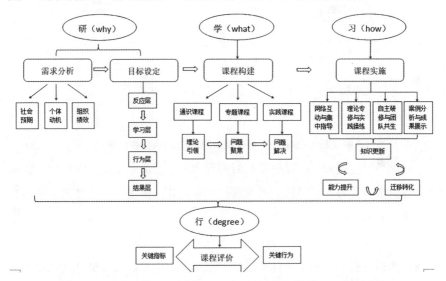

**图6.11　名优教师"四步五环"进阶式培训课程设计与实施思路**

**步骤一："研"：主要解决"为什么学"的问题，具体包含需求分析和目标设定两个环节。**

环节1：开展多层次需求分析

需求分析环节是教师培训课程设计的前提和基础。大连市名师培养课程目标的设定综合考虑了社会预期、个体内在学习动机和组织绩效需求。基于此，课程目标的设定充分尊重名师专业化发展诉求和专业发展现状、积极回应社会各级各类教育政策要求、努力缩小教学实践的组织绩效的差距。例如此环节专门组织实施了培训对象的自我诊断与专业发展规划活动，据此全面了解了培养对象的专业发展现状和未来学习需求，为课程目标和内容的设计提供了重要依据和基础。

环节2：设定"层次递进"的课程目标

课程整体目标的设定：重点考虑培训对象的阶段性发展特征，即10年以上"胜任型"教师，他们已具备丰富的教学经验，思维方式逐渐从规则向直觉转型，从"任务取向"朝向"目标取向"转型。面对这一群体，结合各级各类教育文件对教师队伍建设的意见和要求，课程目标设定上依据柯氏评估模型，采用反应、学习、行为、结果递进式目标设计（如图6.12）。

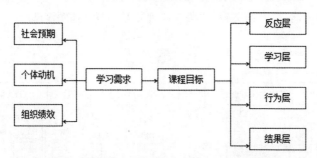

**图6.12　需求分析与"层次递进"的课程目标设定**

首先，反应层面——通过丰富的课程内容、灵活多元的课程组织，吸引学员积极参与学习，并对培训感到满意和有收获。测量指标为培训学员参与率和项目满意率均达90%以上。

学习层面——通过理论引领和实践操练，使学员在知识、技能、情绪体验等方面得以提升。测量指标可以是专家反馈、训后访谈、反思感悟等文本分析。

行为层面——通过异地跟岗、名师访学以及学科团队研修的方式，掌握基于真实问题和教学情境的课堂教学设计、实施与评价策略，主动改进学科教学。考核数据主要由团队研修主题和内容确定，如访学日记、教学设计案例、课堂观察或教研工具的信息获取等。

成果层面——能够运用所学改进教学，并能在学校、区域教学中发挥示范引领作用。考核数据主要包括行动计划及实施情况、课程资源研发、研修论文与著作、课题研究成果、名师送教满意度测评、360度访谈等。

**步骤二："学"：主要解决"学什么"的问题，具体指课程内容的构建。**

环节3：构建基于"问题解决"的进阶式课程内容与路径

通过通识课程实现理论引领。采用宽基础的一体化设计，打破学段界线和学科壁垒，体现全学科育人的新型教育观和团队学习理念，关注专业素养与跨界素养的共同拓展。一方面，精研专业素养，走向专业深处。通识课程设置包含本体性知识（深研是什么）、教育条件性知识（深研怎么教）和教育实践知识（深研怎么做）。另一方面，广涉跨界素养，实现专业超越。如设置了师德师风、人文艺术、文化修为、心理调适等跨界知识，旨在提升名师的社会素养。

通过专题课程实现问题聚焦。专题课程逻辑递进式设计，帮助学员寻找并聚焦问题。每一次专题培训课程都是一个具有严密逻辑结构的系列化课程体系。如在一期主题为"师德修炼与班级管理艺术"的专题培训中，设计思路为：新时代要赋予"师德"一词更为深刻的内涵，强调的是"全员全方位全过程的师德养成"，引导广大教师"以德立身、以德立学、以德施教、以德育德"。由此可见，"师德"包含对职业的理解、对课堂教学的把握、对学生的教育与管理、对自身专业发展的认知等多方面内容。因此，课程应以名师师德水平提升为主线，以班级管理艺术为重点，帮助教师转变观念、开拓视野、改进方法，夯实立德树人的基本功和内驱力，提高核心素养背景下的政治思想素质和科学管理能力。鉴于此，课程内容安排了理论必修、主题工作坊、典型经验分享和自主反思提炼四部分，旨在督促教师将职业道德要求内化为自身的自觉行为，反思自身存在的主要问题，聚焦某一问题并运用科学的工作策略在实践中不断完善和提升，坚持做到正人先正己，树立良好的师德师风形象。

通过实践性课程实现问题解决。在构建专题课程内容时，始终强调以唤醒名师自我意识、实现自我发展为根本出发点，既考虑外部的系统化和科学化引领培育，循序渐进实现专业理念更新、专业知识拓展和专业能力提升等，更要以此为契机，实现岗位自觉和转化迁移。例如，在"党建+心理"专题培训中，总体上采用实践性课程设计思路：线上自主研修阶段，通过观看行业翘楚、教育模范、榜样教师的演讲视频，开展线上研讨，帮助参训教师进一步了解、感受、审视、回答自身的教育初心与使命，同时也为线下集中培训奠定思想基础；线下集中培训阶段，通过参与师德主题论坛，让参训教师更加明晰自身担负的责任和使命，坚定未来从师之路的信念与追求。通过"教师如何提高职业幸福感"通识学习，使教师掌握获得职业幸福感的有效方略。通过沙盘技术在学生心理疏导中的应用以及团体行为训练技术等技能的操作练习，使学员掌握两种以上针对学生特点的心理训练和心理干预技术，将理论知识活学活用到本职工作中去，做到学得懂、练得精、用得上。

在日后工作中能树立新理念，拓展新视野，掌握新方法，解决新问题；训后迁移应用阶段，以案例征集的方式，如学生习惯培养案例、学生青春期引导或考前心理辅导案例等，督促参训教师学以致用、转化迁移（如图6.13）。

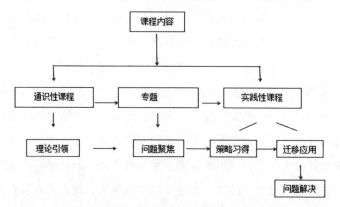

**图6.13    基于"问题解决"的进阶式课程内容**

**步骤三："习"：主要解决"怎么学"的问题，具体指课程实施创新**

环节4：创新"多元参与"的课程实施方式

采用参与体验式为主，多种方式并存的课程实施方式，是教师学习活动创新的源泉，有助于实现从理论专家的知识独白到专业共同体的知识对话，从政策的被动执行到专业发展的主动建构，从关注学习者学习的发生到行为的改进。在这一过程中，运用网络互动与集中指导相结合、理论专修与实践操练相结合、自主研修与团队共生、案例分析与成果展示相结合的方式，融入对话、合作、探究、共享、自觉等以参与式为特征，关注学习者行为改进的多元化方式，支持和促进参训教师完成知识更新、能力提升、迁移转化的螺旋上升的过程（如图6.14）。例如在心理专题培训中，整体上采用了网络互动与集中指导研修方式，将线上自主研修、线下集中培训与实践迁移应用有机结合。线上自主研修引导教师借助"UMU"平台开展自主学习，围绕主题开展线上研讨，为线下集中培训奠定学习基础；线下集中培训则通过理论通识和技能训练，让教师在参与体验中实现理论提升和心理干预技术掌握；实践迁移应用环节，以案例征集的方式，督促参训教师学以致用、转化迁移，有效实现了预期培训目标（如图6.15）。

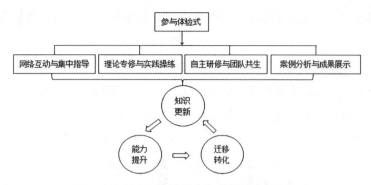

图6.14 创新"多元参与"的课程实施方式

**步骤四："行"：主要解决"怎么评"的问题，具体指课程评价。**

环节5：实施"行为导向"的持续性课程评价

倡导基于行为改进的绩效评估取向，即评价的重心应放在测量与评定培训课程在促进教师行为改变方面的情况，从预设目标分析入手来判断结果目标的增值状态，以期对课程实施情况进行事实描述和价值判断。它体现一种以终为始的评价思路，关注参训者在训后基于职场的行为改进和辐射带动作用的发挥。在实施名师培训课程评价时，及时跟踪参训教师的学习效果，了解其行为改进情况，专门设计各类评估工具以辅助和指导绩效评估，既要关注教师个体在知识、能力、信念等方面的系统转变，更要关注后续阶段教师群体及学校组织等整体改进提供指导和帮助，加速培训理念和知识向教学实践的转化迁移，实现认知、情感、行为的统一。如360度访谈环节的设计与实施，能够全面了解和掌握名师培训行为转化及培训需求状况，大大提升培训工作的针对性和实效性。

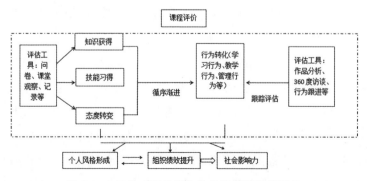

图6.15 实施"行为导向"的持续性课程评价

依据哲学家哈瑞的学习环路模型（维果茨基空间），理解教师学习的过程机制学习包括四个过程：一是内化，即个体在与文化及他人的交往中，在已有经验的基础上努力理解与重构新知识；二是转化，即个体将这种理解与个人情境进一步结合走向新的能够指导个人实践的理解；三是外化，即新的理解通过实践行动外化出来，形成成熟的个人经验；四是习俗化，如果经验有效，则被他人所仿效，从而实现某个群体中的习俗化。反思目前的名师培养，充其量实现了内化和转化两个过程，即名师培养对象接受一段时期的外力助推，使得教师在与社会和他人交往过程中，基于已有经验，获得了新知、拓展了专业视野；帮助教师将内化的新观念进一步与自身教学实践建立联结，思考所学新知适合自身教学情境、如何使其适合自身教学情境等，将内化的新观念转化成可以有效指导个人实践的观念。而对于如何将内化和转化的新知识付诸实践，带来行为的改变方面，做的还远远不够，未达到外化与习俗化阶段。未来还需要以名师自我觉醒为重要契机，将其作为成长主体，激发积极情感、增强职业理解与认同感，搭建多元化平台促使其在教学实践中持续学习、内化迁移。主要从以下几个方面下功夫：

一是立足自主，名师培训课程目标实现从"外促"到"内生"的转变。名师既需要来自外部的系统化和科学化引领培育，循序渐进实现专业理念更新、专业知识拓展和专业能力提升等，又要以此为契机，实现自我发展和价值追求。这正是名师课程目标设定遵循的根本取向。在日后的培训中，将开展基于课堂真实情境的学习活动，立足岗位实践开展对话合作、反思建构，开展基于职场的名师访学和基于问题解决的学科行动学习，加强学科教学培训和教育研究指导，倡导学科个性化课题研究，将教师个体碎片化教学经验上升为实践智慧和实践理论，实现专业发展质的超越。

二是立足差异，名师培训课程实施方式实现从"共性"到"个性"的转化。探索更为有效的个性化名师培养方式，充分尊重名师的个性和主体性，寻找让其获得生命自由绽放和职业幸福快乐的路径等，都将成为未来名师培养的一个重要议题。在日后专业发展实践中，要从"内生"需求出发，满足自身多元化专业发展要求，运用体验式、问题化、情境化、个性化的专业发展方式，立足职场、转化迁移，不断找寻专业发展的生长点和切入点。

三是立足实践，名师培训课程内容实现从"反思"到"建构"的转型。帮助名师建构个性化教学风格，形成可借鉴推广的教育思想，是培养打造名优教师队伍的关键路径和内容选择。指导名师基于课堂事实或关键人物事件对自身专业成长产生的重要影响等内容为切入点，或以某一经典课例或遇到的某一关键事件、关键人物、关键书籍等为载体，结合自身教学实践生成个性化教学主张；搭建专业研究平台，鼓励广大名师及时梳理提炼教学研究成果、案例；依托学科研修团队，引导广大名优教师立足岗位实践开展以问题解决、知识迁移、行为改进为主要特征的线上线下混合式学习活动诸如此类，无不体现名师培养由"反思"走向"建构"的专业化道路，这一专业化过程转变蕴含着经验、反思、理论、实践、迁移等诸多关键要素和关键行为。

四是立足共生，名师培训课程价值实现从"个体优秀"到"群体共生"的转向。名师作为学习共同体的一部分，其专业成长从实践主体来看，涉及教师个体和教师群体两个层面。于个体而言，名师的成长是从优秀走向卓越，从个体优秀走向教师领袖的过程，于组织而言，名师的成长则是从"个体优秀"走向"群体共生"的过程。作为名师，既要发展自己，更要带动他人，实现个体与组织的双提升、共发展。一方面，在已有教育教学经验基础上，结合新课程改革进行理论思考、价值追问，运用新理念、新思维重新审视和建构教育教学新经验。另一方面，在追求自身专业发展不断走向卓越的同时，更要以教学主张与教学实践为载体，扩大自身的专业影响力和社会参与度，实现教师群体共生共促的现实价值，回归教师职业生活的本真意义。名师在今后的培训中，将尝试以跨学段的学科研修团队为单位的融合教研和项目教研机制，通过团队众筹的方式，创新专业学习共同体研修机制，实现名师个体与共同体组织协同共生式发展。

（案例主持人秦丽楠，案例参与者刘金华、陈振国、关爽、周玉辉、嵇丽莹、邵鹏治）

# 第七章 区域中小学（幼儿园）教师
# 培训团队建设

教师培训团队是促进中小学（幼儿园）教师素质能力全面提升的重要力量，建设一支素质完备、业务精湛、结构合理、保障有力的高素质专业化创新型教师培训团队是深入推动教师培训改革、稳步提升教师培训质量、持续提高教师专业素养的战略一环。培训团队建设更是实施中小学（幼儿园）培训的基础工程，是保证教师培训实施质量的关键所在。

## 第一节 区域中小学（幼儿园）教师培训团队建设概论

美国管理学教授罗宾斯认为，团队是为了实现某一目标而形成的由多个个体组成的正式群体。各成员通过沟通与交流保持目标、方法、手段的高度一致，运用集体智慧将整个团队的人力、物力、财力集中于某一方向，形成具有强烈战斗力的工作群体。通常情况下，中小学（幼儿园）教师培训团队主要由管理团队和教师团队组成。在教师培训中，这两支队伍互相配合，共为一个团队，形成一个整体，共为一个目标又各有侧重。

## 一、团队建设的相关理论

### （一）布鲁斯·特克曼的阶段理论

美国心理学家特克曼认为，团队建设通常要经历四个阶段，这些阶段可以按照顺序进行，也可以阶段逆转或者跳过某个阶段。四个阶段的时间长短取决于团队本身的活力、团队的规模以及团队的领导力。在每个阶段，团队成员需要完成不同的任务和目标，共同推动团队的发展。

### 1.形成阶段

形成阶段处于项目团队刚刚创建的初期，团队成员集中到一个培训团队中。此时的状态为团队成员开始互相认识、逐渐熟悉；了解项目的基本信息并关注项目中每个人的职责；彼此之间不是很了解，比较保守；保持相对独立，没有合作也没有冲突。

### 2.磨合阶段

团队开始分配任务并遇到预料之外的困难。在完成任务的过程中，团队成员之间开始出现争执和矛盾并逐渐进行磨合；该阶段的团队凝聚力不够，成员之间彼此相互独立并存在明显的竞争关系。

### 3.规范阶段

经过了磨合阶段后，团队成员之间开始相互熟悉和了解，围绕项目的目标也开始协同配合，成员之间逐渐信任；面对困难，团队成员之间一起协商解决，集体决策，共同进步。团队领军人物的地位开始得到确认。

### 4.成熟阶段

随着任务的进行，团队成员之间的配合也逐渐默契，彼此互相依赖，遇到冲突和矛盾时，表现得比较真诚。整个团队也日趋完善和完美，可以高效率地解决和处理问题。团队领军人物的影响力达到新的高度。

## （二）贝尔宾团队角色理论

贝尔宾团队角色理论是由剑桥产业培训研究部主任雷蒙德·梅瑞狄斯·贝尔宾博士经实践研究得出的，主要思路是将团队中的人物塑造成不同角色，并先确定团队发展的关键因素，在通过实践中的观察，从而确定了团队的九种角色及其特征和团队功能。贝尔宾认为，团队成员可以分为九种不同的角色，包括智多星（Plant）、外交家（Resource Investigator）、审议员（Monitor Evaluator）、协调者（Co-ordinator）、鞭策者（Shaper）、凝聚者（Teamworker）、执行者（Implementer）、完成者（Completer Finisher）和专业师（Specialist）。每个角色都有其独特的特点和作用，利用个人的行为优势创造一个和谐的团队，可以极大地提升团队和个人的绩效，从而帮助团队更好地完成任务。

### （三）赫茨伯格的动机理论

美国心理学家、管理理论家赫茨伯格认为，团队成员的动机可以分为内在动机和外在动机。内在动机是指个人对任务本身的兴趣和满足感，而外在动机则是指个人对任务完成后的奖励和惩罚。团队建设需要考虑如何激发团队成员的内在动机，以提高团队的绩效。

### （四）埃里克森的人际关系理论

美国著名发展心理学家和精神分析学家埃里克森认为，人际关系是团队建设的核心，团队成员之间的相互了解、信任和支持可以促进团队的发展。他提出了"信任、尊重、支持和认同"四个关键词，强调了团队成员之间需要建立良好的人际关系。

### （五）实践活动理论

实践活动理论源自一位企业家。这位企业家为了对员工进行培养，带领其员工进行实践型的学习，使其面对挑战，体验失败，同时也体验失败后取得成功的喜悦，从而真正地达到团队建设的目的。后来实践活动理论就发展成为了模拟或者在真实的团队任务情景中，使团队成员相互协作，共同完成目标和任务。实践活动理论和今天的实战演练相似①。

### （六）Y理论

Y理论是与"X理论"相对，指从人性角度出发，以员工对工作的好恶程度来进行研究的。Y理论将人性假设为喜爱工作、受内在兴趣的驱动而发自内心地愿意承担责任，热衷于发挥自己的聪明才智，强调的是，可以采用教育、引导、激励的方法来培养团队精神。在管理团队时，为了促使成员努

---

① Jackson N. M..创造性的团队建设活动[J].创业邦，2009（6）：57.

力工作，应考虑工作对于成员的意义，鼓励成员参与目标的制定，以"启发和诱导"来代替"命令与服从"，重视成员的各种需要和内在激励，并尽可能在实现组织的目标过程中予以最大限度的满足。所以，Y理论也是团队建设中的积极理论[①]。

除了以上提到的六种理论以外，关于团队建设，还有以下三种常用的理论。

第一种是合作竞争理论。合作竞争理论认为如果团队成员各自为战，认为彼此的目标没有关系，就会漠视他人福利或困难，组织也会一盘散沙；如果成员之间处于竞争环境中，就会彼此封锁信息和资源，甚至相互攻击和破坏。因此，一个团队应当在共同目标下合作，共享信息和资源，互相交流，取长补短。

第二种是员工参与理论。即让团队成员参与决策和管理，对那些关系到他们切身利益的决策发表意见，增加成员对工作的主动性和积极性。人在团队中有决策权，就会更加认同团队的目标，从而更加积极主动地去执行决策。

第三种是建设性冲突理论。该理论认为团队中可以存在不同意见，但团队真正形成了合作关系，人们就会坦诚地交换意见，吸取对方意见中有价值的成份，在充分交流的基础上达成共识。所以，建设性冲突能使团队成员更加认同团队的目标，形成坚固的合作关系。

以上都是比较常见的团队建设理论，在团队建设的实践需要根据具体情况进行选择和调整。

## 二、中小学教师培训团队建设的主要内容

结合团队建设理论，我们认为教师培训团队的建设内容应该包括队伍建设、文化建设、制度建设、评估建设等四个方面，具体如图7.1所示。

---

[①] 麦格雷戈.企业的人性面[M].韩卉，译.北京：中国人民大学出版社，2009：126-129.

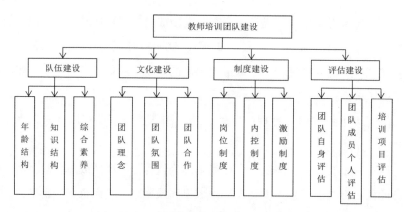

**图7.1　中小学教师培训团队建设主要内容**

## （一）教师培训团队的队伍建设

教师培训团队的队伍建设既包括数量也包括质量，也就是说在确保培训团队总体数量的同时还要保证质量。要切实分析教师培训团队所应该具备的能力和特征，使团队成员在年龄、知识技能、专业技术职务上具有较强的互补性，以实现可持续发展的梯队结构为保障，保证管理队伍的科学性。同时，加强与其他同类教师培训团队间的交流和访问，互相学习培训经验。并通过定期开展各种管理者培训、学习、调研、科研等途径切实提高教师培训团队的专业水平和政策水平。努力打造为结构完整、业务精湛、专业水平高，具备管理知识、掌握教师专业化发展原理，热爱中小学教师资培训工作、专兼结合的管理者队伍。

## （二）教师培训团队的文化建设

教师培训团队文化是指团队成员在彼此合作，共同完成培训任务过程中而逐渐形成一种共同的观念、工作方式、行为规范等的集合。一个培训团队只有具备了优秀的团队文化才能保障其出色地完成教师培训任务。优秀的团队文化可以给团队成员以潜移默化的影响，使他们摒弃头脑中刻板、不合时宜的观念，形成积极发散的思维模式，推动成员工作行为的积极性，增强团队的凝聚力和创造力，进而提高团队的工作效率，产生巨大收益。一个培训团队的文化建设包括以服务教师专业发展的培训理念，真诚和谐的培训氛围以及团队合作的培训精神。

### （三）教师培训团队的制度建设

完善的制度，规范的管理，能逐步提升团队成员执行制度的思想自觉和行为自觉，进一步发挥制度的组织和规范作用。同时，建立一套科学、详细、兼顾可操作性的规范制度，则可通过规范制度所衍生构建出来的管理机制实施制度化管理，以制度为标准，规范成员行为、明确责任、加强纪律、完善问责机制，从而提高培训团队的运行效率。在制度建设过程中，要注意可操作性、统一性和公正性，对事不对人，不因人而异。

### （四）教师培训团队的评估建设

教师培训团队建设需要一个完善的评估体系对其工作成效进行评价，通过对自身工作的不断反思、总结和改进，督促教师培训团队培训能力不断进步，进一步强化培训团队的功能和职能，发现培训团队的现存问题并及时改进。因此，建设一个系统完善的评估体系十分重要。评估体系是通过一些具体的标准，从多个角度来评价教师培训团队的项目实施效果。

在对培训团队进行评估时应以"以评促建、以评促改、以评促管、评建结合、重在建设"为指导思想，坚持导向性、激励性、科学性、创新性原则。团队评估体系的建设具体应包括三个维度。一是培训团队整体绩效评估，主要考核培训团队是否贯彻落实了国家的相关文件和政策，工作运行开展情况如何，培训团队的凝聚力、创新精神和合作意识是否明显增强，团队结构是否进一步优化。二是培训团队成员个人绩效评估，主要考核团队成员工作能力、工作效率和团队协作能力。三是培训团队培训效果评估，主要通过培训对象的反馈，了解培训团队在培训项目实施过程中存在的问题，明晰今后的改进方向。

## 三、中小学（幼儿园）教师培训团队建设基本原则

中小学（幼儿园）教师培训团队建设作为一项系统工程，其本身涉及很

多人员、内容及层面，因此，在培训团队的建设过程中要注意遵循一定的原则和规范。具体而言，应主要遵循以下几个方面的原则。

（一）大局原则

教师培训团队是一个集体，培训团队利益代表了集体的利益。但在培训团队建设过程中，由于团队成员有着各自的思想、目标、和追求的差异，在完成同一阶段的工作任务时团队成员也都有着自己的小利益，他们各自的需求会不尽相同，表现出的态度和做法也可能截然相反。这时，培训团队利益与成员个人利益之间就会产生一些不可避免的矛盾。当两者出现矛盾时，成员的个人利益必须服从培训团队的集体利益。团队利益为大，个人的利益为小。

教师培训团队的发展与团队员工个人的发展是息息相关的，团队中的任何成员都不应该只局限于眼前的个人利益。只有团队成员之间步调一致，密切配合，才能形成向心力，使培训团队整体得以发展壮大。

（二）协作原则

中小学（幼儿园）教师培训团队是由团队成员之间进行分工协作而形成的群体，在这个群体中每个个体都有其独特的作用。由于教育、天赋、性格的不同，每个成员不仅有着别人无法替代的优点，还会存在一些自己克服不了的弱项。准确认识自身的实际情况，明晰自身存在的优劣得失，团队成员之间实现优势互补、通力合作，培训团队才能在未来的发展过程中获得长远、持久、健康的发展和进步。

（三）目标一致原则

中小学（幼儿园）教师培训团队最显著的特征就是其成员有着明确的、共同的目标，这个目标就是教师培训团队的目标。培训团队成员的工作和绩效都必须围绕这个共同的目标来实施，并以达成团队目标为使命。在培训项目实施的过程中，要求教师培训团队的管理者以工作"目标"来管理团队成员，而不是以"手段"来管理。"目标管理"是有效发扬团队精神的最佳方法。

每个教师培训团队不仅要有各自的发展目标，还应清晰认识自身的具体情况，准确定位自身的发展方向和发展规划。只有准确定位自身的发展方向，才能进行科学、有效的发展、规划和建设，也才能保证自身的健康发展、进步和教师培训团队任务的顺利完成。

### （四）成员互补原则

中小学（幼儿园）教师培训团队作为一个正式的群体或集体，其成员的构成应以提高效率、有利于团队目标的实现和长远发展为原则。因此，在教师培训团队成员的选择过程中，要在保障团队目标实现的同时，尽量考虑其成员在职称、学历、年龄、知识、专业等方面的优势互补，尽量保障团队成员之间能够互相吸引、互相激励、相互提升。

总之，中小学（幼儿园）教师培训团队建设本身就是一项系统工程，其不仅涉及培训团队成立的目的、培训团队自身的发展目标和定位、培训团队人员的构成与选择、培训团队负责人的遴选和培养、培训团队的内部管理、培训团队组织文化及规章制度的构建及完善、培训团队内部绩效考核以及培训团队自身的发展类型、发展原则、可持续发展等层面，还涉及培训团队的外在管理、培训团队整体绩效考核等问题。因此，中小学教师培训团队建设过程中要根据培训团队建设的基本要求和内在规律，积极汲取当前教师培训团队建设的先进理念、经验及做法，并结合自身发展定位，有计划、有步骤、有选择地进行教师培训团队的建设。

## 第二节 区域中小学（幼儿园）教师培训团队建设的主要问题及建设策略

为了适应基础教育改革的需求，"十二五"以来，我省中小学教师的培训规模明显扩大，教师培训团队的建设已经越来越受到重视，成为社会关注的热点。在培训团队建设过程中，各地培训团队在培训队伍建设、文化建设、制度建设和评估建设等方面进行了积极的尝试和探索。

## 一、辽宁省中小学（幼儿园）教师培训团队调研的基本情况

2022年，本研究团队对省内15个市（县、区）教师进修学院（教育研究院、教育学院、教育服务中心）培训团队通过问卷星开展了一次问卷调查，回收有效问卷344份。其中，来自市级团队的有46人，来自县（区）级的有298人。

### （一）培训团队人数

在辽宁省教师进修学院（教育研究院、教育学院、教育服务中心）培训团队中，人数最多的为22人，其次为13人，人数最少的为1人。占比例最高的是6～8人。

图7.2  培训团队人数情况词频分析图

### （二）职称结构

在被调查者中，虽然正高级的比例较低，但副高级职称比例较高，两者合计达到93.3%。被调查者中，正高级职称占6.67%，副高级职称占86.67%，中级职称占6.67%。

### （三）年龄结构

从年龄结构上看，40岁以上的占89.24%。这也与职称结构情况相符合，说明教师培训团队成员工作经验丰富，具有较强的人脉关系。

表7.1　培训团队成员年龄结构一览表

| 选项 | 小计 | 比例 |
| --- | --- | --- |
| 30岁以下 | 6 | 1.74% |
| 31-35岁 | 10 | 2.91% |
| 36-40岁 | 21 | 6.1% |
| 41-45岁 | 62 | 18.02% |
| 46-50岁 | 84 | 24.42% |
| 51-55岁 | 117 | 34.01% |
| 56-60岁 | 44 | 12.79% |
| 本题有效填写人次 | 344 | |

（四）学历结构

培训人员绝大多数都具有较高的学历水平，其中，硕士学位的占7.85%，本科学历的占88.37%。

表7.2　培训团队成员学历结构一览表

| 选项 | 小计 | 比例 |
| --- | --- | --- |
| 博士研究生 | 0 | 0% |
| 硕士研究生 | 27 | 7.85% |
| 本科 | 304 | 88.37% |
| 专科 | 13 | 3.78% |
| 其他（请说明） | 0 | 0% |
| 本题有效填写人次 | 344 | |

（五）人员来源构成

培训团队人员中，有1.74%来自科研的，有19.48%来自于教研，有35.76%来自于教学，有38.08%来自于培训本身。

表7.3　培训团队人员来源一览表

| 选项⇕ | 小计⇕ | 比例 | |
|---|---|---|---|
| 科研 | 6 | | 1.74% |
| 教研 | 67 | | 19.48% |
| 教学 | 123 | | 35.76% |
| 培训 | 131 | | 38.08% |
| ⊞ 其他（请说明）[详细] | 17 | | 4.94% |
| 本题有效填写人次 | 344 | | |

### （六）从事教师培训工作的时间

在从事教师培训工作的时间上，5年以下的占39.83%，6-10年的占19.77%，11-15年的占17.73%，16-20年的占9.88%，20年以上的占12.79%。

表7.4　培训团队成员从事教师培训工作的年限情况一览表

| 选项 | 小计 | 比例 | |
|---|---|---|---|
| 1-2年 | 70 | | 20.35% |
| 3-5年 | 67 | | 19.48% |
| 6-10年 | 68 | | 19.77% |
| 11-15年 | 61 | | 17.73% |
| 16-20年 | 34 | | 9.88% |
| 21-25年 | 16 | | 4.65% |
| 25年以上 | 28 | | 8.14% |
| 本题有效填写人次 | 344 | | |

### （七）在教师培训中培训团队成员最关注的问题

在开展教师培训项目时，受培训团队成员关注度最高的要素是专题研修，其次为总结提升。接下来依次为：返岗实践、能力诊断、考核评价、名校访学。

表7.5　培训团队成员在开展培训项目时关注的要素

| 选项 ÷ | 小计 ÷ | 比例 | |
|---|---|---|---|
| 能力诊断 | 114 | | 33.14% |
| 专题研修 | 229 | | 66.57% |
| 名校访学 | 88 | | 25.58% |
| 返岗实践 | 152 | | 44.19% |
| 总结提升 | 173 | | 50.29% |
| 考核评价 | 91 | | 26.45% |
| **本题有效填写人次** | **344** | | |

## （八）在参与决策咨询方面

在参与决策咨询方面，有67.44%的培训团队成员参与过区域教育发展规划或教育政策的研制。有25.87%的人写过教育决策咨询建议，但仅有16.57%被采纳。

表7.6　培训团队成员参与区域教育规划或教育政策制定情况

| 选项 ÷ | 小计 ÷ | 比例 | |
|---|---|---|---|
| 是 | 232 | | 67.44% |
| 否 | 112 | | 32.56% |
| **本题有效填写人次** | **344** | | |

表7.7　团队成员参与教育决策咨询情况一览表

| 选项 ÷ | 小计 ÷ | 比例 | |
|---|---|---|---|
| 写过教育决策咨询建议，但没有被采纳 | 32 | | 9.3% |
| 教育决策咨询建议被上一级行政部门采纳过 | 57 | | 16.57% |
| 没有参与 | 255 | | 74.13% |
| **本题有效填写人次** | **344** | | |

## （九）培训团队成员参与学术研究情况

近5年，培训团队成员在参与教师专业发展相关的课题研究上，有15.99%的人主持过课题，有40.7%的人参与了课题研究，没有参与过的占

43.31%。作为一名培训管理者，有2.91%的人发表过相关领域的论文3篇及以上，有25.29%的人发表过相关领域论文1～2篇，没有发表过相关领域论文的占71.8%。

**表7.8 培训团队成员参与课题研究情况一览表**

| 选项⇕ | 小计⇕ | 比例 |
|---|---|---|
| 参与了，是课题主持人 | 55 | 15.99% |
| 参与了，是课题参与者 | 140 | 40.7% |
| 没有参与 | 149 | 43.31% |
| **本题有效填写人次** | **344** | |

**表7.9 培训团队成员发表论文情况一览表**

| 选项⇕ | 小计⇕ | 比例 |
|---|---|---|
| 发表过1-2篇 | 87 | 25.29% |
| 发表过3篇及以上 | 10 | 2.91% |
| 没有发表过 | 247 | 71.8% |
| **本题有效填写人次** | **344** | |

## （十）培训团队成员参加市级及以上培训进修学习的机会

在参与调研的人在，有37.21%的人每年都能得到参加市级以上培训进修的机会，有37.5%的人每2～3年可以参加市级以上培训进修，有11.05%的人每5年才能得到1次参加市级以上培训进修的机会，5～10年参与1次的有7.85%;还有6.4%的人10年乃至10以上才有1次学习的机会。

**表7.10 培训团队成员参加市级及以上培训进修学习情况**

| 选项⇕ | 小计⇕ | 比例 |
|---|---|---|
| 每年一次 | 128 | 37.21% |
| 每2-3年一次 | 129 | 37.5% |
| 每5年一次 | 38 | 11.05% |
| 5-10年一次 | 27 | 7.85% |
| 10年以上一次 | 22 | 6.4% |
| **本题有效填写人次** | **344** | |

（十一）培训团队成员认为优秀的培训者必须具备的能力

在诸多能力中，最受团队成员关注的首先是培训项目的管理能力，其次是促进团队发展能力，再次是项目实施能力，接下来依次为培训需求调研分析能力、培训课程设计与开发能力、培训方案撰写能力。

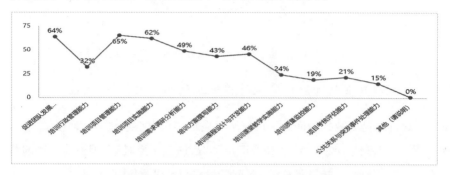

**图7.3 培训团队成员认为优秀的培训者必须具备的能力情况**

（十二）在项目实施中对培训团队成员成长最为重要的阶段

在项目实施过程中，34.88%的培训团队成员认为集中培训阶段最有利于自己的成长，有28.2%的人认为返岗实践最有利于自己成长，有22.38%的人选择了训后跟踪指导阶段，有14.53%的人选择了总结提升阶段。

**表7.11 项目实施中对培训团队成员成长最为重要的阶段**

| 选项 ⇕ | 小计 ⇕ | 比例 | |
|---|---|---|---|
| 集中培训阶段 | 120 | | 34.88% |
| 返岗实践阶段 | 97 | | 28.2% |
| 训后跟踪指导阶段 | 77 | | 22.38% |
| 总结提升（成果产出）阶段 | 50 | | 14.53% |
| 本题有效填写人次 | 344 | | |

（十三）培训团队成员最需要重点提高的能力

这是一个开放式的问题，调研结果显示："能力""提高实施能力""课程开发""提高培训管理能力""培训项目策略"等主题成为中小学教师培训团队成员关注的热点与焦点。

**图7.4　培训团队成员最需要重点提高的能力观点分析图**

**（十四）在教师培训实施过程中遇到的最大问题**

这同样是开放式的问题。调研结果显示：在中小学教师培训中，"能力有限""积极性不高""培训经费不足""培训流于形式""理论与实践的结合""工学矛盾""参与度不高"等问题出现频次比较集中。

**图7.5　在教师培训实施过程中遇到的最大问题观点分析图**

## 二、辽宁中小学（幼儿园）教师培训团队建设的成就

辽宁省中小学（幼儿园）教师培训团队，坚持"示范引领、促进改革"的原则，紧跟时代步伐，不断整合资源，提升培训质量，为我省中小学（幼儿园）办学管理者及教师的专业成长提供了有力支持与服务。

（一）形成一支由省、市、县、校四级骨干教师培训者组成的专业化培训团队

近年来，辽宁省在全面贯彻落实《中共辽宁省委 辽宁省人民政府关于

全面深化新时代教师队伍建设改革的实施意见》，在中小学（幼儿园）教师培训工作中采取了一系列针对性强、卓有成效的改革举措，进一步在中小学教师队伍建设上取得积极成效。省财政安排专项资金2亿余元实施"省培计划"，各市各县区按照中小学（幼儿园）年度公用经费预算总额的5%安排教师培训经费，较为圆满地完成了全省30万中小学教师的培训全覆盖。

辽宁省坚持"示范引领、促进改革"的原则，紧跟时代步伐，不断整合资源，提升培训质量，为我省办学管理者及教师专业成长提供服务。分层分类举办学前教育发展、中小学课程改革、中高考改革、领军团队建设等培训项目，提供各类人力资源保障。坚持开展薄弱领域教师提升计划，其中"乡村教师培训"项目是投入经费最多、持续时间最长、覆盖面最广泛的省级培训项目，全省45周岁以下的3万余名乡村教师，100%参加了省级乡村教师培训，高质高效辐射带动全省乡村教师多维度专业发展。

"省培计划"带动了辽宁省各地中小学教师特别是农村教师培训的全面开展。我省初步建立了五年一周期的教师全员培训制度，推动指导各市有计划地对全体中小学教师进行分类、分层、分岗培训。在多年的实践中，已经逐渐形成了一支由省、市、县、校四级骨干教师培训者组成的服务省级教师发展的专业化队伍。

（二）团队成员构成多元化，一线优秀教师的比重不断增加

《教育部 财政部关于实施"中小学教师国家级培训计划"的通知》（教师〔2010〕4号）就提出："选拔熟悉中小学教育教学实际的专家和中小学一线优秀骨干教师参加'国培计划'培训教学，形成动态更新的培训专家库。"这奠定了我省培训团队成员多元构成的基础。后来《教育部办公厅 财政部办公厅关于印发〈"国培计划"示范性集中培训项目管理办法〉等三个文件的通知》（教师厅〔2013〕1号）对"国培计划"培训团队成员构成结构标准进行了进一步细化，指出"组建培训专家团队，原则上省域外专家不少于35%，一线优秀教师、教研员不少于50%"。《教育部 财政部关于改革实施中小学幼儿园教师国家级培训计划的通知》（教师〔2015〕10号）明确要求"一线优秀教师教研员不少于60%"，同时确立了"国培计划"培训团队建设

的新目标——"打造本土化团队，服务乡村教师区域与校本研修"，进一步丰富了"国培计划"培训团队建设目标的内涵。"国培计划"培训团队结构的不断优化和"本土专家"比例的持续增加，为我省中小学教师培训团队建设指明了方向。

调查显示，在我省教师进修院校培训者团队中，成员来自多个岗位，有来自教研、科研、教学、培训等多个领域，其中教研、教学和科研的占56.98%。

### （三）运行机制精准化，乡村教师培训团队建设地位更加突出

在一系列政策指引下，辽宁中小学教师培训团队确立了明确的目标——为提高中小学教师特别是农村教师队伍整体素质服务。在教师培训项目实施的过程中，"乡村教师"这一服务主体日益突出。

《辽宁省"十二五"基础教育干部培训规划》的实施原则是："以农村中小学校长培训为重点""突出骨干、倾斜农村"。2014年，辽宁省教育厅《关于进一步加强我省教师队伍建设的意见》要求，要关心乡村教师的生活和发展，优化乡村青年教师发展环境，加快乡村青年教师成长步伐，在培训等方面向乡村青年教师倾斜。2015年，辽宁省人民政府办公厅制定《辽宁省乡村教师支持计划实施方案（2015—2020年）》，要求以实施辽宁省"乡村教师素质提升计划"为重点，加强管理，全面提升乡村教师能力素质。2016年，省教育厅又配套出台《辽宁省乡村教师素质提升计划（2016—2020）》。该计划在乡村教师培训上采取的措施：一是整合高等学校、市级教师进修学院、县区教师进修学校和中小学校优质教育资源，构建乡村教师能力素质提升长效工作机制，引领乡村教师专业发展。二是打造乡村教师专业发展支持服务体系，保障教师全员全时参训。三是丰富培训内容，规范乡村教师教育教学行为。四是创新教师培训研修方式，提高乡村教师培训的实效性和针对性。在乡村教师培训过程中，各市、县（市、区）要采取跟岗研修、网络研修、送教下乡、专家指导、校本研修等多种研修，保证乡村教师培训的质量和效果。建立网络研修互动空间，由培训基地教师和导师团队在线实时与参训学员互动交流，教学指导，促进乡村教师专业成长与发展。

这一系列的文件对教师培训团队建设的目标、职责、内容、方式等进行

了进一步细化，使乡村教师培训团队建设地位更加突出。在具体实施过程中，乡村教师培训团队建设严格按照规定的比例，建立县级教师培训团队，并通过承担网络研修、送教下乡和校本研修等具体项目锻炼培训团队，将"输血"与"造血"有机结合，培育了地方中小学（幼儿园）教师培训团队建设的内生动力。

## 三、辽宁中小学（幼儿园）教师培训团队建设存在的问题

### （一）相关政策呈现出僵化倾向，基层的能动性发挥不足

辽宁省中小学（幼儿园）教师培训团队建设政策偏重命令性工具和能力建设工具，这与中小学教师培训政策"国家主导、行政推动"的本质特征相一致。但同时，政策工具本身的失衡，使得强制性、命令性建设成为我省中小学教师培训团队建设政策的显著特点，这导致中小学教师培训团队建设过程中基层的能动性发挥不足，并呈现出一定的僵化特征，反过来又强化了政策命令性工具的使用，并使得政策内容趋向保守。

### （二）团队文化建设不够，团队的凝聚力有待进一步提升

辽宁省中小学教师培训本身具有的行政强制性特征，使得教师培训团队成员在凝聚力和形成合力方面大打折扣，在一定程度上影响了教师培训团队建设的成效。

调查结果显示，"参与积极性不高""能力有限""工作忙不过来"均为高频词，说明中小学教师培训团队在团队文化建设上有待加强。在团队成员参加培训进修机会上，有25.3%的成员平均在5年以上才有1次进修学习的机会；6.4%的成员平均10年及以上才有1次进修学习的机会。

### （三）受多种因素制约，培训目标与实际效果之间存在差距

现有政策对教师培训团队中省域外高水平专家和中小学教育教学一线优秀教师有比较明确的比例要求，旨在整合优势资源、组建多元化高水平的培

训团队，以满足参训教师多样化的学习需求。但是在实施教师培训项目过程中，受培训费用、地理空间、专家特长及日程安排等因素的制约，相关政策难以有效落地。在培训授课专家团队层面，学员对中小学一线名师和高校专家的需求与实际培训之间还存在不小的差距。培训方案与课程设置时常出现因人设课，出现"拼盘"式的课程，无法确保培训目标的实现。据调查数据显示，我省中小学（幼儿园）教师培训团队在实施培训项目时，遇到的困惑常常是"课程设计"。

## 四、辽宁中小学（幼儿园）教师培训团队的建设策略

面对新时代基础教育发展的新需求、新机遇、新挑战，中小学（幼儿园）教师培训团队建设应紧紧围绕培养党和人民满意的高素质专业化创新型中小学教师队伍这一目标，定位于服务教师的专业发展，并注重以下三个方面。

### （一）合理搭配政策工具，优化中小学教师培训团队建设政策结构

培训团队建设政策结构每种政策工具都有其自身的优势和不足，只有合理搭配不同的政策工具，进一步优化中小学教师培训团队建设政策结构，才能有效发挥各类工具的优势，弥补存在的不足，实现教师培训团队建设政策的效益最大化。

中小学（幼儿园）教师培训团队建设政策制定过程中应立足于培训团队建设的实际，合理搭配政策工具，进一步突出激励性工具、能力建设工具、系统变革工具和劝告性工具的积极作用，充分调动基层的主观能动性，最终实现中小学（幼儿园）教师培训团队建设政策的长效性和持续性。

### （二）进一步明确团队目标，塑造团队精神

教师培训团队目标是教师培训团队存在的理由，也是团队运作的核心动力，清晰的目标对团队建设具有重要的引领作用。我省中小学教师培训团队建设政策实施以来，"团队目标"政策内容的缺乏制约了政策的运行效果。

中小学教师培训团队建设的政策，应进一步明确团队目标，将建设"多元参与、职责明晰、上下互动、对接实践"的省内中小学教师培训共同体作为培训团队建设的目标，变松散的集合和临时的组合为牢固的共同体，充分调动各方的积极性，增强中小学（幼儿园）教师培训团队建设政策的凝聚力和向心力，塑造团队精神。

### （三）推动中小学（幼儿园）教师培训团队建设创新发展

政策制定与实施的关键在于因地因时制宜。一方面，省域中小学（幼儿园）培训团队建设中应给各市（县、区）留足政策空间，在相关师资配置、课程安排等环节实行弹性比例，由各区域根据实际情况合理制定本区域的标准，组建贴近教育发展水平实际和参训教师需求的教师培训团队，进一步提升政策的针对性和实效性。另一方面，面临数字化和智能化的时代特征，中小学教师培训团队建设应进一步加强与信息技术的深度融合，启动实施"互联网+教师教育"创新行动①，充分利用信息技术的优势，整合基础性、过程性及结果性数据，开展常态化中小学（幼儿园）教师培训团队质量监测和研究，推动中小学（幼儿园）教师培训团队质量不断提升。

## 第三节　区域中小学（幼儿园）教师
## 培训团队建设的实践

遴选骨干教师、学科带头人和优秀教研员组建省级中小学（幼儿园）培训者团队，提高组织实施分层分类培训的能力，为地区培养一支有格局、高素质、专业化的教师培训者团队，可以示范引领和辐射带动新时代中小学（幼儿园）教师培训的事业发展。本研究选取我省2个团队建设的案例，试图通过案例来展示教师培训团队建设中的成功经验，以期为其他中小学（幼儿园）教师培训团队建设提供一些启示。

---

① 陈安宁."国培计划"项目实施中存在的问题及对策[J].中小学教师培训，2015（7）：8-11.

**案例1：**

# 聚焦高效课堂改革　助力青年教师成长

## ——绥中县物理学科"三段八环"高效课堂教学模式培训

## 一、背景与问题

### （一）初中物理课堂教学的背景

《义务教育物理课程标准（2022年版）》指出：在义务教育阶段，物理课程不仅应该注重科学知识的传授和技能的训练，还应重视对学生终身学习愿望，科学探究能力、创新意识以及科学态度、科学精神的培养。由此不难看出，这一理念提出的目的是"改变过于注重知识传授的倾向，培养学生形成良好的思维习惯，主动探究的学习态度"。课程的基本理念又同时指出应以提高全体学生的科学素养为主要目标，全面提高学生的科学素质。注重科学探究，提倡学习方式多样化。其目的是让学生经历探究过程，学习科学研究方法，培养学生的探究精神。综上所述，让学生通过物理课堂养成良好的思维习惯，经历科学探究过程，保持探索科学的兴趣与热情，养成将科学服务于人类的使命感与责任感，这也是所有物理同人应该而且必须做到的。

### （二）当前初中物理教学存在的问题

物理学科是一门自然科学的带头学科。在应试教育大背景下，一些初中物理教师在教学中缺乏创新能力，一味地追求升学率。在教学过程中忽略物理学科的性质，只是单纯地将物理理论知识和物理公式灌输给学生，学生在没有理解的情况下死记硬背，在解决问题的时候只能生搬硬套，不能活学活用。

物理学科是一门需要动手操作的实践学科。大部分教师为了赶进度，省略掉学生动手操作的过程，有些物理公式是通过实验推导出来的。而教师直接告诉学生公式，会使学生失去学习物理的兴趣，让学生觉得学习物理是一件枯燥的事情，从而大大降低课堂效率。

初中物理教学中还普遍存在一个问题，忽视学生学习的主体地位，这样会导致学生缺乏自主学习的能力。学生对物理知识的学习仅仅停留在理论知识层面，对物理知识难以深入地理解以及熟练地掌握，这对初中物理教学的质量造成严重影响。

## （三）初中物理教学模式和教学方法创新的必要性

在初中物理教学过程中，发现问题是创新的出发点，也是解决问题的基础。教师在物理教学过程中要善于创新，改变以前死气沉沉的课堂氛围，为学生营造一个民主和谐、气氛活跃的课堂氛围。鼓励学生提出问题，充分发挥学生自主思考、自主学习的能力。课堂教学模式创新了，学生学习的积极性也会提高。教师应该充分调动初中学生自主学习的积极性，改变以前教师满堂灌的教学模式。只有在自主学习的模式下，初中学生的创造力以及想象力才有可能得到充分的发挥，才能形成初中学生自主学习的良好思维模式。因此，改变旧的教学模式，创新教学方法对初中生以后的学习有重要的影响。初中物理教学模式和教学方法的创新势在必行。

## （四）绥中县物理学科课堂教学的现状

绥中县城区与偏远山区，在教学水平、教学方式、教学手段、教学策略上与发达地区相比均存在着很大的差距，我们已经被一些发达地区远远地丢在后面。为了进一步缩小我们与发达地区的差距，缩小县域内城乡之间的差距，充分落实学生的主体地位，推进课堂教学改革，提高课堂教学效率，提升教学质量，根据物理学科的要求，结合全县物理学科教学的实际情况，借鉴其他省市课堂教学改革经验，我们计划用三年左右的时间在青年教师中推广"三段八环"这种高效课堂教学模式。三段分别是"课前预习—课内探究—课后延伸"三部分；八环节即"课前汇报—定向导学—自主学习—合作探究—展示交流—精讲点拨—答疑释惑—有效训练"。

## 二、问题解决思路

### (一) 问题解决的技术路线

为保证"三段八环"教学培训模式顺利进行,成立以教师进修学校物理教研员牵头,县市骨干教师为主的领导小组。城里中学和乡村中学,每个学校每个年级分别确定一个班级为研究实验班,为这种教学模式的推广提供参考数据。定期召开教学研讨会,针对在实践中发现的问题及时进行研讨、解决。定期地开展送教下乡活动,举行教师技能大赛。

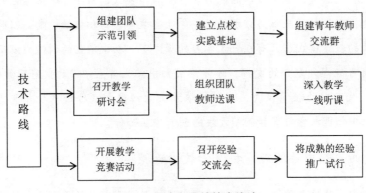

图7.6 解决问题的技术线路

### (二) 实施中关键问题的解决方案

#### 1.教师观念的转变

先从青年教师入手,"以新促老"。召开专门的会议,深入学习贯彻绥中县教育局教学工作会议精神,深化课程改革,提升教育质量,进一步打造"自主合作探究的课堂",探寻课堂教学模式的创新,提升初中物理教师课堂教学水平。让青年教师统一思想,提高认识,了解初中物理教学模式和教学方法创新的必要性。对高效课堂教学理念进行深入的解读。

#### 2.教师课前的准备工作

(1) 对导学案的设计进行专门的培训。

(2) 对"三段八环"教学模式的流程进行培训。

(3) 对每个环节的具体操作进行培训,给出具体的操作办法和建议。

（4）对学生小组的建设进行培训。

**3.教师课堂的实际操作**

（1）组建培训团队，对团队教师进行手把手的指导，直到他们走向成熟。

（2）由培训团队教师进行示范引领。

（3）开展送教下乡活动，以教促研，加快青年教师的成长。

（4）开展教学大赛，发现问题及时纠正。

（5）利用期初和期末视导检查，进行评估打分。

## （三）具体实施步骤

技术路线如下：

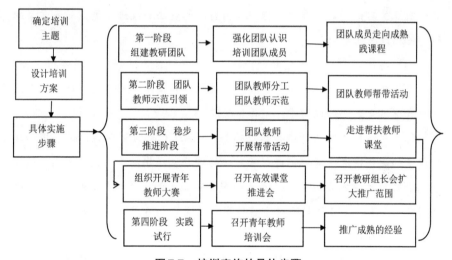

**图7.7　培训实施的具体步骤**

**1.组建培训团队，统一认识阶段**

这一阶段的主要目标是：培训团队教师统一思想，提高认识，剖析问题。根据绥中县物理课堂教学实际，结合外地先进经验，有针对性地反思目前存在的无效、低效教学现象，分析原因，寻找解决的对策和路径，确定创建高效课堂的策略。

从全县市、县骨干教师中，根据他们的自身优势，选出6名教师组成培训团队。组织培训团队教师认真学习相关的教育教学理念，认真研究高效课堂的共同特点，丰富理论储备，开展大讨论，统一思想，坚定信念，形成共识；要深入剖析现在课堂教学中存在的问题和产生问题的根源，以"小课题研究"的方式进行研讨；通过观摩优秀教师的课堂教学和学习外地教育教改经验，研究高效课堂的特征，确定提高课堂效率的途径和策略。

（1）召开培训团队会议。2016年3月中旬在绥中教师进修学校会议室，由县教师进修学校物理教研员介绍培训团队的工作任务、目的、理念，解读"三段八环"这种教学模式的意义、内涵、使用方法及注意事项。

（2）带领培训团队教师学习。2016年3月下旬，带领培训团队教师去利伟实验中学，学习"三段八环"的具体操作流程，听课、查看资料，与学校的领导、老师进行交流研讨，学习成熟的经验。

（3）培训团队教师率先垂范。2016年4月初，分别走进培训团队教师的课堂听课，对他们的实践课堂操作提出自己的看法和改进意见，对导学案的设计给出改进的意见。

（4）再次召开培训团队教师会议。4月中旬召开培训团队教师研讨会，针对他们对"三段八环"的理解和运用过程中的疑惑和出现的问题，以及这种模式中不当之处加以指导，完善和改进。

（5）对培训团队教师进行精准辅导。根据6位培训团队教师的表现和实际课堂的运用情况，对他们进行一对一的辅导。在导学案的设计方面，选择两位教师为主要辅导对象。在具体的课堂实施方面，选择3位教师为主要辅导对象。另外，有1位教师对于这种模式的理解和运用得比较好，选择对这位教师进行深度的辅导。

（6）对培训团队教师测评。2016年5月上旬再次走进他们的课堂，全方位对他们设计的导学案及课堂实施情况、学生小组表现情况、课堂教学效果进行测评，同时对学生进行问卷调查。

（7）召开培训团队教师经验交流会。2016年6月上旬，在绥中县教师进修学校召开了培训团队教师的经验交流会。经过两个月的教学实践，让他们谈一谈这种模式开展的关键所在及解决方案。培训团队教师上交材料，每位培训团队教师上交5篇教学案例、导学案和心得体会。对培训团队教师进行考核，根据培训团队教师的表现进行考核，成绩纳入以后的市、县骨干教师的考核。

经过半学期对培训团队教师的培训、监督、检查和管理，感觉培训团队教师已经对这种模式熟练掌握，于是我们的培训工作进入第二个阶段——培训团队教师的示范引领阶段。

**2.培训团队教师的示范引领阶段**

这一阶段的主要目标是：最大限度挖掘名师潜力，发挥名师在教师队伍中的传帮带作用、示范辐射作用。用他们优秀的教学业绩，扎实的教学作风、过硬的教学素质来感染、影响周边的人，引领学科师资队伍的整体提高。通过试点抓住重点问题和核心领域，选准突破口，组织观摩骨干教师及名师课堂，协作攻关，探索构建"三段八环"高效课堂的路径，力争在关键问题上取得成效，形成有效模式，为全面推进积累经验。

（1）培训团队教师明确任务分工

基于上半年每位培训团队教师的表现，根据他们所在学校和个人的实际情况，对培训团队教师进行了具体的分工。导学案的设计选择、"三段八环"的具体操作、"三段八环"课堂的展示分别选择两位教师负责。

（2）召开全县青年教师大会

2016年9月开学之初，在高台中学召开全县物理学科青年教师大会，由县教师进修学校教研员给大家分享高效课堂理念、课改的必要性以及物理学科的具体想法，解读"三段八环"这种高效课堂教学模式。选择一位教师做"密度的测量"示范课，选择高台中学的一位教师做"动态电路"的复习课，课后全体青年教师进行了交流研讨。

（3）组建青年教师交流群

2016年10月，为了青年教师更好地理解和运用这种模式，由培训团队的一位教师负责，组建青年教师交流群。把"三段八环"的相关内容、导学案设计方案、课堂实施的具体做法以及使用的注意事项、每个环节具体的操作步骤、如何组建学习小组等具体的内容发到群里供青年教师学习。

（4）培训团队教师"帮带"活动

培训团队教师与点校青年教师结对子，开展"帮带"活动。根据实际情况，我们把绥中县区划分为四片：城内中学、铁路沿线、北部山区和沿海地区。每片选择一个点校，采取培训团队教师就近的原则，每1～2位培训团队教师负责一个或两个点校，每位培训团队教师从点校中选择1-2位青年教师进行帮扶。每位培训团队教师负责相对点校的青年教师的培训工作，包括导学案的设计模式，"三段八环"的具体操作流程、办法、注意事项等相关内容。

（5）培训团队教师上观摩课

经过一段时间的学习，青年教师对于这种模式已经有了初步的印象和自己的一些操作办法。为了让他们更深入地理解和领会，于2016年10月，在利伟实验中学召开了物理学科研讨观摩会。课后，青年教师进行交流、研讨。

（6）培训团队教师上示范课

2016年12月在全县青年教师大赛表彰会上，由培训团队教师在沙河中学上了"功"这节示范课。2016年12月末，利用物理学科开展送教下乡活动，在荒地中学培训团队教师分别上了"质量"和"磁体磁现象"两节示范课。

（7）培训团队教师深入点校精准指导

2017年3月初，培训团队教师分别去自己的点校进行指导。

（8）培训团队教师汇报

2017年3月初，培训团队教师根据上一段时间的工作，总结出现的问题以及解决办法，布置下一阶段的工作任务。

（9）培训团队教师再次深入点校，进行面对面帮扶指导

对青年教师上好校内公开课进行辅导。被帮扶教师在学校上公开课，项目负责人全程参与每一节课，考察帮扶情况，指出改进意见。

（10）评估打分

帮助被帮扶教师上传"一师一优课"光盘，由项目负责人进行评估打分。

（11）召开培训团队教师经验交流会

2017年4月末，在绥中县教师进修学校召开培训团队教师经验交流会，每一位培训团队教师谈心得体会，分享经验，彼此进步，共同成长。项目负责人对团队教师的工作给予评价，指出不足之处及改进办法。

（12）召开培训团队教师的表彰大会

2017年7月，基于培训团队教师的表现对他们进行评估，对表现优异的教师授予"物理学科带头人"称号。

经过一年左右的培训团队教师示范、引领和辐射，被帮扶的青年教师得到了快速的成长进步，基本掌握了导学案的设计方法，"三段八环"的教学流程及具体操作办法，他们的教学成绩也显著提高，教师对高效课堂的理解更加深入。基于此，我们的培训工作顺利地进入了第三个阶段。

**3.稳步推进阶段**

在总结第二阶段经验的基础上，按照"示范引领、同伴互助、共同发展"的模式，在对试点校和班所形成的模式进行充分研讨交流、总结提炼的基础上，以点带面，稳步推进，逐步形成适合校情、具有特色的物理高效课堂教学模式，使每位青年教师明确高效课堂的特征与要求，实现教学方式的根本转变。以改造和优化模式为重点，加强教师、学生在模式实践应用中评价研究、集体备课及小组合作学习等情况的反馈和问题研究，定期督查、巡回指导模式实施。

采取请进来、走出去的方式，通过组织现场会、研讨会等形式，重点解决青年教师导学案的设计、教师集体备课质量、学生学习小组建设与教学质量效益等问题，尽快突破瓶颈，积极推广成功经验。

（1）深入点校开展帮扶

2017年9月至2017年12月，团队教师继续开展帮扶工作，深入点校，帮助青年教师上好校内公开课以及"一师一优课"。

（2）走进被帮扶教师的课堂

县教师进修学校的物理教研员利用开学视导检查之机，走进每位被帮扶的教师课堂，检验他们对这种模式的课堂实际运用情况，发现问题及时反馈给每一位团队教师。

（3）组织开展青年教师大赛

进行"三段八环高效课堂"课例研究及教学设计评比活动。2017年10月至11月，组织开展了青年教师大赛，评选出优秀青年教师，被帮扶的青年教师如雨后春笋般成长起来。2017年12月，在城九中学召开了青年教师表彰大会。一等奖获得者上了一节观摩课，城九中学的一位教师上了一节示范课。

（4）县教育局召开高效课堂推进会

在深入研究、积极实践、广泛交流、研讨总结的基础上召开了"三段八环高效课堂"研讨交流现场观摩及阶段性工作经验交流会。会上，培训团队的教师做了《电阻的测量》示范课，所有物理教师进行了交流研讨，绥中县教育局也召开了全县教育系统包括各校校长在内和主管教学的领导参加的课程改革的推进会。教育局党委又讲解了全县高效课堂的方案，并要求教研员结合自己学科的特点进行试行。

（5）召开中考备考会

2018年5月，在荒地中学利用备考会之机，培训团队的负责人讲了当前课改的形势以及物理学科的教学模式，并由培训团队成员上了两节示范课，结合示范课后的研讨，对这种模式加以推广。

（6）召开各校教研组长会议

2018年6月，召开了各校教研组长会议。会上，绥中县教师进修学校物理教研员讲解课改的必要性和学科的工作方案，布置相应的工作任务，由培训团队教师讲解具体的实施步骤。

（7）扩大推广范围

2018年6月，对培训团队成员再次进行分工；扩大他们的辐射范围，增加点校和帮扶教师的范围。

由于培训团队教师示范引领的辐射作用，使得培训项目进行得非常顺利，由此我们的"三段八环"教学模式进入实践试行阶段。

**4. 实践试行阶段**

教师要以"物理教学目标为中心，目标导学为核心，反馈矫正为手段，变式训练为主线，自主合作能力发展为主旨，先学后教为方法"的教学指导思想，为物理课堂教学提供全方位的服务。课堂从学生自主预习开始，经过自主学习、合作探究、反馈矫正，逐步实现课堂教学目标。教学中坚持先学后讲、三讲三不讲（即讲重点、讲难点、讲易错易混易漏知识点；学生已经会了的不讲；学生自己能学会的不讲；讲了学生仍然不会的不讲）的原则，课堂围着学生转，使学生成为课堂自主合作学习的真正主人。

经过两年的培训和小范围的实践，根据所取得的成效和总结的经验，2018年9月在全县青年教师中试行。

第一，召开青年教师培训会，将成熟的经验推广。在实践阶段明确给出

"三段八环"每个环节具体要求和操作建议，明确"三段八环"的课堂要求，教师和学生应做的准备工作。第二，每位青年教师上交教学设计和课堂实录。第三，利用期初视导之机，深入青年教师的课堂。

在2019年的期初和期末视导的过程中，培训团队成员将所有新上岗的12名物理教师的课都听了一次。2020年和2021年继续深入他们的课堂进行听课指导。

## 三、创新举措

### （一）发挥名师传帮带作用，打造优秀教师培训团队

最大限度挖掘名师潜力，发挥名师在教师队伍中的传帮带作用、示范辐射作用，我们在名师方面大作文章，实施多种措施，开展丰富多彩而具有特效的名师带动活动。

**1.成立名师讲师团——发挥名师的个人能力**

利用全县教研活动时间，每学期至少安排一次名师观摩课，开展课堂教学研讨，剖析课堂案例。使每一位教师近距离感受名师风采，零距离接受名师指导，开展好教学互动活动，提高教师整体教学水平。2018年10月，培训团队成员为全县教师讲授了精彩的物理观摩课，第一次把自己多年研究的教学成果——"三段八环"教学模式呈现给大家，此后在培训团队成员的带动下，"三段八环"教学法开始在全县推行，产生了良好的效果，不仅使物理课堂变得魅力无穷，而且还极大地提高了物理教学的效果，名师的辐射作用在不经意间发挥出来，教师的教学水平也在潜移默化中明显提升，学生听课的积极性也空前高涨起来。

**2.开展师徒结对活动——名师的个人创造力**

团队教师"帮带"青年教师，签订结对"帮带"协议。经青年教师和带教老师双向选择、考虑和协商，形成一致意见，制订三年带教计划。

通过名师对弟子的言传身教，可以手把手面对面及时地帮助及时指导，名师随堂听课，剖析课堂教学，优化教学设计，指出教学误区，传授教学智

慧，徒弟走进名师课堂，欣赏教学风采，领略教学水平，通过名师与徒弟之间交流与切磋，使得徒弟学有榜样，加快了教师的专业成长的进程。对名师来说，课堂教学智慧得到进一步挖掘，案例更加生动丰富。通过名师的悉心帮助与指导，一大批青年教师如雨后春笋迅速成长起来：自2016年到2021年年末，被帮带的青年教师在"一师一优课"活动中，有12名教师获得县优课，有5名老师获得市优课，有2名教师获得了省优课。经培训团队成员帮带的教师也快速地成长为学校的骨干教师以及物理学科的新秀，而培训团队成员更是在帮带的过程中获得了更好的成长。

## （二）加强对培训团队成员、骨干教师的培训与管理，使其发挥示范、引领作用

培训团队成员大多来自物理学科骨干教师。这些成员要在教学过程中，不断形成自己的教学风格和教学特色，充分发挥物理学科培训团队成员和各级骨干教师在教研教学中的示范、引领作用。要给培训团队成员和骨干教师以展示活动的舞台，以培训讲座、示范课等方式让其带动引领青年教师的成长。

一是鼓励其积极参加各种培训，珍惜各种学习机会，使各级骨干教师在原有的基础上不断提升自己、完善自己，形成自己的教学风格和教学特色。

二是要求骨干教师与普通教师结对子，开展"帮带"活动。各级骨干教师、教学名师每人学年内帮带两名青年教师。通过帮带活动，加强对教师薄弱群体的培训，使青年教师尽快胜任物理学科的教学工作。

三是要落实名师的"待遇"问题。可以在荣誉方面给予一定的倾斜，如评先、晋级、晋职等等，以鼓励他们更好地服务于区域内的教育教学工作。

**案例点评：**

在落实国家教育改革的新课程标准下，在推进素质教育的课程改革中，结合地区物理教育教学的实际情况，培训推广"三段八环"对构建高效课堂教学模式具有重要意义。

**1.创建"三段八环"高效课堂教学模式，有利于课程改革推进素质教育的开展**

从国家课程改革，推进素质教育以来，一切教育改革的重心在于提高课堂效率。"实现课堂教学高效率、高效果，使学生积极自主学习，身心健康发展，获得更多的成就感和幸福感"，是高效课堂的探索和实践的着力点。"三段八环"的教学模式真正地让学生成为课堂的主人，可以促进学生全面发展。

**2.构建"三段八环"高效课堂的教学模式，有利于推进教学方法和学习方式的转变**

先进的教育观念，要通过先进的教育方式体现出来，教育观念转变本身也要在教育方式中转变进行，二者相辅相成。高效课堂的探索与实践，不仅更新教师的教育观念，更改变着他们每天进行着的习以为常的教学方式、教学行为。教师的教学行为是学生学习方式转变的根源。在对待学生的学习上，教师要更加注重帮助与引导。在对待自我成长上，教师要更加注重自我反思。在对待与其他教育者的关系上，教师要更加注重合作。在高校课堂中，教师是学生学习的促进者，是教学活动的研究者。

**3.建立"三段八环"高效课堂教学模式有利于推进教师专业素质的发展**

实施高效课堂教学，需要教师有过硬的教学基本功和专业知识做支撑，作为教师个体，就必须要学习现代教育教学理论，掌握素质教育要求，把握新课程理念，提升理论水平。勇于将现代先进的教育理念实践于课堂教学，敢于创新，形成自己的高效的教学模式，提升教学能力。在实施的过程中，必将会对教师的专业发展起到很大的促进作用，这恰恰满足了教师专业发展的需要，也同时为广大教师开辟了施展才能、实现抱负的广阔前景。

**4.建立"三段八环"高效课堂教学模式有利于区域物理课堂教学的发展**

鉴于各地物理教学面临的地区差距和城乡差距，推进课堂教学改革，全力提升教学质量，推进素质教育势在必行。而"三段八环"高效课堂的教学模式，可有效地改变教师的教育教学观念、调整课堂教学面貌，提高课堂教学效率，缩小城乡差距，使物理教育教学展现一番新景象！

（案例负责人杨宝娣，案例完成者明晶、邢伟、张建、杨柳、杨程程、骆红艳）

案例 2：

# 整合名优教师资源　打造精英培训团队

## 一、背景与问题

建设高素质专业化教师队伍，必须打造一支高水平的培训团队。近年来，国家、省、市出台一系列文件，将教师队伍建设提升到前所未有的高度，对培训团队和教研队伍建设也作出明确要求。《辽宁省中小学教师素质提升三年行动计划（2018—2020）》也指出，接受高质量的培训是广大教师专业发展的迫切需求，也是提高教学质量的保证。各市要加强各级中小学名师工作室的建设，发挥名师工作室及名优教师在全省教育教学工作中的引领、辐射、示范和带动作用。

抚顺市市级培训团队主要以中小学各学科研训教师为主，兼职研训教师为辅，中心组成员为补充，其中市级研训教师 39 人、兼职研训教师 149 人、中心组成员 532 人。这支专兼结合的培训团队组织开展的培训工作提升了受训教师的综合素质和专业能力，推进了教育教学改革，对提高教育质量起到了积极的促进作用。但同时也存在一些需要改进和解决的问题，如培训实践性不强、培训方式单一、培训模式灵活性不够、评价机制不健全等，其中一个突出的问题是培训团队整体水平不高，未能形成精英培训团队，未能达到理想的培训效果。因此，整合名优教师资源、打造精英培训团队成为抚顺市"十三五"培训团队建设的一项重要举措。

## 二、问题的解决思路

抚顺市教育局、抚顺市教师进修学院以抓自身队伍建设为突破口，着力从政策牵动（Policy influence）、项目拉动（Project pull）、任务驱动（Task driven）、课题推动（Topic promotion）、文化促动（Cultural promotion）五个方面整合名优教师资源，历时五年，打造精英培训团队，走出了一条"强团队、凝核心、促发展"的特色之路。

**图7.8　五方联动，打造精英培训团队**

## （一）政策牵动

根据国家、省文件精神，结合本地实际，抚顺市教育局联合抚顺市教师进修学院制定了《抚顺市教育系统干部教师培训工作"十三五"规划》，拟在5年之内分两期培养培训40名教学名师、100名学科带头人、100名学科教学新秀，以打造境界高远、师德高尚、能力高强、学识高深、言行高雅的名优教师为目标，整合资源，全力打造一支高素质的精英培训团队。继而，相继出台《抚顺市中小学"教学名师"选拔培养工程实施方案》《抚顺市中小学"学科带头人"选拔培养工程方案》《抚顺市中小学"学科教学新秀"选拔培养工程方案》，为抚顺市名优教师培养指明了方向，为名优教师资源的整合凝聚了力量。

### 1.立足本市发展，建设专业梯队

面对新形势，如何提高教师培训软实力，走上励精图治、薪火相传、赓续奋斗之路？经过认真研究，形成了抚顺市名优教师梯队建设新思路。

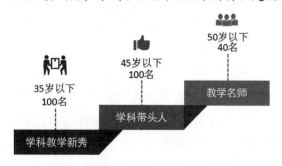

**图7.9　三级梯度，分层培养名优教师**

### 2.整合资源配置，建立保障机制

积极推进教师培训机构与教研、科研、电教的资源整合，增强培训组织策划指导引领能力。培训团队中的教师既是受训对象，也是未来发挥示范引领作用的培训者。角色的转换，促使其迅速将培训成果进行转化，乐于分享，形成常态化的研训一体机制。各部门联合发力，真正做到了培训学习专业化、团队教研规范化、科学研究常态化、教育技术推广化。

图7.10　一整合

为了确保方案的有效实施，切实做到"两个保障"。第一，政策实施到位。培训团队教师参加异地高级研修往返交通费由所在学校负责，培训费、住宿费、资料费、研修地交通费等由市教育局统一支付。培训团队教师担任的培训任务计入其教学工作量，纳入年度考核。第二，团队管理到位。制定异地研修学员手册，出台管理章程，下发认定、考核、评估办法等，明确职责，充分调动名优教师培训学习与指导引领的积极性。

图7.11　两保障

### 3.抓好"三个融合"，确保"四个优先"

抚顺市的培训团队成员绝大部分是名优教师、名师工作室成员，他们担负着学科送教培训指导和结对帮扶的责任。因此，对于他们的考核要做到：将名优教师的考核与名师工作室目标管理考核融合，将名优教师的考核与学科送教培训指导成效融合，将名优教师的考核与乡村导师团活动的开展融合。通过融合，明确职责，增强名优教师在培训团队中的责任意识和担当精神。

对于能够承担培训任务的名优教师，坚决做到四个优先：优先遴选参加异地高级研修班学习，优先遴选担任培训授课教师，优先申报荣誉，优先选拔成为兼职研训教师和中心组成员。

**图7.12　三个融合**

## （二）项目拉动

"他山之石，可以攻玉"，抚顺市坚持培训走出去，经验引进来战略，联合培训机构分层次、分批次组织名优教师赴北京、浙江、重庆、上海、南京、西安等教育发达地区参加异地高级研修学习。异地高级研修项目的实施，促使名优教师感受最前沿的教学理念，拓展了教学、培训的视野。学中研、研中思，从而获得行为上的改进，进而打造精英培训团队，振兴抚顺教育。

### 1.精心设置培训课程

根据本地教育教学现状及名优教师需求，委托培训机构设置培训课程，市教育局和学院严格把关，确保培训主题适应抚顺市教育教学、培训工作的迫切需求。在课程设置时，尤为注重开班仪式和结业式的举行，带队领导的讲话，既是提要求，给任务，更是仪式感的体现，在隆重的仪式中，让教师产生高度的责任感和使命感，珍惜机会，凝心聚力。精选教育发达地区教育专家、名校长、名师工作室主持人等为授课教师，通过近距离研讨、交流、求教，学习名家教育教学经验的同时，内化于心，外化于行，达到提升自我的目的。去名校参观考察，深入名校名师课堂，感受浓浓的育人氛围，对标名师课堂展示效果，在培训中反思，在反思中成长。在分组交流研讨和自由研讨中，化被动学习为主动探索。在提升名优教师素质同时，更增强了凝聚力。

**2.注重培训成果提炼**

培训结束后，盯紧培训成果的转化，督促参训教师复盘，撰写心得体会和培训反思，促使培训效益最大化。名优教师通过异地研修，思想碰撞产生火花，理念荡涤助推升华，方法雕凿进行优化，进而浓缩成思想、理论与方法的结晶，汇聚成《异地研修文集——成长的足迹》。文集作为抚顺新任教师培训、骨干教师研修以及全员培训等的重要书目，使教师从中汲取营养，引发思考，感悟真谛，找到方向，并追随优秀教师的成长足迹共同成长。

### （三）任务驱动

根据马斯洛自我实现需求理论，最有效的驱动方式就是让人从事有挑战性的工作。给名优教师分派任务，让名优教师担任培训活动的负责人，通过任务实施，激发教师个人内驱力，使教师的胜任感和成就感得到最大限度的满足，从而驱动名优教师综合素质得到较快提升。名优教师资源得到迅速整合，精英培训团队雏形初现。

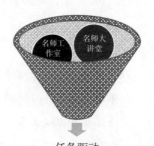

图7.13　任务驱动示意图

依托名师工作室，驱动名优教师资源整合。通过一段时间的培养，从市名师中分两批遴选出18名主持人，从名优教师中遴选出成员若干，成立了18个名师工作室。出台《抚顺市名师工作室管理章程》（抚教发〔2017〕50

号），规定名师工作室的定位、组建、管理、保障措施和考核办法等。明确任务：主持人负责制，在研训教师的指导下，自主开展研训活动。名师工作室自主开展了名家讲座、经验交流、课堂教学研究、观摩研讨、送教送训等活动，既实现了引领、示范作用，又有效提升自身培训能力，驱动了名优教师资源的整合。

以名师大讲堂活动为载体，驱动精英培训团队打造。整合抚顺市现有名师资源，以省名师为引领，市名师为支撑，在市研训教师的指导下，开展名师大讲堂活动，切实提高教学名师的教育实践和培训能力。明确任务：围绕中小学课堂教育教学、新课程改革、中高考改革、教师专业成长等专题自主开展。8位省名师带领相关学科的市名优教师开展了7场大讲堂活动，活动组织、管理、实施中驱动了精英培训团队的打造。

名师工作室建设、名师大讲堂活动以外，还要注重在其他培训活动中整合资源，打造培训团队。如骨干教师线上培训项目，由市学院电教部牵头，整合教育技术学科名优教师组成项目组，以研训教师为导师，指导项目组实施培训项目。教育技术名师主讲的"一体机的使用与教学探索"课程影响深远，既提升了骨干教师教育教学中一体机的使用效率，也为本地积累了教学资源，更提高了项目组成员的凝聚力，为名优教师资源的整合，精英团队的打造提供了范式。

自主开展的培训活动，实施过程要求完整，包括培训需求调查、培训内容设计、培训教师组织、培训活动实施、培训过程反馈、培训总结反思、培训效果跟踪等环节。这样，将原来由培训部门负责的任务下放到名优教师手中，真正做到担子上肩。这就要求活动的负责人进行较为深入的研究和精心的准备，这种做法极大地促进了名优教师整体素质的提升。活动负责教师每完成一次培训任务，对培训活动的研究能力大大提高，对培训课程的设置更加合理，对培训科学化管理水平明显提升，在培训活动实施过程中得到了真正的锻炼，自身成长和进步显著，成为能够独当一面的精英。角色的转换，促使名优教师成为示范引领者，为抚顺的教师队伍建设和教育培训事业贡献力量。

（四）课题推动

苏联教育家苏霍姆林斯基曾说过，如果你想让教师的劳动能够给教师带来乐趣，使天天上课不至于变成一种单调乏味的义务，那你就应该引导每一位教师走上从事研究的这条幸福的道路上来。

对名师的要求：围绕本专业，参与省级以上教育科研课题研究或主持市级教育科研课题研究。培养周期结束前，凸显研究成果，鼓励推广科研成果，提升影响力。

对学科带头人的要求：结合学科教育教学的热点、难点问题以立项课题研究为抓手，开展教育科研课题研究，并在培养周期结束前，取得研究成果，获得课题结题证书。

对学科教学新秀的要求：主持1项县（区）级或参与1项市级以上教育科研课题研究，培养周期结束前，提交结题证书或研究成果材料。

抚顺市教育科学规划领导小组下发《关于申报抚顺市教育科学"十三五"规划2017年度中小学教学名师、学科带头人和学科教学新秀培养工程专项课题的通知》（抚教科规字〔2017〕4号），设立专项课题。经本人申报、各县（区）和基层学校推荐，共申报课题178项，经专家组匿名评审132项课题成功立项。抚顺市对专项课题研究的总体要求是名优教师全员参与，大手笔投入，高质量结题。以课题主持人所在学校为实验基地，课题组深入课堂，在专家的引领下指导、参与教学，每个月至少进行一次交流研讨，要求主持人每次深入课堂都要有研究预案和总结反思。在课题研究过程中，全程督导，聘请专家进行专业指导。听取开题汇报，指导课题实施；进行中期检查，督导研究过程；进行结题前指导，保证课题顺利结题，并产生可推广的成果。在严格的监管和精心的指导下，130项课题成功结题。

课题申报 178项
课题立项 132项
课题结题 130项

图7.14 课题开展情况

经过2～3年的课题研究，名优教师积累了大量的教学案例，总结了丰富的研究经验，掌握了先进的理论知识。在教学中研究，在实践中探索，在研究探索中成长。课题研究成为名优教师专业成长、精英培训团队内涵发展的助推器，带动了教师整体教育科研水平跨越式发展。

## （五）文化促动

集体的智力财富源于教师的自我阅读，真正优秀的教师必是读书的爱好者。抚顺市十分重视名优教师的读书和学习，用读书建设精英培训团队，营造书香氛围。下发阅读书目，为名师工作室提供资金用于订阅学术期刊，鼓励名优教师读书。同时，规定每位教师每月至少读一本新书，并撰写不少于500字的读书笔记。定期举办读书沙龙，交流分享读书心得。真正做到静下心来读书，沉下心来做事。

经过5年的实践探索，抚顺市通过五方联动，梯级培养出一批名优教师，将名优教师资源进行整合，破解了教师培训团队建设的难题，打造出一支精英培训团队，为"十四五"教师培训积累了宝贵经验，储备了坚实力量。

## 三、创新举措

### （一）任务驱动，加快名优教师角色转换

推进抚顺市市级名师工作室、乡村导师团等的规范化建设，要求做到有场地、有设施、有资金、有制度、有团队、有成果，每个工作室必须与一所师资力量薄弱的乡村学校结对，每年至少进行一次送教活动；乡村导师团队联合各县区每年至少进行两次送教、送训活动。据统计，5年间，名师工作室开展活动180余次，乡村导师团队送教、送训50余次。同时，组织安排相关学校领导、村小优秀青年教师入驻结对学校，提升教育教学管理及能力，为抚顺市教育均衡发展赋能。以任务为驱动，完成了名优教师由受训教师到培训者的角色转换。

### （二）凝聚团队，加速名优教师资源整合

组织开展"名师大讲堂"活动，不断完善精英培训团队创新体系，提高

自主创新和学科培训能力。以省名师为"大讲堂"组长，学科研训教师为指导，凝聚师德高尚、业务精湛、具有培训组织管理经验的市名优教师，组建团队，引领培训工作的开展。团队组建后，进行训前调研、培训过程的设计与实施，组织团队成员精准施训。在团队组建和活动方案设计与实施过程中，加速了名优教师资源的整合。

### （三）奖励机制，加强培训团队动力

局、院联合，协调名优教师所在学校，搭建平台、推介成果，并将其现实表现作为评优、评先等方面的重要考核指标。为名师工作室授牌，对培训团队成员活动实施情况进行阶段性考评，考核结果为"优秀"的予以表彰和奖励。努力激发名优教师身担重任、锐意创新的积极性和主动性。

通过以上三个举措，有效整合了名优教师资源，真正实现了：

第一，留下一支带不走的培训队伍。在项目实施过程中要求名优教师特别是教学名师明确自己的定位，为他们全面提升自身教育教学能力和培训指导能力提供支持，努力打造一支"用得上、干得好"的精英培训团队。许多教学名师成为名师工作室主持人，在引领名师工作室成员研修的同时也不断提升了自我。据不完全统计，借名师工作室的东风，抚顺市受益学校30余所，受益教师2000余人。

第二，积累一批留得下的地方资源。以"名师大讲堂"为任务核心的线上线下研修，做到资源聚拢、成果深挖、合作共享。通过线上研修引领，线下跟进指导，积累生成一批优质的地方课程资源，切实提升了教师的教育教学应用能力。

**案例点评：**

抚顺市"精英培训团队的打造"是在反复实践、总结和升华过程中，创造性地应用教师培训理论知识及现代研究成果，构建成独特的框架，展示出自身的特色，具有一定的推广价值。

1.大处着眼，小处入手，既纵观全局，又细致入微。抚顺市着眼于建设和培养一流校长、一流教师、一流学生、一流学校。培养一流教师，培训者培训必须先行。从整合名优教师资源入手，全力打造一支适宜本土的精英培

训团队，成长一批本地教育教学专家。进一步深化课程改革，更新教育教学理念，充分发挥本地教育教学专家引领辐射作用，进一步提升教师队伍整体素质，为培养一流教师打下坚实基础。

2.破解了当前教师培训普遍存在的难题。抚顺市精英培训团队建设项目由抚顺市教育局、抚顺市教师进修学院联合打造，全市统筹，一体设计，协同创新，融合推进。将"名师工作室""乡村导师团""名师大讲堂"等项目融为一体，在一定程度上实现了"减负增效"，实现了培训效益的最大化，集中力量培养出地方精英培训团队，使教师培训成果真正落地。

(案例负责人王东，案例完成者朱国武、吴惠芳、迟永传、刘昱、李琦、杨峥嵘)

## 第四节 区域中小学（幼儿园）教师培训
## 团队建设未来发展的重点

未来5~10年间，辽宁省中小学（幼儿园）教师培训工作要在"持续提升教师培训质量""不断完善教师培训机制""健全教师发展支持服务体系"方面下功夫、见真章、求实效。

### 一、持续提升教师培训质量

强化分层分类，精准实施五年一周期的"省培计划"，辐射带动市、县、校级教师培训，实现教师培训全覆盖。以提升教师思想政治素质、师德师风水平和教育教学能力为重点，科学设计培训项目，落实教师培训课程指导标准，突出教师核心素养培养，全面提高教师培训质量。增强教师利用信息技术改进教育教学的意识，提升教师信息技术应用能力。重点支持乡村校长教师培训，深入实施名师和领航校长帮扶计划，实现优秀师资的"传帮带"效应。加强教师培训者队伍专业化建设，全面推进教师培训提质增效。

## 二、不断完善教师培训机制

推进教师常态化学习，开展线下集中培训、在线培训、校本研修融合的混合式培训，推动教师培训整校研修模式改革。探索教师自主发展机制，建设教师自主选学服务平台，持续开发、遴选教师培训精品资源，实现优质培训资源全面覆盖、全体共享。完善学分认定登记制度，加强培训学分银行建设。推动人工智能与教师培训融合，探索"智能+教师培训"，实施智能化、个性化、交互性、伴随性培训，建立基于大数据的教师专业发展评估和培训综合评价机制，推动人工智能支持教师终身学习、持续发展。

## 三、健全教师发展支持服务体系

打造高水平教师培训机构，以省市县教师发展机构为主体，高水平大学、专业机构、优质中小学幼儿园共同参与，建设一批专业、引领、创新型培训机构。建强专业化教师培训队伍，加大培训者、管理者培训力度，针对性地遴选一批名师、学科带头人、教研骨干等作为教师培训储备力量进行培养，重点加强培训方向方法引领，持续培育省、市、县三级培训专家库。

# 第八章　区域中小学（幼儿园）教师培训的体系建设

作为中小学（幼儿园）教师专业发展的重要平台与载体，中小学（幼儿园）教师职后培训与职前培养具有同等重要的地位。教师培训体系建设应与教师培养体系有效衔接，构成一个系统化与一体化的教师教育工程。系统化是指培训要遵循中小学教师能力成长规律去规划教师专业发展路径，通过建立与健全教师培养培训体系体制机制，使中小学教师的职业能力与素质符合教师专业化标准。一体化是指将培养与培训视为教师专业发展的必不可少的阶段进行整体规划，两者缺一不可。不同的是，职前培养侧重在教育学理论、专业基础知识、专业及教育教学基本技能等领域培养师范生扎实的专业基础能力，为从事教育工作奠定坚实基础。职后培训则根据当前基础教育发展需求，向中小学（幼儿园）教师提供先进的教育理念、教育理论、教学方法，促进中小学（幼儿园）教师专业能力提升，为中小学（幼儿园）教师职业生涯可持续发展提供动力与支持。

## 第一节　区域中小学（幼儿园）教师培训体系建设概论

### 一、相关概念界定及内涵诠释

#### （一）概念界定

在这里，我们首先要明确几个关键性的概念：培训、体系、培训体系以及教师培训体系。

培训是指通过培养加训练使受训者掌握某种技能的方式。培训是给有经验或无经验的受训者传授其完成某种行为必需的思维认知、基本知识和技能的过程。

体系泛指一定范围内或同类事物按照一定的秩序和内部联系组合而成的整体，是由不同要素所组成的系统，也可指若干相关事物或某些意识相互联系、相互制约而构成的一个具有特定功能的有机整体①。

培训体系是指在以某一核心目标驱动下，对培训三要素（讲师、学员、课程）进行合理、有计划、有系统的安排而形成的、具有动态平衡属性的有机整体。

教师培训体系是体系范畴中的特定类型，所要达到的核心目标就是促进教师专业发展。

（二）内涵诠释

目前，针对培训体系内涵的研究有很多，大家的观点都各有侧重，但一般都存在着定义混乱且标准不一的问题。这些观点中既有部分学者认为培训体系就是指从培训需求调查、培训方案策划、培训实施到绩效评估的整个过程；也有部分学者认为培训体系是以需求调查、课程设置、讲师选择以及课程评估等一系列管理过程为主，辅以培训场地、设施设备以及培训机构等支持要素所构成的一个工作模式。然而，这两种观点严格意义来讲，都一定程度上割裂了培训体系所阐述的有机整体的内涵，存在着以偏概全的观点。

培训体系应是一个相互联系、相互制约的有机整体。我们认为，一个完整的培训体系至少应包含四个子体系（如图8.1）：培训目标体系、培训组织体系、培训管理体系和培训支持体系。

---

① 申文缙.教师专业发展视域下德国职教师资培训体系研究[D].天津：天津大学，2017.

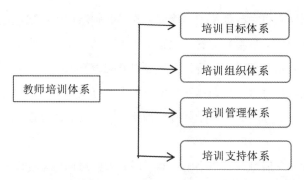

**图8.1 中小学（幼儿园）教师培训体系构成**

培训目标体系确定了培训的起点与终点，是培训的最终目的和预期成果，以及所产生的社会效力；培训组织体系是整个培训的基础所在，包括确立培训组织机构、设计组织流程、明确职责分工和制定工作机制等；培训管理体系是指从培训需求分析到项目设计，再到项目实施，最后进行绩效评估的整个流程；培训支持体系一般是指能确保培训工作长期有效运行的质量评价、制度建设、师资保障、成本投入等等。以上四个子体系缺一不可，四个子体系间既相互独立，自成体系，又相互支持、密切联系，构成一个完整的有机整体[①]。

在我省中小学（幼儿园）教师培训体系建设过程中，应将培训体系视为一个不断变化发展的有机系统，全面考虑子体系间的联系与区别，不断强化与提升培训主体在系统构建中的核心作用，不断审视与完善各子体系的作用与成效，以期实现培训体系整体结构与功能的最优化。

## 二、教师培训体系建设目标与建设重点

### （一）建设目标

教师培训是提升教师专业素养的基本途径，是建设高质量专业化创新型教师队伍、推动教育高质量发展的重要保障。因此，提升教师培训质量、优

---

① 申文缙.教师专业发展视域下德国职教师资培训体系研究[D].天津：天津大学，2017.

化教师培训体制机制、创新教师培训模式是教师培训体系建设过程中一定要深入思考的问题。从本质上看，我省中小学（幼儿园）教师培训体系建设所追求的目标就是外部政治经济社会环境对基础教育教师培训体系发展的客观需求，是基础教育教师培训体系发展所指向的终点。因此，树立科学的教师培训体系建设目标对我省基础教育教师培训事业发展能够起到重要的引导与指示功能。

教师专业发展是我省中小学（幼儿园）教师培训体系建设要实现的直接性目标，也是最为核心的目标。我们应始终牢固树立以满足教师专业发展需求为中心的培训观，在系统分析教师已有专业能力与专业素质结构基础上有针对性地构建培训系统、科学有效地组织与实施培训活动，从而使教师培训工作真正能够有的放矢。而教师培训体系建设的最终目标是保障与提升基础教育教学质量。教师专业化是提高教师素质和教育质量，促进教育改革创新的必由之路，教师专业化程度直接决定与影响着基础教育教学质量，而科学目标指导下的教师培训能够有效提高教师专业化水平，从而不断满足社会发展需求。

## （二）建设重点

我们在培训体系建设过程中，要时刻关注培训体系是一个有机整体，要把培训体系看作是一个不断变化发展的有机系统。要注重子体系间的联系，要关注他们之间的区别，更要充分发挥各子体系的作用，以期建设一个相对完善的培训体系框架，从而达到最终的培训效果和目的。

培训体系所包含的培训目标体系、培训组织体系、培训管理体系和培训支持体系的这四个子体系之间是互为关联又互为不同的，培训目标体系着重强调目标的达成，以及为实现目标所开展的一系列的活动，是培训的最终指向；培训目标是否达成，或是达成度有多少，是检验培训是否有效的最为直接的判定，因此培训目标的设定的范围、培训目标的关注点等是建立培训目标体系所要更为着重侧重的方面。

培训组织体系、培训管理体系以及培训支持体系是通过沟通与合作机制、评价与反馈机制等去实现培训目标的手段或方法。培训目标已确立，如何组织培训，如何进行培训管理，以及如何评价反馈，这一系列的工作都是培训过程中所必要的环节，只有目标，没有支撑目标达成的手段或方法，目标也是没有办法达成的。反之，如果没有目标，只有手段或方法，再好的手段或方法也是无的放矢。

因此，在培训体系建设过程中，四个子体系不能孤立存在，他们彼此间是相辅相依的，脱离了任何一个子体系，他们之间的平衡就会被打破，致使培训体系的建设也只能是徒劳无功。

## 第二节　区域中小学（幼儿园）教师培训体系建设中存在的主要问题及破解路径

### 一、主要问题

经过多年的发展，辽宁省已初步建立了以省、市、县（市、区）以及校本培训为载体，集前期调研、项目设计、管理实施、绩效评价功能为一体的较为系统完备的中小学（幼儿园）教师培训体系。目前，教师培训体系整体建设情况处于平稳有序状态，各级培训工作皆有序有效开展。然而教师培训工作质量在很大程度上还不能满足教师专业发展需求，教师培训体系建设还存在着诸多须解决的问题。

中小学（幼儿园）教师培训体系存在问题的突出表现在以下四个方面：

#### （一）培训管理体制机制仍不健全

辽宁省中小学（幼儿园）教师培训管理办法、中小学（幼儿园）教师专业发展培训学分制管理办法、中小学（幼儿园）教师专业发展校本研修工作指导意见、中小学（幼儿园）教师培训经费管理办法等一系列省级指导性文件正在加紧研制过程中，但还未出台，缺少省级层面纲领性文件的指导，各级教师培训工作的开展无章可循、无据可依。这导致出现诸如培训过程监管不到位、培训经费使用混乱、培训学分认定不明确等一系列现象。

## （二）课程体系建设不够完备

辽宁省还未建立完善的课程体系标准，培训课程的设置仍是单打独斗，没有统一的课程体系框架支撑，致使培训的课程逻辑或是课程结构有待进一步的商榷，从而导致培训不能达到预期效果，也不能满足教师的实际需求。

## （三）专家团队建设不够完善

专家库的建设是教师培训质量的一个重要保障。目前，辽宁省还没有比较系统的中小学（幼儿园）省培专家库，没有组建高水平的中小学（幼儿园）培训专家团队，致使培训时不能很好地利用专家资源，各自为战，很大程度上影响了培训效果。

## （四）培训评估体系不够健全

目前，培训效果的评估多数还只停留在学习者对培训感性满意度层面的评估，而对学到的知识、技能和态度的评估，认识的形成和工作行为的改进，以及由培训形成的结果等方面关注得还不够，培训管理者和培训讲师在培训任务结束后，鲜少关注受训者在培训之后的工作状态以及专业能力的提升，没有完善的评估体系来对受训者的行为改变进行归纳和总结，很难提升培训的有效性和促进培训工作的改进。

## 二、破解路径

目前，辽宁省中小学（幼儿园）教师培训体系建设中存在的诸多问题，严重制约着我省教师培训工作的健康、良性发展。如何克服培训体系这种无序障碍，使体系向着结构更加有序、系统效能更加优化的方向发展，是我省中小学（幼儿园）教师培训领域亟待解决的难题。

## （一）以"问题解决"为导向，健全体制机制

管理制度是管理的基础，是实现管理目标的重要手段。健全的管理制度可以让管理更加有序、有效，确保管理的质量和效果。完善及优化我省中小

学（幼儿园）教师培训体系建设的体制与机制是我省教师培训事业可持续发展的根本保障，也是当前亟待解决的重要问题。体制机制建设不是一蹴而就的工作，要经过长期的情况调研与实证分析才能制定出具有一定效力的规章制度。

今后一段时间，省级层面要尽快制定并出台培训项目管理办法、培训过程管理办法等一系列相关指导性文件，确保全省培训工作有章可循、有据可依。

### （二）以"目标驱动"为导向，完善课程建设

中小学（幼儿园）教师培训课程体系建设是中小学（幼儿园）教师培训发展的核心，是推进教师培训有效开展的重要载体，也是确保教师培训科学发展的基础。教师培训课程设计应更多地基于自下而上的需求，而不是自上而下的"设计"。要建设一套完整的课程体系需充分考虑三个方面：一是以促进教师专业发展为根本，以促进学生全面发展为终极目标；二是以基于并引领教师专业发展需求为核心内容，以提高教师实践能力为核心取向；三是以激发教师专业自主、提高终身学习力为基本着力点。

培训课程的设计既要满足教师现实需要，同时也要未雨绸缪。在基于教师现有需求的情况下，还应站在促进教师可持续发展的高度不断引领教师的内在需求，不断激发教师的内生动力。

### （三）以"顶层设计"为导向，建立专家团队

加强中小学（幼儿园）教师培训者队伍建设，有效整合省内外培训专家资源，从而切实提升培训项目的质量和实效，不断提升教师专业化水平，促进中小学（幼儿园）教师专业发展。一个培训项目的有效实施离不开专家团队的智力支持。设立首席专家，组建高水平的培训团队，通过专家团队合作设计培训方案，可确保培训的针对性；通过专家团队集体备课，可确保培训活动的实效性；通过专家团队协作组织培训，可确保培训活动的有序性；通过专家团队参与评估与反馈，提升培训的专业化水平[①]。

应建立首席专家负责制，充分发挥首席专家的智库作用，为培训有效开

---

① 吕世虎.国培计划项目实施中培训专家团队的建设及其作用的发挥[J].中小学教师培训，2011（8）：9-10.

展提供必需的智力支持和保障。首席专家可结合自身教育教学研究成果及经验做好培训项层设计，同时也可以对学员返岗后的表现、其在学校作用的发挥等全程跟踪研究，进行持续的跟踪指导。

同时，在专家库建设过程中，还要建立专家库人选管理机制，严格人选准入，统一选拔认定人选。加大专家库人选培育力度，强化激励制约，细化绩效考核，实行动态调整，为我省中小学（幼儿园）教师培训的有效开展打造一支专业素质过硬的专家队伍。

### （四）以"绩效支持"为导向，做好多维评价

绩效评价是教师培训工作中不可或缺的一个重要环节。开展绩效评价可以检验教师培训工作的有效性。通过绩效评价，参训教师会更清楚培训预期的结果，能够进一步督促他们的学习活动，让他们清楚自己的差距；通过绩效评价，培训教师可以改进他们的教学方法，提升教学效果；通过绩效评价，培训组织管理者可以改进他们的管理方法，确保下一次培训更好地开展。

高质量的绩效评价要充分考虑以下几个方面：一是培训基础评价。培训基础评价主要是对培训的总体准备情况（包括培训环境、师资等）所开展的评价。通过培训基础评价可最大限度地保证培训的预期效果。在整个评价过程中，重点关注的是培训组织方的培训保障工作。二是培训实施评价。培训实施评价是对培训者的培训过程进行全方位评价。科学合理的评价可促进整个培训环节的顺利实施，并能最大程度地帮助培训者动态调整培训内容和培训方式。三是培训结果评价。培训结果评价是对培训的目的是否有效达成所进行的评价。对培训结果的评价可从情感角度、知识角度、行为角度等方面调查参训者的总体满意度，从而衡量培训是否具备有效性。四是培训迁移评价。培训迁移评价是对受训者是否将培训所学知识和技能有效地、持续地运用于工作之中的一种评价。培训是否达到有效的迁移，需要培训者在培训结束后一段时间内针对受训教师的成果转化、工作开展情况等展开调查，对调查结果进行汇总分析，通过反思和总结，为后续的培训提供有力的参考①。

---

① 丛艳丽.促进中国高校教师高质量发展的培训体系优化[J].继续教育研究，2023（3）：67-72.

## 第三节　区域中小学（幼儿园）教师培训
## 体系建设的实践

我们精选了两个优秀培训案例作为我省区域中小学（幼儿园）教师培训体系建设实践的代表，两个培训案例在2022年中小学（幼儿园）教师培训项目优秀案例评选中分获特等奖和一等奖，其中，《基于"1+3+X"模型的辽宁省乡村教师培训全链条研究与实践》获特等奖，《西藏教师内地培训专业化管理模式研究》获一等奖。

**案例1：**
## 基于"1+3+X"模型的辽宁省乡村教师
## 培训全链条研究与实践

### 一、背景与问题

（一）辽宁省乡村教师培训项目背景

#### 1.国家乡村教师专业发展支持服务体系政策演进

乡村教师是乡村文化的传承者，是办好乡村教育的基础支撑，也是乡村教育振兴的重要促进者。2011年，教育部印发《关于大力加强中小学教师培训工作的意见》强调："以农村教师为重点，有计划地组织实施中小学教师全员培训。"根据《国务院关于加强教师队伍建设的意见》（国发〔2012〕41号）规定要"实行五年一周期不少于360学时的教师全员培训制度，推行教师培训学分制度"。同时教育部、中央编办、国家发改委、财政部、人力资源社会保障部《关于大力推进农村义务教育教师队伍建设的意见》（教师〔2012〕9号）中大力强调要扎实推进农村义务教育教师队伍建设，大力促进农村教师专业发展。这一阶段，国家乡村教师专业发展政策开始指向以提升师德水平、提高实施素质教育和落实新课程改革的教育教学能力。

2015年，国务院办公厅颁布《乡村教师支持计划（2015—2020年）》，指出"当前乡村教师队伍仍面临整体素质不高等突出问题，制约了乡村教育持续健康发展"，要"全面提高乡村教师思想政治素质和师德水平""全面提升乡村教师能力素质"，到2020年"努力造就一支素质优良、甘于奉献、扎根乡村的教师队伍，为基本实现教育现代化提供坚强有力的师资保障"。2016年，国务院《关于统筹推进县域内城乡义务教育一体化改革发展的若干意见》提出要"全面提高乡村教师运用信息技术能力"。2018年，中共中央、国务院《关于全面深化新时代教师队伍建设改革的意见》提出"深入实施乡村教师支持计划，优化乡村青年教师发展环境，加快乡村青年教师成长步伐"。同年，教育部等五部门联合印发《教师教育振兴行动计划（2018—2022年）》提出实施"乡村教师素质提高行动""为乡村学校培养'下得去、留得住、教得好、有发展'的合格教师"。2019年，中共中央、国务院《关于深化教育教学改革全面提高义务教育质量的意见》指出："按照'四有好老师'标准，建设高素质专业化教师队伍……进一步实施好'国培计划'，增加农村教师培训机会，加强紧缺学科教师培训。"在这一阶段，乡村教师专业发展支持服务体系的服务内容主要是以师德为首的专业发展和以适应新时代教育改革发展要求的业务能力为核心的综合素质的全面提升。

**2.辽宁省乡村教师培训项目落地实施**

《辽宁省"十二五"中小学教师培训规划》（辽教发〔2011〕186号）中提出要"深入开展农村教师培训，以农村义务教育阶段学科教师培训为重点，加强科学、英语、音乐、美术、体育、信息技术等农村紧缺学科教师培训，开展农村义务教育学科教师年均1200人专题培训"。从"十二五"到"十三五"，辽宁省紧跟国家乡村教师专业发展支持服务体系政策发展步伐，也经历了从"服务乡村教师能力增强"到"服务乡村教师专业发展和素质全面提升"转向的政策区域落地。辽宁省教育厅持续推进辽宁省义务教育阶段乡村教师素质提升培训项目，多方力量靶向乡村教师职后教育，针对问题精准施训，取得了突出效果，实现了协同育人的合作多赢。

2013—2021年9年间，省级投入经费近8000万元，采用"1+3+X"培训模式，高质量培训全省14个市义务教育阶段23个学科30000余名乡村教师，占乡村教师总数的84%，45岁以下乡村教师100%参加省级培训，高质高效辐射带动全省乡村教师多维度专业发展。"乡村教师培训"项目也成为省域内投入经费最多、持续时间最长、覆盖面最广泛的培训项目，且目前还在延续。

### （二）乡村教师专业发展面临的困境

教师的专业发展是一个职业经验和现代化发展不断同化的动态过程，这种动态过程促进个体不断发展和自我完善。项目启动之初，项目团队高度重视前期调研工作，意图寻找到障碍乡村教师专业发展的真正原因。8年培训项目持续期间，省级项目团队也不断开展动态跟踪与调研工作，更加关注在乡村文化生态发生变化、城乡教育资源分配不均等现象交织的时代背景下，乡村教师的专业发展面临的诸多困境。

#### 1.乡村环境引发乡村教师个人专业发展内生动力不足

随着乡村文化场域和文化生态的改变，乡村教师遭遇了学习物质文化匮乏、学习制度文化僵硬、学习文化价值功利等文化困境，乡村教师身份认同也面临着他者认同危机和自我认同危机等问题。加之受农村经济文化发展和教育认知水平等方面的限制，乡村教师自我专业发展意识不强。大部分乡村教师认为在乡村中小学授课能力要求低，已有知识和专业能力已经足够应对，不需要定期提升自我就可以完成任务，因此对自己的专业发展缺乏计划，更缺乏对智能时代来临教育变革发展的预判意识和内生动力。调查结果显示，农村教师可用的自我发展手段极为有限，多数教师没有系统的教学反思方法、极少参加有组织有计划的研修活动、缺少科研意识和教学创新精神。

#### 2.乡村教师知识迭代迟缓且社会代偿资源欠缺

一是乡村教师面对新课改背景下的课堂掌控能力不足。在新课改背景下，城乡教师均需要能够及时更新本体知识，形成较为全面的知识体系，除了学科知识和通识知识，还应该掌握一些新的技术知识和将技术、教学法知识和课程内容知识整合的能力（TPACK），然而实际上乡村教师队伍总量虽多却普遍年龄偏大，学习动力和接受能力都比较弱，整体综合能力欠缺。二是在课堂教学中合理应用现代信息技术成为一大短板。虽然近年来省内市级持续加大农村的现代化教育建设力度，但技术的核心在于人，乡村教师对信息技术应用的理解和思路还难以跟随前沿，造成信息获取渠道不畅通，导致教学资源匮乏。三是乡村社会文化滋养不足。由于所处乡村文化资源相对匮乏，如缺少共享教育资源、图书馆、实验室、学术会议、家校合作活动等专业知识和技能的提升途径。知识迭代迟缓且社会代偿与条件欠缺现象，成为束缚乡村教师专业发展的瓶颈。

### 3.传统职后培训无法满足乡村教师工作场域下的在地化迁移

一是传统乡村教师职后培训系统性不够，顶层设计有待完善。乡村教师培训项目前期系统化顶层设计往往决定项目落地质量与持续影响力。省、市、县、校四级一体化的培训体系尚未建立；以教育专家为主的培训指导委员会和第三方评价为主的质量监控体系还不够完善。二是传统乡村教师职后培训针对性不强，没有完全从理论导向转向实践导向。传统培训未从乡村教师教育教学及自身专业发展的实际需求与掣肘入手，目标设计缺乏乡村教师个性化专业发展内容，"学难致用"的现象使得乡村教师难以通过培训解惑自身专业发展中的实际问题，参训效能陷入低质化循环。三是传统乡村教师职后培训模式单一，持续提供专业支持和服务不足。在以往乡村教师培训探索期，培训设计缺乏"全局性立体思维"，培训项目割裂，课程间没有逻辑联系；形式单一，多为短期理论讲座；培训项目实施呈现结构性失位，缺乏训后返岗实践应用、反思与指导的环节设置，导致参训乡村教师返岗后无法有效实现迁移，更难谈及对学习成果迁移的实践效果保障。

## 二、问题解决思路

### （一）解决问题的过程

辽宁省乡村教师素质提升培训项目启动之初，就把解决乡村教师专业发展面临的困境视为主要着力点，经历了从"服务乡村教师教学能力增强"到"服务乡村教师专业发展"转向的政策区域落地。

### 1.探索期：以提升教育教学实践能力为价值取向阶段（2013—2015）

项目实施初期，乡村教师培训以提高中小学教师实施新课程能力为重点，具体指的是"师德培训、新课程基础理论培训、课程标准培训、教学实践"，旨在帮助乡村教师梳理新理念、掌握新教材、形成新行为、创造新课堂。通过培训，使培训对象更新教育观念，提高实施素质教育的能力和水平，提高自我反思、自主发展的能力，在思想政治与职业道德，专业知识与教育教学能力等方面都有较大提高。从教师个人专业发展和终身学习的视域来看，乡村教师培训起到了助推个人专业成熟的作用。在以实践为价值取向阶段，培训更加关注变化的现实情境以及应对策略的生成，在实践中发现问题、提出问题、分析问题和解决问题，获得经验，对实践和经验进行反思后，形成实践理性。

**2.积累期：以提高综合素质为价值取向阶段（2016—2018）**

在此阶段，省级乡村教师培训基本按照如下思路推进：建章立制与顶层设计—规范管理与确保质量—突出改革与精细管理—重心转移与深入推进。全省上下一盘棋，逐级落实，系统推进。在培训课程上，扩展其他相关课程内容，观照教师综合素质提升。突破学科专业知识、专业能力，在专业理念与师德模块，为教师个性化需求的满足以及综合素质提升提供可能支持。同时增设在线拓展课程模块，在教师职业定位基础上的专业发展思维外，通过跨界培训、人文素养类专题、体验性专题的融入，全面观照教师作为社会人、完整人的基本需求。

**3.发展期：以基于场域理论全链条实践促进专业发展为价值取向阶段（2019—至今）**

2019年，辽宁教育学院组建后，在前两个阶段工作的基础之上，根据成人学习的特点结合实践过程中的问题，乡村教师培训进一步完善"理实思用结合"的培训课程模块建构、"反思实践为主"的学习策略应用和"全程多维评价"的培训评估体系建立，尽可能通过各种路径将理论性课程转化成乡村教师更乐于接受的、更有实效的实践性课程。以"基于场域理论"的全链条实践促进乡村教师专业发展为价值取向，通过"乡村教师导师团队""乡村骨干学科教师团队"协同构建乡村教师之间、培训者与乡村教师之间的学习共同体、研究共同体和发展共同体，在乡村教师专业发展工作中，真正引领乡村教师精神上超越、专业发展赋能、精神福利给予以及成长同侪互助。

（二）解决问题的策略

**1.构建省、市（县）、校三级联动的"1+3+X"乡村教师培训体系，撬动省域乡村教师培训深度改革**

2013—2020年，辽宁省紧跟国家乡村教师专业发展支持服务体系政策发展步伐，持续推进辽宁省乡村教师素质提升培训项目，构建了集政策、经费、学科、人员于一体，省、市（县）、校三级联动、机制流畅、目的明确、分工合作的"1+3+X"乡村教师专业发展与培训实施体系模型（图8.2）。

"1"即由省级组建培训专家指导委员会和培训质量监控委员会，设计项目总体实施方案、开展督导评估；"3"即由省内三家地市级优质教师专业发展机构沈阳、大连、锦州三地，作为乡村教师培训基地，进一步细化课程方案、具体实施培训过程；"X"即由培训基地遴选当地若干所优质中小学校作为培训实践基地校，落实乡村教师入校实践、跟岗研修，协同完成全省乡村教师培训任务。

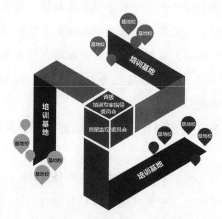

**图8.2 "1+3+X模式"乡村教师专业发展与培训实施系统**

"1+3+X"培训体系在实施过程中，以合作联动为途径，驱动培训多资源融通。一是携手优质高校专家资源，共同为乡村教师服务。培训中与适合乡村教师校长培训的省内知名高校如辽宁师范大学、沈阳师范大学、渤海大学建立合作关系，充分发挥高校科研的资源优势，为乡村教师提供课程及培训质量评估。二是携手沈阳、大连、锦州三地培训联盟，加强异地资源互通。在这一体系中，省级统筹三地组成教师培训联盟，根据各自优势学科开展培训，主动寻求培训的合作联动，多方力量靶向乡村教师教育，针对问题精准施策，实现资源共享、协同创新、发展共赢，形成整体优势，实现了协同育人的合作多赢，取得了突出效果。优质资源的充分利用，真正实现乡村教师业务资源最现实最便捷的"融资"，形成独特的教师教育交流，推动了乡村教师专业发展支持服务体系建设，撬动了乡村教师培训深度改革。三是携手培训实践基地，建设内外联动的优质资源共享通道。充分发挥三地城区名校的示范引领作用，在市域内特别是城区遴选教育理念先进、教学质量和管理水平高、教师专业能力强、社会评价好的中小学作为乡村教师培训实践学习基地，保证实践性培训质量。

**2.开发"基于场域研究"的培训需求分析框架，指导基于乡村教师特定场域的培训目标定位**

需求分析既是培训的出发点，又是培训的归宿。辽宁省乡村教师培训项目团队多年来始终将需求分析看作整个培训的首要环节，为培训目标设计、课程内容确定、教学方法选择、培训效果评估等各个环节工作提供了基本依据。省级项目团队根据教育培训需求分析"冰山模型"（图8.3），不是将视野局限在学员需求本身，而是全面关注隐藏在学员需求冰山之下的社会需求、组织需求以及工作需求，参与调查分析的主体范围更加多维立体，还包括市县培训管理者、学校管理者、培训讲师、外界专家以及乡村学生家长。

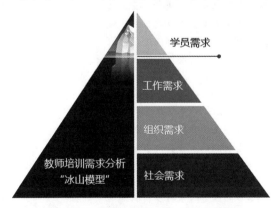

图8.3　教师培训需求分析"冰山模型"

省级项目团队制定的教师培训需求分析框架（表8.1）包括：学员教师基本情况分析、学员学习基础分析、培训环境因素分析、社会性影响因素分析以及事件性影响因素分析。为各培训基地开展科学有效的需求分析调研提供依据，从而指导基于乡村教师特定场域的培训目标定位。

表8.1　辽宁省中小学乡村教师培训需求分析框架

| 分析维度 | 分析项目 | 调查方法 |
|---|---|---|
| 学员基本情况 | √ 参训人数<br>√ 学科分布<br>√ 年龄、性别、学历、职称、教龄等<br>√ 分层、分类、分期、分班情况<br>√ 职务、岗位、工作、年龄对培训的需求<br>√ 实际能力与岗位间要求的差距<br>√ 期待培训能帮其解决什么问题 | 问卷调查法 |
| 学员学习基础分析 | √ 学员对培训的期望和态度<br>√ 学员对将要开始的培训内容的了解和熟悉程度<br>√ 学员对将要开始的培训已有的相关认知、知识及经验<br>√ 学员对培训机构的了解程度<br>√ 学员在培训中面临的主要困难<br>√ 学员期待培训者如何帮助其克服困难 | 调查问卷法、访谈法 |
| 培训环境因素分析 | √ 学员单位领导是否支持参训<br>√ 学员单位对培训的期望<br>√ 培训课程能否满足学员需求<br>√ 培训住宿及学习环境要求<br>√ 与培训者互动交流要求<br>√ 学员对参加培训的顾虑及困难<br>√ 培训对学员个人和单位发展的意义<br>√ 学员的其他利益诉求 | 调查问卷法、访谈法 |
| 社会性影响因素分析 | √ 社会政治、经济、文化发展对乡村教师培训需求<br>√ 教育教学改革和发展对乡村教师培训需求<br>√ 学校发展规划与目标对乡村教师培训需求<br>√ 教师个人职业发展规划对乡村教师培训需求 | 文献法、访谈法 |
| 事件性影响因素分析 | √ 新出台的教育政策对乡村教师培训需求<br>√ 新课程、新教材、新教改的试行对乡村教师培训需求<br>√ 教师职业发展阶段对乡村教师培训需求<br>√ 校情变化对乡村教师培训需求 | 文献法、访谈法、关键事件法 |

### 3.搭建"理实思用"结合的培训课程模块，为乡村教师培训基地全面施训提供框架基础

以课程设计基本原理和成人学习理论为基础，辽宁省乡村教师培训项目课程架构呈现模块化特征、内容编排符合成人学习特征、课程形态呈现多样化特征、课程间保持逻辑链接特征。

首先统筹建构了基于ADDIE的课程开发模型（如图8.4），即课程开发的流程为分析（Analysis）、设计（Design）、开发（Development）、实施（Implementation）、评价（Evealuation）。

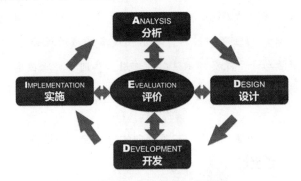

图8.4　ADDIE课程开发模型

在课程的具体模块上，省级团队建构了"理实思用"结合的"T-P-C-A"课程结构方案（如图8.5），即理论提升模块（Theory）、实践体验模块（Practice）、总结反思模块（Conclusions）及返岗应用模块（Application）。培训基地根据承训学科特点等相关因素，进一步细化个性化课程方案。

图8.5　T-P-C-A模式的模块化课程结构

理论提升模块以教育教学理念更新为重点，含通识课程和学科课程两部分。通识课程包括政治素养与师德修养、专业理念、乡土社会、教育教学理论、心理健康、教师成长经验案例等；学科课程分学科实施，包括学科标准与知识体系、学科核心素养、学科专业能力等。培训方式为专题讲座、互动

交流、经验分享等。实践体验模块以提高教育教学实践能力为重点，强调把与实践过程直接联系的知识置于学习的核心，通过培养教师反思能力的实践智慧，以应对复杂的实际教学环境。既要区别偏重教学实习，也要区别于偏重教学技能训练。通过建立"导师"机制，采用跟岗研修的形式进行。研修期间，参训教师全程参与基地校的教研活动和导师的"备、教、批、辅、考、评"教育教学全过程，并在导师指导下，通过跟岗听课、教学观摩、课例评析、交流研讨、说课体验等形式落实课标，提高教育教学实践能力。总结反思模块以汇报跟岗研修期间的收获为重点，进行在训期间的反思式总结。返岗应用模块以强化返回岗位后的应用为重点，延伸培训成效迁移，参训教师研修结束返回任职学校后，在本校或本区域通过分享交流、上汇报课、组织教研活动等形式发挥示范引领作用，参训学员所在单位于规定期限内对学员回岗后的分享交流材料、汇报课文字实录、教研活动材料进行验收考核。

**4.实施"问题·实践·成果"三重导向的培训策略，服务乡村教师的终身学习和自主可持续发展**

在乡村教师培训中，项目团队以问题导向、实践导向、成果导向作为整个培训项目设计与实施的中轴和主线。

所谓问题导向，是指乡村教师培训要回应我国基础教育改革发展的重大价值问题和现实问题，要重视解决乡村教师教育教学和专业发展中面临的共性问题和个性问题。在问题导向下，省级培训项目团队以"问题即课题，培训即学习，学习即研究"的理念进行全面、深入的问题调研，从国家、区域和参训乡村教师个体三个维度，全面准确地把握乡村教师的培训需求。在此基础上，精准确定能够反映问题调研结果的乡村教师培训主题。按照系列化、单元化、个性化的思路，将培训主题分解成一系列的培训课题。

所谓实践导向，是指授课教师要深入研究乡村教师所从事的真实的教育教学工作，重视乡村教师个人的教育教学经验，以乡村教师遇到的现实问题作为切入点，帮助乡村教师将理论学习和实践反思相结合，架构起理论和实践的桥梁，帮助乡村教师用理论指导实践，在实践中感悟和应用理论。在实践导向下，培训项目团队按照参训乡村教师作为成人的学习特点，将培训课题转化成一系列互相关联的实践课程。在精准化设计好培训主题、子主题、课程专题的基础上，还需要精心遴选教学能力等级水平高的专家名师担任课程主持或主讲教师，并尽可能让专家名师团队全面了解培训课程设计的理念、目标、任务和预期成果，以真正解决乡村教师培训课程"内容泛化、针对性不强"这一现实难题。如表8.2为实践导向下的2017年初中化学学科实践课程设计。

表8.2　2017年乡村教师培训初中化学学科实践性课程

| 拟解决的问题 | 实践课程名称 | 课程形式 |
|---|---|---|
| 初中化学实验教学 | 如何进行有效实验教学 | 案例研讨、学员交流 |
| | 初中化学实验改进与创新 | 经验分享、实验展示、学员互动 |
| | 初中化学实验资源的开发与利用 | 经验分享、操作实践 |
| | 初中化学实验教学的反思撰写 | 撰写反思 |
| 基于学科素养培养的初中化学课堂教学提升 | 基于学科素养提升的初三化学教学设计 | 案例研讨、学员交流 |
| | 《物质组成的表示式》深度备课研讨 | 深度备课探讨 |
| | 《燃烧条件与灭火原理》同课异构与研讨 | 同课异构、深度研讨 |
| | 《氧气的性质》深度评课稿撰写 | 评课稿撰写 |
| | 化学沙龙：一师一优课优质课赏析 | 化学沙龙 |
| 信息技术在初中化学课堂教学中的应用 | 智慧课堂《化学方程式的书写》教学观摩与评课 | 教学观摩、深度评课 |
| | 《质量守恒定律》同课异构与研讨 | 同课异构、深度研讨 |
| | 手持技术在化学教学中的应用 | 案例研讨、实践操作 |
| | 信息技术在初中化学课堂教学中的应用的反思撰写 | 撰写反思 |
| 初中化学复习课效率提升 | 新课改下中考命题的趋势及复习对策 | 案例研讨、学员交流 |
| | 初中化学复习课效率提升的反思撰写 | 撰写反思 |
| | 《维持生命之气——氧气》单元复习与考试交流 | 案例研讨、学员交流 |
| | 化学沙龙：化学学科素养导向的课堂教学 | 化学沙龙 |

所谓成果导向，是指培训要让参训乡村教师通过培训形成"看得到、摸得着"的成果和进步，持续强化乡村教师参与培训的主动性、积极性和热情。在实践课程实施和推进的过程中，坚持成果导向，帮助参训乡村教师回归学习和研究的主体地位，培训者与参训乡村教师形成学习共同体、研究共同体和发展共同体，努力形成一系列参训乡村教师培训成果，增进参训乡村教师参加学习和研究的获得感和成就感。成果的类型可以是多种多样的，成果的内在本质主要体现在乡村教师教育教学综合能力的提升上。

问题、实践、成果三者是三位一体的。"问题·实践·成果"三重导向的乡村教师培训策略要求问题应该是真实的问题、亟待解决的问题、有可能解决的问题，实践应该是真实的实践、理论指导下的实践、指向问题解决的实践，成果应该是真实的成果、有助于学生发展的成果、有助于教师成长的成果。

**5.开发"全程多维评价"的培训评估体系，全面保障乡村教师培训效果**

辽宁省乡村教师培训实施以来，努力探索并实践"全程多维评价"引领的乡村教师培训。按照教育部要求强化教师培训质量监管，建立教师培训质量评估机制，完善教师培训质量评估体系，加强项目过程评价和绩效评估。

一是研究教师培训效果评估的PKCM模型（图8.6）。在研究国内外关于教师培训效果评估理论成果的基础上，开展了国内教师培训评估先进地区的调研及本土培训项目的实践研究。最终基于实践探索，将分层研究的柯式四级模型和分段研究的CIPP模型进行有机的融合，得到了既可以层次评估，又可以过程评估的评估模型，命名为PKCM评估模型。PKCM评估模型包含要素主要有评估的阶段、评估内容、评估的主体及评估的工具等。每个要素可以根据不同培训的评估目的进行有机调整。

图8.6　PKCM评估模型

表8.3　PKCM评估模型的具体内容

| 阶　段 | 评估内容 | 评估主体 | 评估工具 |
|---|---|---|---|
| 培训前评估 | 背景评估 | 评估小组 | 资料审核 |
| 培训中评估 | 反应评估 | 评估小组 | 满意度问卷（问卷星）访谈 |
| | | 培训组织方（授课教师） | 自评量表 |
| | 学习评估 | 评估小组 授课教师 | 课堂观察（学习评价）前后测问卷（问卷星） |
| 培训后评估 | 行为改进 | 授课教师单位 | 考核评价 问卷调查、访谈（360） |
| | 总结评估 | 评估小组 | 资料审核 |

　　二是探索构建辽宁省乡村教师培训项目的整体评估模型。由于省级项目实施具有一定的复杂性，评估标准、评估对象、评估主体、评估内容有针对性地进行了细化。评估工具包括学员满意度调查问卷、基地校访谈提纲、跟岗研修过程记录与评价表、教师教学能力行为转化评价表、培训基地及培训基地校自评量规等。大量数据生成后，省级项目团队与三市培训基地对评价数据进行全面而科学的分析，以诊断为导向，改进为目标，提高辽宁省乡村教师培训项目质量。

表8.4 辽宁省乡村教师培训项目的整体评估模型

| 评估对象 | 评估主体 | 评估内容 | 评估工具 |
|---|---|---|---|
| 培训基地<br>(沈阳、大连、锦州) | 学员 | √ 学员综合满意度 | 网络调查问卷 |
| | 培训基地 | √ 培训基地自评 | 自评报告 |
| | 省级项目团队 | √ 培训基地工作终结性评估 | 材料内容分析 |
| 培训基地校(沈阳基地含区、校两级) | 省级项目团队 | √ 培训基地校视导 | 视导现场评分表 |
| | 培训基地 | √ 培训基地校评估 | 抽样现场调查 |
| | 培训基地校 | √ 培训基地校自评 | 自评报告 |
| | 学员 | √ 学员基地校实践满意度 | 网络调查问卷 |
| 讲师、导师 | 学员 | √ 理论课讲师评价<br>√ 实践跟岗导师评价 | 一课一评师网络问卷 |
| 学员 | 培训基地 | √ 培训学习综合评价 | 网络评价 |
| | 培训基地校 | √ 实践跟岗环节评价 | 跟岗研修过程记录与评价表 |
| | 学员派出单位 | √ 校本返岗实践评价 | 评价鉴定表 |

**6.建设"质量服务为先"的省级乡村教师培训制度体系，保障项目实施规范管理**

在严格执行教育部相关政策文件要求的前提下，省级项目团队根据本培训项目大规模、广覆盖、多角色、多形式、年循环等特点，形成了一系列管理制度与管理工具模板。培训项目实施以来，不断完善了"辽宁中小学乡村教师培训项目学员管理办法""辽宁中小学乡村教师培训项目档案管理制度""辽宁中小学乡村教师培训项目班主任职责""辽宁中小学乡村教师培训项目专项经费管理制度""辽宁中小学乡村教师培训项目应急保障办法"等相关制度，对培训项目的各个环节严格管理，保障培训项目高质量顺利完成。同时，每年培训实施前统一为培训基地提供培训管理"工具箱"，如"学员手册模板""预决算标准、要件与模板""学员签到与管理工具模板""学员综合满意度问卷模板""一课一评师问卷模板""学员训后迁移行动计划工具""培训基地绩效评估报告模板"等，为培训基地提供了可借鉴的规范管理工具，也实现了省级项目管理、宣传、评估的一体化建设。

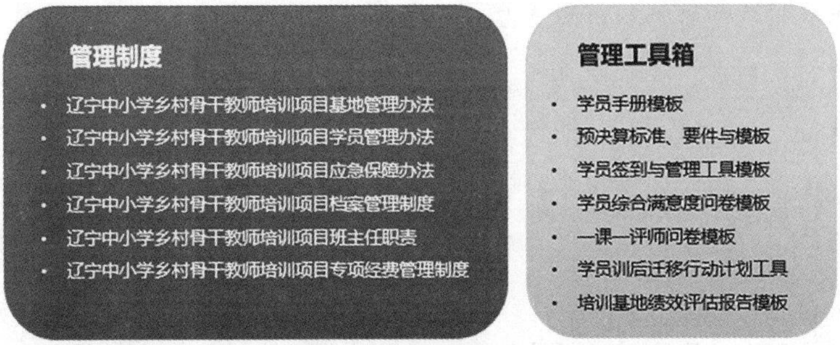

**管理制度**
- 辽宁中小学乡村骨干教师培训项目基地管理办法
- 辽宁中小学乡村骨干教师培训项目学员管理办法
- 辽宁中小学乡村骨干教师培训项目应急保障办法
- 辽宁中小学乡村骨干教师培训项目档案管理制度
- 辽宁中小学乡村骨干教师培训项目班主任职责
- 辽宁中小学乡村骨干教师培训项目专项经费管理制度

**管理工具箱**
- 学员手册模板
- 预决算标准、要件与模板
- 学员签到与管理工具模板
- 学员综合满意度问卷模板
- 一课—评师问卷模板
- 学员训后迁移行动计划工具
- 培训基地绩效评估报告模板

**图8.7 管理制度与管理工具模板**

### 三、创新举措

#### （一）基于场域理论解构发展困境，建构乡村教师培训新模型

基于"场域理论"将乡村教师专业发展困境解构为：乡村环境引发乡村教师个人专业发展内生动力不足、乡村教师知识迭代迟缓且社会代偿资源欠缺、传统继续教育无法满足乡村教师工作场域下的在地化迁移三大方面。

根据"冰山模型"，在关注学员需求同时还对社会需求、组织需求以及工作需求进行分析，研究形成"辽宁省乡村教师培训需求分析框架"；基于"场域理论"，创新建构了集政策、经费、学科、人员于一体，省、市（县）、校三级联动、机制流畅、目的明确、分工合作的"1+3+X"乡村教师专业发展与实施系统模型；探索并实践"多维评价引领"的乡村教师培训体系，并创新开发教师培训效果评估的"PKCM模型"。

#### （二）立足实现多环节实践创新，形成立体完整的乡村教师培训课程资源库

建构了"理实思用"结合的"T-P-C-A模式"模块化课程结构方案；形成"问题·实践·成果"三重导向的培训策略，将培训课程进行逻辑化、实践

化、驱动化转换，关注参训乡村教师的赋能与共同成长；生成"面广质优类全"的培训资源，为我省乡村教师专业发展蓄力。

一是形成省级乡村教师培训师资库。在多年的培训实践过程中，积累了一大批乡村教师培训的讲师资源，入库后将讲师资源进行职称、学科等传统分类外，还参考基地及学员评师反馈加以"理论讲授型""学术研究型""学校实践型""培训师型""咨询专家型"标签分类，对未来讲师遴选工作提供了有效依据。同时还重视乡村种子教师的培养与入库，为乡村教师积累本土名师资源，打造乡村在地化专业提升的长期通路，为农村教师队伍建设做好铺垫。

二是形成省级乡村教师培训基地库。培训基地对承担乡村教师培训实践跟岗工作的培训基地校实行严格遴选和动态评估机制，多年来在全省建设了112所工作作风扎实、管理到位、执行力强、师资过硬、环境优良的乡村教师培训基地校群落。

三是形成省级乡村教师培训课程库。在多年的培训中，结合乡村教师专业发展特征的调研与职后教育实践，生成了一批适合乡村教师培训的通识及学科精品课程。

四是形成省级乡村教师培训成果库。通过省级乡村教师培训体系的建构与此项工作的延续性开展，省级团队、培训基地与基地校、培训导师纷纷以乡村教师培训为研究土壤，经过长期的积累与总结提炼，以不同的形式生成了诸多研究成果，仅沈阳基地乡村教师培训导师及管理人员成果材料总字就达258.29万字，公开发表论文335篇（其中中文核心期刊发文量为23篇），获奖课例或教学设计数达666项，出版专著20部，获批各级别立项课题420项（国家级27项，省教育规划78项），相关课程资源获奖35项，并建立多个以项目牵动的乡村教师专业发展共同体。

图8.8　乡村教师培训资源库

（三）形成了具有辽宁特色的乡村教师继续教育新话语，以一流教师校长培训基地建设促进乡村教师培训体系发展

辽宁教育学院自2018年成立以来，一直坚持以建设"一流的教师校长培训基地"为重要的发展目标，在教师继续教育工作中始终以"研究引领实践"为工作方向。坚持高水平学术研究，初步创建了具有辽宁特色的教师继续教育体系和学科话语；在实践中多次在国家级、省级培训基地遴选中一举中的，受到教育部的嘉奖与专家组的好评。项目团队贯彻将一流教师校长培训基地建设与教师继续教育项目相结合的思路，将学术研究成果贯穿到教师继续教育教学之中，形成良性互动。积极对应城乡、区域、校际、结构不平衡等问题，实现对传统继续教育的理念重塑、价值重建、结构重组、流程再造、文化重构，为社会主义现代化强国建设提供强有力的人才支撑起到不可替代的关键作用。

**案例点评**

本案例"基于'1+3+X'模型的辽宁省乡村教师培训全链条研究与实践"，包含理论体系、乡村教师培训全链条系统研究，在国内尚无先例，达到国内领先水平。

**1.理论体系国内领先**

本成果基于"场域理论"对乡村教师培训开展研究与实践，更加关注变化的现实情境以及应对策略的生成，在实践中发现问题、提出问题、分析问题和解决问题，获得经验，对实践和经验进行反思后，形成实践理性。在国内的教师继续教育理论体系中，以场域理论开展教师继续教育的研究较少，本成果的理论体系建设与指导在国内尚属领先。

**2.乡村教师培训模式国内首创**

构建了省、市（县）、校三级联动、机制流畅、目的明确、分工合作的"1+3+X"乡村教师专业发展与实施系统模型。

**3.针对教师培训的全链条研究国内领先**

在关注学员需求同时还对社会需求、组织需求以及工作需求进行分析，研究形成"辽宁省乡村教师培训需求分析框架"；建构了"理实思用"结合的"T-P-C-A模式"模块化课程结构方案；形成"问题·实践·成果"三重导向的培训策略，将培训课程进行逻辑化、实践化、驱动化转换，关注参训乡村教师的赋能与共同成长；探索并实践"多维评价引领"的乡村教师继续教育体系，并创新开发教师培训效果评估的"PKCM模型"。

（案例负责人陈莹，案例参与者王舒、田丹丹、钱复、刘世斌、于业宏、赵丽楠）

**案例2：**

# 西藏教师内地培训专业化管理模式研究

## 一、背景与问题

### （一）案例的开发背景

辽宁对口西藏的教育援助工作，是党和国家交办的一项重大政治任务，是推动区域协调发展、协同发展、共同发展的重大战略。自2017年以来，我省开始实施"组团式"的教育人才援藏工作，该举措既是西藏精准扶贫工作的重要组成部分，也是新时期助推西藏快速补齐教育短板的有效路径之一。在辽宁教育厅的部署和指导下，辽宁教育学院承载着整合优势资源、开展教育援藏的具体任务。因此，有必要固化、沉淀出一套逻辑自洽、切实可行的教育培训体系，进而可为我省教育系统乃至其他域内外单位提供借鉴和有益参考。

（二）面临的主要问题

尽管对口教育援藏拥有显著的政策引导和现实需求，但由于缺乏适配性的理论，培训模式案例缺乏创新，难以形成有说服力和指导性的案例。

在实践中还存在以下主要问题，亟待解决。

**1.教师来源的地域性差异，致使培训可能存在质差**

西藏教师作为特殊的受训主体，地域性强，文化背景与汉族培训教师的差异较大，在培训过程中难免因为信仰、价值取向、思维方式、风俗习惯和语言等产生碰撞乃至冲突。相应地，这不可避免地会对培训效果带来不利影响。

**2.参训教师学段学科复杂，带来组织与管理的难度**

由于受训教师群体中既有中小学教师，还有幼儿园教师，且培训内容包含通识和专业理论，这对既保证培训进度，又要保证培训质量（专业化）带来难度。相应地，培训组织单位在课程设置、资源整合、跟岗学习等节点也面临乏力状态。

**3.参训教师知识不均衡，培训组织管理有待优化**

如何设计出模块化的课程体系，从而满足具备不同知识结构和能力结构的西藏参训教师群体需求？需要我们在实践中对培训课程体系和组织模式等方面予以创新，从而提高教育援藏的实施效果。

**4.多个利益主体参与，需要规避不同主体间信息不对称**

对口教育援藏是个系统工程，既有辽宁省教育厅（政府）介入，还有教育学院、外部培训机构以及跟岗学习学校等具体参与。如何协调这些不同主体存在一定难度。

## 二、问题解决思路

（一）研判培训需求，精准实施培训

在开启西藏教师内地培训项目前，作为具体实施部门的辽宁教育学院建立了培训项目"三阶段"管控流程，即在培训项目实施前就通过电话访谈、微信互动和问卷调研等形式，对来辽西藏教师群体的群体特征摸底、知识背景分类和需求情况调研，进而为制订培训计划、整合培训资源提供非常有益的铺垫，避免西藏教师过来后，培训方"接不了招"的窘境。当然，在此过程中还要对接好西藏教育主管部门、辽宁省教育厅相关部门，规避培训项目不同主体间的信息不对称问题。

针对这些问题，我们设计了"三阶段"管控流程，安排专任负责人及团队跟进培训项目的执行情况，针对过程中可能出现的突发情况，做了相应的培训处理预案。辽宁教育学院还响应省教育厅的指导和要求，积极推动受训教师所学理论知识与其跟岗实习环节的衔接，进而有效地响应了"将所学知识反哺应用实践"的培训精神。

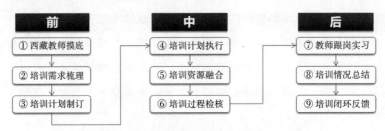

图8.9　西藏教师内地培训项目"三阶段"管控流程图

## （二）基于受训群体特征，实施模块化管理

模块化是一种可以消减系统复杂度的科学理论，而本项目恰好为模块化理论的应用提供极佳的载体。一方面，针对不同群体的西藏受训教师，教育学院在培训体系中嵌入了模块化的管理方案。如图8.10所示，通过构建师德与教师素养、教学实践能力提升、信息技术应用能力等六大模块，并促进这些模块间的协同，为西藏教师内地培训的专业化和高质量提供了体系保障。相应地，模块化的嵌入还能够促进各模块内部知识的共性聚合；各模块由于具备独特功能而确保模块之间不会受到干涉——例如在提升教学设计与教学技能的同时，其他模块（如教育教学研究与设计、课程建设与学科发展等）完全可以并行开展自身的构建和完善。

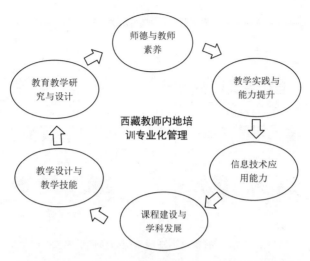

**图8.10 西藏教师内地培训专业化管理模块化结构图**

而从微观层面上，辽宁教育学院还实现了培训课程的模块化、培训组织的模块化、培训流程的模块化管理。其中，培训课程中既包含有通识理论，也包含有匹配西藏受训教师需求的专业知识模块，如教育前沿、教育科研、教育技术、学科教学等。至于培训组织的模块化，是基于培训流程节点的不同而通过"结对子"的方式，形成不同的小模块。例如，在理论知识学习阶段，将受训教师分解成不同知识结构和能力水平的"模块"；将具备专业化知识的施教教师与西藏受训教师形成"1+2"乃至"1+1"的"模块"，进而有效地提升了西藏教师的内驱力，达到精准培训的效果。

## （三）构建多方协同体系，发挥1+1+1>3的效果

必须要强调的是，做好西藏教师内地培训工作绝不是仅依靠教育培训环节（模块），还需要着力服务保障模块的建设，形成教育培训和服务保障两者间的有效协同（如图8.11）。例如，在理论知识传授过程中，为了让受训教师接受到专业化的基础教育、中小学教育科研方法等知识，还要提供合格的教学配套服务，包含提供情景化/体验化的教学手段和设施、计算机辅助教学（CAI）、收看或录制慕课（一种大型开放式网络课程）乃至整合相应的课题研修平台等形式。在此情景下，受训教师的学习兴趣和内驱力能够提升起来，有效避免了重复枯燥教学、从西藏到辽宁教育教学换汤不换药的弊端。

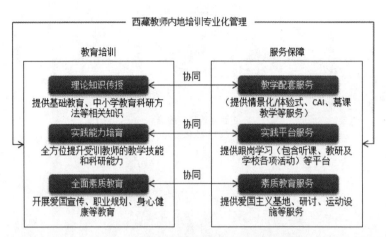

图8.11 教育培训与服务保障协同关系图

再将视野放大，嵌入到西藏教师内地培训工作中的主体主要包括政府部门（省教育厅）、实施部门（辽宁教育学院）和培训资源（含有提供跟岗学习单位、外部培训机构/教师等）。那么，如何鲜明化这些主体的功能定位？这对于有效整合嵌入主体的资源和能力，并且实现1+1+1>3的效果至关重要。通过构建多主体嵌入的西藏教师内地培训协同网络（如图8.12），既可以明确要干什么和怎么干等问题，还可以围绕提升西藏教师的综合能力（知识、能力、素质）而确立主体之间的任务接口。该模型的实施效果也在应用实践中得到了充分印证——培训过程中没有出现一例西藏教师投诉；面向全体参训教师发放培训问卷调查中，获得了100%的满意度。

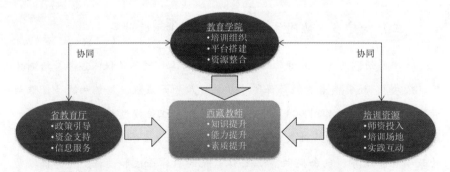

图8.12 嵌入到西藏教师内地培训工作的主体功能定位与协同网络模型

## 三、创新举措

### （一）创新经验

通过本项目的研究与实施，我们发现，要形成一套切实解决现实问题、可被推广复制西藏教师内地培训专业化管理的模式和机制，需要进行这些主要创新：首先，是要坚持研究问题从实践中来，同时又能反哺实践。本项目实施过程中，辽宁教育学院通过多元化的手段，如调研、访谈和问卷等形式，有效地掌握了来辽西藏教师的群体特征、存在障碍和培训需求，进而在前端消除了培训供需双方的不对称性。其次，要积极嵌入创新管理理论到西藏教师内地培训模式和机制中。本项目中，综合应用模块化理论、产学研合作理论、协同创新理论等，进而提升了模式和机制的先进性和可操作性。最后，还要坚持闭环优化原则。本项目采用了"三阶段"西藏教师内地培训的管控流程，避免培训项目中的显性和隐性风险的发生，辅以过程检核、培训总结和反馈等形式，形成了一套能够指导辽宁乃至域外省份教育援藏的有益做法。

### （二）创新成就

一是通过扎实推进西藏教师内地培训工作，提升了辽宁省教育援藏的美誉度，取得了较好的社会效应；二是通过上述创新举措，力争固化出一套可以被复制推广的西藏（乃至新疆等少数民族地区）教师内地培训专业化管理的模式和管理机制；三是通过培训西藏教师队伍，他们返回后可以作为发扬辽宁教育援藏精神、加强西藏基础教育质量的"种子"；四是提升了辽宁教育资源的向心力，特别是在辽宁省教育厅的指导下围绕教育援藏这一政治任务，本项目组织单位——辽宁教育学院集结了内部相关部门，整合了教育培训资源，它们之间的凝聚力和协同性大大加强了。

**案例点评：**

本案例中，通过嵌入模块化管理思维和西藏教师内地培训"三阶段"管理流程等，促进了培训组织单位与来辽受训西藏教师的供需匹配，推动了基于受训教师需求下教育培训模块与服务保障模块的协同，提升了西藏受训教师内地培训的专业化管理水平，取得了显著的社会效应。

该案例还诠释了西藏教师来辽培训过程的管理机制问题，例如培训的学习动力提升机制、培训资源动态优化机制，继而可以为政府及教育研究、培训机构提升有益参考。其中，辽宁教育学院针对参与培训表现突出的资源和机构，还采用了颁发证书与激励等方式，有效提升了这些资源和机构的动力，具有较好的推广价值。

（案例负责人刘玉琳，案例参与者洪志涛、齐震、郭毓鹏、刘文静）

## 第四节　区域中小学（幼儿园）教师培训体系建设的发展趋势与展望

要谈教师培训体系建设的发展趋势，我们不得不先要了解未来教师培训整个行业的发展趋势。在教育整体进入提质增速发展的大环境下，贯彻落实教育部相关文件精神和要求，全面提升中小学幼儿园教育教学质量，仍是重中之重的工作任务和目标。教育部、财政部印发《关于实施中小学幼儿园教师国家级培训计划（2021—2025年）的通知》中明确指出"示范引领、雪中送炭、促进改革"的宗旨，而推进教师队伍高质量发展和教师培训提质增效，为助力乡村振兴持续发力，这些都为教师培训工作提供了风向标。在教师培训实现从"量变"到"质变"的过程中，我们还需一段很长的路要走。

### 一、中小学（幼儿园）培训体系建设发展趋势

可以说，教师培训是教育领域中不可或缺的一部分，它对于提高教师的教育教学水平、促进教育教学改革和发展具有非常重要的作用。随着时代的发展和科技的进步，教师培训也在不断地发展和变革，未来的教师培训较之以往的培训发生了翻天覆地的变化，它所呈现出的趋势突出表现在：一是由大众化趋向于个性化。因为每个教师的教学水平和实际需求都有所不同。为满足不同学习者的学习需要，未来的教师培训会更加关注个人发展，更加注

重个性化的需要。培训由大众化向个性化的转型，能使得培训更加有针对性和实效性。二是由单一化趋向于多元化。未来的教师培训将不再单一化，而会是更加多元化，不仅包括传统的面授培训，还将涵盖在线学习、翻转课堂、实践教学等多种形式。多元化的培训可以满足不同教师的学习需求和学习方式，提高培训的适应性和灵活性；三是由单兵作战趋向于合作共赢。未来的教师培训将更加注重合作共赢，将教育领域与科技、文化、艺术等其他领域进行深度融合，通过找准切入点、匹配相关性、构建融合体，共同推动教师培训的创新和发展。不同领域的合作可以为教师提供更加丰富的学习资源和学习体验，促进教师的跨学科思维和创新能力的提升。四是由经验驱动趋向于数据驱动。未来的教师培训将更加注重数据驱动，通过数据分析和挖掘，了解教师的学习需求和学习效果，为教师提供更加精准的培训方案和学习支持。通过数据驱动的有效运用可以不断提高培训的科学性和实效性，促进教师的个性化学习和成长。

个性化、多元化、合作共赢和数据驱动等这些趋势将为教师的学习和成长提供更加丰富的资源和支持，从而促进教育改革和发展的不断推进。教师培训的发展趋势势必带动并影响教师培训体系建设的发展趋势。因此，在我省中小学（幼儿园）教师培训体系建设中要重点把握教师培训的发展方向，以此为风向标，在不断夯实原有工作成效的基础上，深入开展调查研究，攻坚克难，破解难题，不断提高建设能力和水平。

我们认为，未来教师培训体系建设将会呈现出以下几个趋势：一是更加关注教师的个性化需求和内生需求。从教师需求出发，以终为始，为教师的不同需求提供最为适切的学习内容与学习方式。二是更加注重合作共生的理念，这种共生不仅是知识与知识间碰撞所产生的知识迭代，更是人与人之间协作所产生的共生智慧。三是更加侧重教师培训的数字化转型。数字化转型的大背景下，培训方式的选择更为灵活多样，绩效评价的方式更加精细多元。

## 二、中小学（幼儿园）培训体系建设未来展望

教师培训体系建设是一个非常浩大的工程，不是一朝一夕就能完成的工

作，需要培训过程的不断优化，需要时间的沉淀和积累，还需要各方面力量的积极参与和配合。教师培训体系建设是一个系统性很强的工作，既要考虑系统间各个组成部分的紧密联系，也要兼顾各个组成部分所存在的价值与独特作用。在建设过程中要统筹兼顾、循序渐进。

因此，我省在中小学（幼儿园）教师培训体系建设时要争取做到以下几点：

一是培训目标体系建设要更具体、更明确。越具体的目标越容易实现，越明确的目标越容易达成，要小而精，不要大且泛，任何目标的设定都要有所聚焦，要聚焦到某一点或某一面，不要想着面面俱到。同时，培训目标的设定不能只重技能和资格，而忽视教师专业发展与整体素质的提升，也不能只重项目实施，而忽视以促进教师专业发展为目标的培训体系整体规划设计。

二是培训组织体系建设要更合理、更规范。教师培训是促进教师专业发展的重要手段，教师培训机构是开展教师培训的主要阵地，激发教师培训机构活力，提升教师培训机构与培训者水平，是推进教师专业发展的有力保障。要进一步明晰省、市、县三级教师培训机构的职责分工与发展重点；要激励省级教师培训机构强化教师培训的理论与实践研究，做好对市、县教师培训机构发展的引领；要大力推进县级教师培训机构建设与改革，有机整合教师培训、教研、电教和科研等多方面力量，使其成为基层学校教师学习的资源与支持中心。要注重培训者专业素养的培养与核心能力的提升，切实提高精准培训的组织能力，促进培训优质高效的开展。

三是培训管理体系建设要更专业、更到位。培训要充分考虑成年人学习特点，成年学习者的学习相对于未成年学习者有着学习风格、学习策略、学习目的等方面的本质差异。他们往往有着较强的渴望师生平等的心理，因此，在培训方式的选择上要尽可能共享资源、共享技术、共享经验或共享价值观，通过构建学习共同体，最大限度地提高参与者的积极性。同时，要更加注重发挥信息技术优势，综合运用培训过程中的过程性和结果性数据，切实做好培训总结反思工作，持续优化培训中的专家选择、课程设置等关键性要素，从而不断优化培训的方案设计。要加强对教师实践智慧的挖掘、转化与共享，通过主题收集、案例打磨、课程迭代开发等方式丰富本地课程资源库，不断提升课程内容的适切性与启发性。要合理设计评价，科学反映学员收获与培训成效，充分利用现代信息技术的数据统计功能，综合考察学员的活动参与、任务完成等情况，综合运用定量与定性评价，实现对培训全过程性、及时性和精准性的评价，着重科学检测学员深度理解、能力提升、实践应用等层面的成效，为教师队伍建设提供数据支持。

四是培训支持体系建设要更健全、更有效。长期稳定的培训管理制度、科学规范的培训计划以及健全有效的培训保障机制能为培训的有效开展提供有力的支持。线上线下混合、同步异步结合的混合式研修模式是目前乃至今后很长一段时间内要采用的方式，加强培训团队对在线培训规律、模式和资源的研究，结合培训特点和实际情况进行良好的在线培训的设计。建立具有培训设计和示范引领能力的稳定且可持续的团队，通过专项培训、团队学习、案例研究等方式提升管理团队的关键能力。建立团队的考评机制，采用项目评估、学员反馈、团队互评等方式加强对团队成员的评估管理，更好地为教师培训做好服务和支持工作。

# 第九章　区域中小学（幼儿园）教师培训的资源开发

## 第一节　区域中小学（幼儿园）教师培训资源开发概论

教育大计，教师为本。全面提高教育质量，大力促进教育公平，办好人民群众满意的教育，关键在教师。为了建设教育强国，造就党和人民满意的高素质专业化创新型教师队伍，一定要找到撬动教师专业发展的关键性脚手架，那就是专业化、科学性、系统化的教师培训工作。但就目前实践情况而言，各地教师培训工作的专业化程度与培训者的专业化水平存在一定差异，全面提升各地培训者的资源开发能力和水平是促进其专业发展的必由之路。因此，国家及各地教育相关部门开始越来越重视教师培训资源开发的理论探析与实践探索，旨在通过教师培训资源的开发与实践探索出一条适合本区域教师培训专业发展的特色路径。

区域教师培训资源开发是为区域整体教师专业发展提供高质量智力支持的系统性工程，囊括了优质人力资源系统、课程资源系统、实践基地资源系统、物力资源系统等多维度资源系统，是区域教师实现可持续、迭代专业发展的助推器，是区域教育实现高质量长远性发展的有力保障。

# 一、教师培训资源开发的研究背景

## （一）后学历时代与知识社会对于教师培训资源开发提出新挑战

随着教育改革的不断推进与深度发展，对教师队伍的建设和素质提升提出了更高的要求。尤其伴随"后学历补偿时代"的到来，我国的中小学教师继续教育已经从以知识补偿为中心的成人学历教育逐渐过渡到以教师专业成长为特征的成人非学历教育。在"学历补偿时代"，教师培训资源的规划与建设具有高度的一致性，主要是体现着国家的意志与政策，满足国家对于各专业高等教育学历课程设置的相关要求。这些培训资源基本上都是规范的文本课程，由高校专家编制，通过这些学历规定课程的学习旨在夯实教师的专业基础。实践证明，教师的学历补偿培训以及学历提高培训，极大地开阔了教师专业视野，深化了对专业知识的认识与理解，为全国教师的专业从教奠定了必备的基础。随着"后学历补偿时代"的到来，中小学教师培训资源的设计与建设空间更为广阔。教师培训创新的实践开辟了培训资源建设的新景观：培训资源的建设不是再延续自上而下规定的内容，而是基于一线教师教育教学实践的需要开发针对性和适切性的资源以满足现实的需要。

现代管理学大师彼得·德鲁克在《后资本主义社会》中提出，我们正在进入知识社会，知识替代了农业社会的土地、工业社会的资本，已经成为第一生产要素和社会进步的核心力量。与此同时，知识的更新速度与迭代能力在不断增强。英国科学家詹姆斯·马丁认为人类的科学知识在19世纪每50年增长1倍，20世纪中叶每10年增长1倍，20世纪70年代每5年增长1倍。在很多领域中，知识的"半衰退期"约为5年，即有些在学校学习的知识有一半将在5年内就会过时。面对知识时代的到来，面对不断更新、升级迭代的知识体系，固守学校教授的教育学、心理学知识远不能满足现代化专业型教师队伍的发展需求，尤其是知识更新速度的不断加快，更加凸显出教师培训资源开发的必要性和紧迫性。只有立足于目前阶段的教师专业发展需求，着眼于未来教育的发展趋势与人才需求导向，才能开发出满足本区域整体教师专业发展的优质教师培训资源。根植于开发出的优质教师培训资源，才能涵养出高素质专业化创新型教师队伍。

### （二）教育强国建设对于教师培训资源开发提出新要求

习近平总书记所作的党的二十大报告首次将"实施科教兴国战略，强化现代化建设人才支撑"作为一个单独部分，充分体现了教育的基础性、战略性地位和作用，并对"加快建设教育强国、科技强国、人才强国"作出部署，为到2035年建成教育强国指明了新的前进方向。

在教育强国建设的发展背景下，必须坚持科技是第一生产力、人才是第一资源、创新是第一动力，充分满足人民群众"上好学"的教育需求。而教师则是决定学生能否"上好学"的重要指标，一支高素质专业化创新型教师队伍才是实现教育强国建设的智力资源和人才保障。所以，面对教育强国建设对于教师队伍培训提出的高标准、高要求，各地要以此为指导思想，加强教师培训资源建设，为各地的教育发展助力，为教育强国建设助力。

### （三）区域教育发展对于教师培训资源开发提出新诉求

随着《义务教育课程方案和教育课程标准（2022年版）》的颁布和实施，各地区域教育的改革与发展已经进入了攻坚克难的深水区。课程的实施者就是教师，教师的素质水平直接决定了课程改革的成效及成败。因此，满足区域教育发展诉求的教师培训资源体系建设任重道远。

在以往的教师培训过程中我们发现，不同区域的教育需求与诉求存在着较大差异，就算是同一省份的不同市地、同一市地的不同县区对教师培训资源建设的需求也不尽相同。不同地域、不同文化会催生不同特质、丰富各异的教师培训资源体系，而这些基于本区域实践所建设的教师培训资源体系才是推动本区域教育高质量发展的重要助推器。因此，区域教育行政部门及业务部门，更要将教师培训工作以研究的视角切入，将其作为一项系统性、长远性、规划性的关乎民生的重要研究内容来看待，认真研究教师培训的实效性与针对性，认真剖析教师培训资源开发的紧迫需求与区域现实意义，为区域教师队伍的高质量发展、区域教育的高质量发展奠定基础。

## 二、教师培训资源开发的核心概念

为了更好地厘清教师培训资源开发的重要意义，先对几个核心概念进行界定和划分。

第一个核心概念是对"资源"的界定。美国哲学家兰德尔在《资源经济学》中指出："资源是由人发现的有用途和有价值的东西。"[①] 我国学者符福峘在《信息资源学》中指出："资源是自然界和人类社会中能创造物质与精神财富的各种客观存在形态或存在物。"[②]

第二个核心概念是对"教师培训资源"的界定。为了阐述清楚"教师培训资源"这一核心概念，有必要先对"教育资源"这一更加宽泛的含义进行界定。教育资源是教育得以发展和壮大的土壤和根基，既包括在教育实践中所创造积累的教育知识、教育资产、教育费用，也包括教育设施、教育技能、教育制度和教育经验，还包括教育领域内外人际关系，涵盖的范围非常广泛。在教育系统中，教育资源包括物质资源、人力资源和信息资源[③]。

"教师培训"是指在终身教育思想的指导下，按照教师专业发展的不同阶段，对教师实施职前培养、入职培训和在职研修等一系列连续的、一体化的教育过程，是教师培养和教师培训的统称[④]。

本书中"教师培训资源"是指在教师入职及职后的不同层级专业发展阶段的培养、培训全链条过程中，一切可被开发和运用于其培养、培训发展过程中的各种资源的总和。不仅包括非生命的物质设备和信息知识等资源，还包括有能动性的人力资源等，具体包含教师培训专家资源、教师培训课程资源、教师培训基地资源、教师培训经费资源、教师培训管理资源、教师培训网络平台资源等。

---

① 阿兰·兰德尔.资源经济学[M].北京：商务印书馆，1989.
② 符福峘.信息资源学[M].北京：海洋出版社，1997.
③ 祝智庭.因特网教育资源利用[M].北京:高等教育出版社，2001.
④ 陈国荣.吉林省中学教师教育技术能力培训资源建设现状及对策研究[D].长春：东北师范大学，2011.

## 第二节　区域中小学（幼儿园）教师培训资源
## 开发中存在的主要问题及破解路径

"十四五"时期，我国已进入高质量发展阶段。作为促进中小学（幼儿园）教师专业发展的重要环节，教师培训的资源开发也是随着时代发展需要不断迭代更新的课题，这对于构建起支持中国式教育现代化的新时代高质量教师培训体系至关重要。但区域中小学（幼儿园）教师培训资源开发中还存在着一些理论和实践层面的问题。

### 一、教师培训资源开发的理论建构问题

#### （一）教师培训资源开发理论内容少、无体系

以"教师培训资源开发"为关键词在中国知网中检索，发现更多的培训资源开发聚焦于企业培训领域，而在教师培训领域的资源开发内容较少。而仅有的面对教师培训领域的资源开发远没有形成科学、规划的开发系统和开发流程，更多的是案例呈现的个案式分享和片段化研究。

#### （二）教师培训资源开发理论领域狭窄、不全面

在教师培训领域的资源开发更多地关注培训课程的开发，而忽视了其他领域的资源开发。教师培训资源开发是一个系统性、宽泛性的大概念，囊括了教师培训过程中各个要素的有效运用和高效整合，不应该仅仅局限在培训课程资源开发这一个狭窄的领域。教师培训资源开发应该从教师培训专家资源、教师培训课程资源、教师培训基地资源、教师培训经费资源、教师培训管理资源、教师培训网络平台资源等多维度进行系统性实践和研究。

## 二、教师培训资源开发的实践探索问题

### （一）教师培训资源开发缺乏系统性的全面规划

对教师培训资源开发的系统性全面规划是一个区域整体教师培训工作走向高标准、专业化的重要标志。但在区域教师培训工作开展的实际过程中，往往缺乏对培训资源开发工作的重视以及系统性的全面规划。区域教师专业发展一定是前期有思考、有规划、有布局，中期有实践、有探索、有创新，后期有反思、有提炼、有萃取的多纬度、全链条的发展过程。在进行区域教师培训工作的整体统筹与规划过程中，要对培训涉及的各项核心要素的资源开发、资源整合、资源运用、资源评估等内容进行高站位的通盘筹谋。凡事预则立不预则废，教师培训资源开发同样如此。

但在目前很多市地的区域实践中，往往缺乏规划，只着眼于眼前的近期项目或者明年的短期项目，有什么项目，就只针对某个项目去进行培训专家资源的对接、培训课程资源的建设等，所谓的教师培训资源开发只停留在个案式的项目推进上。这种个案式、短期化的教师培训资源开发的样态不利于区域教师教育的长远性可持续发展。

### （二）教师培训资源开发缺乏明确的需求导向

区域教师培训资源开发是为区域教师专业发展提供智力支持的系统性工程，既要对接国家对区域教师专业发展的需求导向，又要满足区域教师的专业发展的群体需求特征，同时引领区域教师的高层级的专业发展走向。在这样的背景下，对区域教师的专业发展需求的调研、把脉、分析、指导、总结等就尤为重要。但在实践中，区域教师培训部门往往忽视对本区域教师群体样态的深入调研和实践分析。又或者调研工作仅仅浮于表面，仅仅为了完成某项规定性工作，缺乏调研工作的科学性、真实性和广泛性。为了调研而调研，调研仅停留在问卷上，调研工作仅停留在线上等问题层出不穷。这样的调研工作，必然无法获得真实的调研结果。而对区域教师整体发展需求的判断失衡导致区域教师培训资源开发没有明确的、针对性的需求导向，丧失其

真正的意义与价值。

### （三）教师培训资源开发大多呈现结构单一化特征

在教师培训过程中，一提到"资源开发"，都以为仅仅是针对教师培训课程资源的开发。诚然，教师培训课程是教师培训项目的核心评价指标，但不是唯一的评价指标。教师培训资源开发应该是涉及培训项目开展的各要素资源开发的整体规划，而不仅仅是一个培训课程。但在实际工作开展过程中，将区域教师培训课程资源开发这一项做到有系统、有层级、有标准、有反馈就已经很难得，更不要说从系统论的角度，通盘考量区域整体的教师培训资源开发这一复杂性、体量大的工作。虽然很难，但是从区域教育发展的角度，区域教育的决策者是一定要有区域教师培训资源开发的整体意识的。

一个区域整体教师发展呈现出来的复杂性、多样态、个性化、专业度等特征，是单一教师培训项目、某个教师培训课程很难满足、极难达成的目标。对区域教师培训资源中涉及的教师培训专家资源的开发与整合，实际是对满足区域教师专业发展的高质量人力资源系统的建设和汇总，是区域教育发展的智库建设。对区域教师培训资源中涉及的教师培训课程资源的开发和整体，实际是对满足区域教师专业发展的优质课程资源系统的整合和规划，是区域教育发展最显性、最有利的优质阶梯。对区域教师培训资源中涉及的教师培训基地资源，实际是对满足区域教师专业发展的专业实践场域资源的分类和建设，是区域教育发展最长远、最浸润的本土操练场和专业孵化器。

### （四）教师培训资源开发缺乏跟踪性、可持续的诊断评估

教师培训资源开发是一项系统性的工程，具备科学的规范和严密的开发流程。而对开发出来的资源的跟踪性、科学化、可持续的诊断评估是反思与改进资源开发工作的重要指挥棒，是决定资源开发效果的重要一环。但实际中却缺乏对已开发的教师培训资源的科学性、系统性的诊断评估。原因有三，一是缺乏专业评估知识系统的支撑。评估工作需要一定的专业知识作为支撑。二是缺乏专业的评估人员。三是缺乏适合于教师培训领域的评估体系与评估能力。

### 三、教师培训资源开发的破解路径

区域教师培训资源开发是一项系统性工程，需要以系统论的科学角度来进行构建，从整体系统的构建到分层子系统的实践再到资源实践过程中的开放与评估。

**1.以发展需求为导向，构建区域教师培训资源开发整体性系统**

首先，区域教育行政及业务部门要从高站位、长规划、深思考的角度看待区域整体性教师培训资源开发这项系统性工作。前提是要以发展需求为导向，这里的发展需求既包括区域教育的整体发展态势与特征、区域教师的整体专业发展样貌与特点、区域学校的群体特征等多维度要素。同时，还有跳出教育看教育，充分结合区域政治、经济、文化等优势因素，找到可以开发和利用到教师培训过程中的有效资源。通盘谋划、整体思维、系统推进，有效将区域的发展与区域教育的发展与区域教师的专业发展有机融合，找到其中的关联，构建区域整体性教师培训资源开发的互动立交桥。

其次，要以区域教师专业发展需求为重点，通过大规模调研、实地走访、深入访谈、现场听课等多种方式方法，了解并掌握区域教师专业发展的整体样貌、发展优势、存在问题，并积极思考改进建议。将区域教师专业发展需求作为区域教师培训资源开发的基准点，充分满足区域教师专业发展的现阶段需求及长远性需求。

**2.以机制建设为保障，构建区域教师培训资源开发层次性系统**

将区域教师培训资源开发的整体划分为不同层次的子系统，构建层次分明、逻辑清晰、分工明确、协同创新的工作体系。

区域教师培训资源的开发与整合不是一个人能完成的事情，需要团队的力量和智慧。首先，要以区域教师培训资源开发的机制建设为保障，建立健全机制框架，组建区域教师培训资源开发专业团队，团队人员既包括教育行政管理者，也要包括业务工作实践者，还可以包括高校的专家学者、一线学校的校长教师以及相关的社会工作人员等。其次，明确团队的工作职责与工作流程，制定详尽的工作流程图与资源开发示范图，并且明确每个不同层次的资源开发需求与原则，将区域教师培训资源开发工作做到实处。

**3.以内涵式发展为支撑，构建区域教师培训资源开发专业性系统**

教师培训资源具体包含教师培训专家资源、教师培训课程资源、教师培训基地资源、教师培训经费资源、教师培训管理资源、教师培训网络平台资源等内容。从整体性的角度来看，这项工作是复杂且长期的，但具体到某一个内容，都要以专业性的内涵式发展为支撑，保障这项工作的专业性和科学性。

在教师培训专家资源开发方面，既要了解所需求的国内知名专家学者的重点研究领域与研究成果，又要立足本土区域实践，组建一批区域性、特色化、实战型强的本土教师培训专家资源团队。根据以往的工作经验，国内知名专家学者的偶尔性的讲座在知识更新与观念更新方面很有用处，但对于长期实践性的教育教学改进影响不大，所以各地都开始探索组建一批区域性、特色化、实战型强的本土教师培训专家资源团队。这个组建过程，可以是学校层面自下而上的自主申报—专家指导—专业遴选，也可以是区域层面自上而上的命题申报—专业遴选，也可以两者兼得。

在教师培训课程资源开发方面，要做到理论与实践相结合、共性与个性相结合、引领与辅导相结合。各地都开展了丰富的教师培训课程资源的建设和探索，也呈现出了百花齐放的特色发展样貌。尤其在2020年教育部办公厅印发了《中小学教师培训课程指导标准（师德修养）》《中小学教师培训课程指导标准（班级管理）》《中小学教师培训课程指导标准（专业发展）》3个重要文件后，为全国教师培训课程资源的开发与建设提供了方向性指引与实践性指导。

在教师培训基地资源开发方面，要做到善于挖掘、巧于使用、重于评价。要根据区域教育发展的现状，立足实践需求，挖掘和开发一批具有丰富培训经验的基层学校作为培训场域，可根据培训对象的不同层级与类别，选择适合的培训基地开展沉浸式的跟岗研修活动、轮岗交流活动、访学互学活动、参观游学活动等。

在教师培训经费资源开发方面，做到行政部门与业务部门高效合作、通力协作。一般来说，区域教师培训经费来源可分为行政部门的定向经费支持、业务部门自主申报经行政部门审批的特色项目经费支持、业务部门主动申报承接的个性化项目经费支持、其他市地（学校）、社会机构委托开展的定制项目经费支持等几大类。在区域教师培训资源的开发，尤其是教师培训经费资源开发方面，要多重角度转换角色定位，积极开拓与获取不同渠道的经费支持。

教师培训管理资源开发方面，一方面要加强培训的内部管理，主要通过建立健全教师培训的各项制度规范、工作前期—中期—后期的纪律流程、工作标准等内容，将教师培训工作流程化、标准化、专业化。另一方面，可以借助信息技术平台和手段，用数字化赋能教师培训管理工作，建立数字化的教师培训管理的平台，提高管理工作的便捷性和科学性。

教师培训网络平台资源开发方面，要充分借助时代发展的优势动能，充分利用广泛的、多元的网络资源平台，开展"线上+线下"的混合式研修模式。

## 第三节　区域中小学（幼儿园）教师培训资源开发的实践

目前，越来越多的省市关注到教师培训资源开发的重要性，也相继开展特色鲜明、亮点突出的大胆尝试和探索。

### 一、教师培训专家资源开发

教师培训专家是教师培训项目的重要组成部分，也是影响培训效果的核心指标。建立健全教师培训专家资源库，形成动态的资源库管理系统，对于提升教师继续教育课程建设有持续的推动力。下面以沈阳市教师培训课程专家库建设为例进行分享。

案例1：

# 沈阳市教师培训课程开发师专家团队建设方案（部分）

## （一）建设目标

为促进沈阳市教师培训工作的转型升级，打造一支高素质、高技能的培训者队伍，实现沈阳市教师培训课程资源的自主化、专业化、体系化，进一步推进教师培训课程开发工作，组建沈阳市教师培训课程开发师专家团队。

## （二）入选条件

1.教学实践、班级管理和培训组织经验丰富，具备首席教师、名师、优秀班主任称号和优秀培训者的教师优先录用。

2.热爱教师培训工作，具备一定的课程开发研究能力，曾经开发过有价值、有实效的教师培训课程开发者优先。市培训讲师团成员优先录用。

3.培训经验丰富，培训效果突出，承担过区级以上培训任务。

4.乐于改革创新，实践新型培训模式，不断提升培训水平。

## （三）建设任务

1.参加课程开发培训。入选教师定期参加市级组织的课程开发师（讲师）培训，不断提高课程开发和授课能力。培训时间为5月至10月。

2.开发培训课程。根据我市培训课程开发计划，承担相关领域的培训课程开发任务，丰富课程体系，形成高质量的培训课程资源库。

3.参加双重评审。根据培训方案，确保课程质量，每位课程开发者都将参加课程文本与试讲的双重评审，双项评审合格者入选市培训课程资源库，其课程列入市级培训课程菜单。

4.承担授课任务。根据我市教师培训项目，每年安排一定数量的授课任务。在今年新教师培训项目中，各区县将自主选择课程菜单中的培训课程，被选中的课程开发者（培训师）将承担相关课程的授课任务，以实践完善所开发的课程内容。

5.接受考核评价。课程实施结束后，课程评估组将对培训课程（培训师）的授课情况、培训效果等进行考核与评价，确定考核评价结果。考核评价结果将作为全市培训课程体系鉴定与年度精品课程评选的重要依据。

案例点评：沈阳市是以教师培训课程开发为切入点，组建了教师培训课程开发师的专家团队。组建是以自上而下的命题式任务为导向，规定了课程建设的方向和题目，并对申报的专家条件及需承担的建设任务进行了详细的规定。同时，以双重评审（课程文本评审和专家试讲评审）严把质量关。这支专家团队组建后，在沈阳市后续的新教师培训及其他培训中都起到了非常大的智力支持作用。同时，也为沈阳周边其他市地的教师培训项目输送了大量本土优质专家资源，均获得了较高的好评。

## 二、教师培训课程资源开发

教师培训课程资源是教师培训项目的核心内容。各地在进行研究与建设过程中呈现出不同的样态。

、 下面以上海市浦东新区"十三五"教师继续教育选修课程指南为例进行分享。

**案例2：**
### 浦东新区"十三五"教师继续教育选修课程指南

（一）建设目标

为贯彻《浦东新区"十三五"教师继续教育实施意见》，落实《浦东新区教师继续教育课程建设指导意见》，构建"开放、多元、科学、亲和"的区域教师继续教育课程体系，引领浦东新区教师继续教育课程开发，特制定《浦东新区"十三五"教师继续教育选修课程指南》（以下简称《课程指南》）。

《课程指南》以教育部《教师教育课程标准（试行）》为指导，以教育部颁布的各学段各类学校教师专业标准（试行）对教师素养的要求为依据，以区域教师教育发展的现状和特点为核心，旨在满足区域教师专业发展的多样化需求，引导教师加深专业理解、解决实际问题、提升自身素养，促进教师全人发展。

## （二）中小学教师继续教育选修课程指南

浦东新区"十三五"教师继续教育选修课程指南的具体内容见表9.1。

表9.1　中小学教师继续教育选课指南

| 课程维度 | 课程模块 | 内容说明 | 课程举例 |
|---|---|---|---|
| 专业理解 | 职业理解与认同 | 帮助教师了解教育政策法规，提高对职业价值、意义的认识，规划自己的职业成长、专业发展。 | 《教师专业发展的途径与策略》《名家教育观》 |
| | 学科教学知识 | 帮助教师深入了解学科教学知识、技能的相关课程。包括：《课程标准》解读；教材分析；学科教育教学发展史；古今课程对照；中外课程比较等。 | 《小学语文教材分析》《数学课程标准解读》《现代语文教育史》《基于话题的初中英语教材各单元整体把握》 |
| | 学科教学发展 | 帮助教师了解因政治、经济、文化、科学等方面的发展而带动的有关学科发展动态的课程。包括：社会科学、自然科学的新发现；学科教育热点问题、学科学术研究前沿介绍等。 | 《文学领域学术研究前沿》《翻转课堂的技术实现与教学应用》《科学幻想与自然科学》《语言习得理论略览》《中国英语教育现状与思考》 |
| | 教育理论发展 | 帮助教师了解当前教育领域的新知识、新话题，提升教师对教育者的自我剖析能力，深化对学生的认识，加强对教育现象的思考的课程。包括：当代教育思潮，建构主义的教育策略、人本主义教育；学校教育发展史等。 | 《学会研究的学习》《基于问题研究的创新教育》《学习科学新进展》 |

续表

| 课程维度 | 课程模块 | 内容说明 | 课程举例 |
|---|---|---|---|
| 专业实践 | 学科教学设计与实施 | 围绕学科教学实践，帮助教师把握教材、提升课堂教学实效的课程。包括：教学内容的确定与教学设计；课堂组织与实施；课堂教学的预设与生成；导入技巧、提问策略、复习巩固；实验设计与现场指导；单元整体学习与课堂教学实践等。 | 《高中语文写作教学设计》《小学品德与社会学科案例教学实践指导》《中学化学实验教学设计与改进创新》《中学语文问题化教学设计与实施》《中学语文文体阅读教学设计与实施》《英语语音语调教学：设计与实操》 |
| | ICT 的教育教学实践应用 | 围绕ICT（以互联网广泛应用为标志的信息通信技术，Information Communication Technology）的教育教学应用开设的课程，培养教师的信息意识和数字化生存能力，使教师能够主动适应"互联网"等社会信息化趋势。包括：常用软件的学科应用；教育教学类APP的应用；信息技术的教育教学管理应用，如学习情况统计、分类比较、人员遴选等。 | 《交互白板环境下课件设计制作与运用技巧》《图形计数器在高中数学教学中的应用》《OFFICE在教育教学中的高级应用》《基于计算机技术的地理图表绘制技法》《英语学习APP的介绍和使用》《基于DISlab系统的中学物理实验的设计与开发》 |
| | 学习评价 | 基于学生的学习、认知表现，为帮助教师有效诊断与评价学生现状而开设的课程。包括：评价工具的使用；作业设计；试卷编制与测试分析；课堂观察与课堂评价；学生学业评价；学生综合素质评定等。 | 《初中数学解题典型错误解析》《初中信息科技学科命题及考试指导》《小学语文学业评价及质量检测》《思想政治学科的学习评价》《英语语言测试：如何设计词汇测试》《新高考方案下高中物理学科的学习评价》 |

续表

| 课程维度 | 课程模块 | 内容说明 | 课程举例 |
|---|---|---|---|
| 专业实践 | 教育评价 | 有助于教师借助评价工具和手段提高教学反思能力、提升教师教育教学实践技能的课程。包括：教学诊断与改进；观课与评课；实践与反思。 | 《体育课说课、听课、评课》《地理评课实例分析》《思想品德学科观课评课》《语言课堂中的教师语言评价：内容、类别、效果》《高中物理实验课的观课评课》 |
| | 校本课程开发 | 帮助教师了解校本课程的特点与开发要求，掌握基于学科拓展、学科交叉融合或学校特色的校本课程开发方法与策略的课程。 | 《信息化环境下特色校本课程的设计与开发》《金融与理财》《基于本校特色的双语拓展课程建设——以×××为例》 |
| | 班级组织与管理 | 围绕班主任工作或针对学生团队建设，提升教师教育组织管理能力的课程。包括：班级（团队）组织管理策略；班集体的建设；师生、家校沟通与合作；班级（团队）主题活动的组织和管理等。 | 《班主任与家长沟通的技巧》《班级建设的理论与实务》《少先队辅导员的工作方法与技能》《家校合作的理论与实践》 |
| | 教育教学研究 | 以提升教师教育教学实践智慧为核心，围绕教师教育教学实践中的真实问题，帮助教师了解教育科研的一般特征与规律，学会研制教育教学研究课题，进行教育行动研究，掌握论文、教育案例、教育叙事的撰写的课程。 | 《德育课题研究的途径和方法》《英语教师行动研究》《高中数学有效课堂教学策略及案例分析》《外语课堂中学生的情感焦虑问题研究》《物理教学研究的基本方法》 |

| 课程维度 | 课程模块 | 内容说明 | 课程举例 |
|---|---|---|---|
| 全人发展 | 科学与技术 | 帮助教师正确地发现和理解科学、技术与社会之间的相互关系，培养科学精神和科学态度，提升技术意识和应用水平。包括科学和技术的基本知识技能、过程方法、价值观，用科学思维、创新思维解决日常问题，自然科学的新发现、技术发展的新动向等内容。 | 《思维导图高效学习与系统思维》《视觉素养ABC》《简单调查问卷的制作、投放与分析》 |
| | 人文与艺术 | 提升教师对文化艺术的感受力、理解力、鉴赏力、表现力和创造力的课程。包括哲学、历史、政治、文学、音乐、美术等内容。 | 《古诗词中的爱情、亲情与友情》《生活中的经济学》《篆刻艺术实践研究》《中国古代山水画欣赏与实践》《书法艺术的欣赏与实践》《丝网花制作》 |
| | 健康与生活 | 有益于教师生理和心理健康、提高教师生活质量、促进教师和谐发展的课程。包括身体保健、心理健康、人际沟通、家政理财等各种内容。 | 《中学班主任心理辅导》《教师积极情绪的维护》《瑜伽入门》 |

（三）幼儿园教师继续教育选修课程指南

浦东新区"十三五"幼儿园教师继续教育选修课程指南具体见表9.2。

表9.2 浦东新区"十三五"幼儿园教师继续教育选修课程指南

| 课程维度 | 课程模块 | 内容说明 | 课程举例 |
|---|---|---|---|
| 专业理解 | 职业认同与生涯发展 | 围绕对幼儿园教师职业的理解、认同、规划与发展所展开的课程。包括幼儿园教师的职业道德与信念，职业要求与规范，自我诊断与职业生涯发展的规划及途径方法等。 | 《幼儿园名教师的成长故事》《教育部〈幼儿园教师专业标准〉（试行）解析式共读》《幼儿园教师必须知道的法律法规》《如何制定个人专业发展规划》《××教育专著共读与讨论》 |
| | 儿童发展与教育理论 | 围绕教师对幼儿及其发展的认知、对教育教学的理解所展开的课程。包括幼儿身心发展规律与个体差异，领域学习与发展的关键经验与教学知识，对现实有启示意义的课程与教学实践模式或理论流派，有特殊需要幼儿的鉴别与教育等内容。 | 《幼儿心理故事与分析》《5～6岁幼儿数学认知能力发展特点及活动建议》《幼儿注意力缺陷障碍的识别与应对》《方案教学（或"瑞吉欧"等）的理论与实践》《华德福（或蒙台梭利等）教育理念的启示》 |
| | 学科热点与动态前沿 | 围绕学科发展中新的研究动向与成果、热点领域与话题所展开的具有一定时效性或地域性的课程。 | 《走近"学习故事"——来自新西兰幼教课程改革的启示》《上海学前教育课程改革动向》《幼儿科学领域"核心经验"的发展与支持策略》 |

| 课程维度 | 课程模块 | 内容说明 | 课程举例 |
|---|---|---|---|
| 专业实践 | 一日活动组织与实施 | 围绕教师在一日活动中设计、组织各类教育教学活动所需要的知识技能、方法策略所开设的课程，蕴含科学、现代的教育教学理念。包括：一日活动的安排与统筹；随机教育；各类教育教学活动的设计、组织实施与反思；环境创设；班级管理等内容。 | 《半日活动计划的制定》《〈生活活动〉教材解读》《室内运动的创意设计》《幼儿园玩沙玩水活动的组织》《〈学习活动〉素材点解析》《主题活动的设计与实施——以××系列主题为例》《优秀个别化学习材料解析》《〈指南〉背景下幼儿园美术活动的理念与实践》《班级主题环境创设——以××主题为例》《小班角色游戏的材料提供与支持》《"随手可玩"的幼儿园小游戏》《图书室/植物角的创设与管理》《"体现幼儿自主"的班级环境创设》《节日活动（或运动会等幼儿园其他综合性活动）的设计与组织》《"告状"行为的分析与处理智慧》 |
| | 保育保健 | 在"保教结合""医教结合"的理念下，从幼儿园教师的角度，围绕幼儿保健知识、幼儿园安全卫生工作等内容所开设的课程。 | 《一日活动中的保教结合操作要点》《儿童急诊救助操作实务》《幼儿常见病的预防及护理》《幼儿营养与平衡膳食》 |

| 课程维度 | 课程模块 | 内容说明 | 课程举例 |
|---|---|---|---|
| 专业实践 | 家 园/社区共育 | 针对教师在幼儿园与家庭、社区合作中需要的理念、方法、策略等所开设的课程。 | 《新小班家长工作指南》《大班"幼小衔接"家长指导》《如何运用现代信息手段进行家园沟通》《幼儿园—社区合作活动创意设计》《家长工作"危机事件"处理》 |
| | 幼儿园教育评价 | 针对教师在进行幼儿发展观察评价与幼儿园课程评价，以及接受教师、园所等相关评价的过程中，所需要了解的理念、知识、工具、方法等所开设的课程。 | 《幼儿游戏案例深度解析》《"档案袋评价"（或其他评价）方法介绍与实例分析》《〈上海市幼儿园保教质量评价指南〉（幼儿评价部分）解析式共读》《基于幼儿观察的集体教学活动改进》 |
| | 经验提升与研究 | 针对幼儿园进行实践梳理提升或开展教育教学研究所需的理念、工具、方法等所开设的课程。包括教育科研方法；研究性文本写作等内容，建议以剖析研究实例或进行研究实践的形式展开。 | 《幼儿园教师如何开展行动研究》《教案与反思的撰写》《幼儿观察案例写作指导》《小论文写作交流与指导》《关于××（一个"迷你"研究话题）的协作研究》 |
| 全人发展* | 科学与技术 | 帮助教师正确地发现和理解科学、技术与社会之间的相互关系，培养科学精神和科学态度，提升技术意识和应用水平。包括科学和技术的基本知识技能、过程方法、价值观，用科学思维、创新思维解决日常问题，自然科学的新发现、技术发展的新动向等内容。 | 《家庭科学小实验》《幼儿园教师工作中好用的软件帮手》 |

续表

| 课程维度 | 课程模块 | 内容说明 | 课程举例 |
|---|---|---|---|
| 全人发展* | 人文与艺术 | 提升教师对文化艺术的感受力、理解力、鉴赏力、表现力和创造力的课程。包括哲学、历史、政治、文学、音乐、美术等内容。 | 《如何讲好一个故事》《毕加索（或其他艺术家）作品鉴赏》《让孩子和乐器交朋友——常见乐器介绍与活动延伸》《传统节日与民间传说》《教育题材电影赏析》《中外经典名著赏析》 |
| | 健康与生活 | 有益于教师生理和心理健康、提高教师生活质量、促进教师和谐发展的课程。包括身体保健、心理健康、人际沟通、家政理财等各种内容。 | 《幼儿园教师着装与礼仪》《预见未知的自己——教师如何认识自我》《"正面管教"的方法与训练》 |

案例点评：浦东新区在"十三五"期间就以教师专业标准（试行）为标准，建立了内容完善、层次清晰、丰富自选的教师培训课程资源体系。以《课程指南》为方向，提供了大量可供教师自选的课程开发的方向，为区域教师的专业发展提供了智力供给池。

其他区域也进行了各有特色教师培训课程方面的探索。

大连市根据区域的实际情况，着重构建具有区域特色的教师培训课程体系。大连市是按照《教师专业标准》要求的几个方面，设计的培训课程，具体内容如下：

模块一　学校的战略管理（简称：战略管理）

时事、教育政策法规

学校相关法律知识与实践

素质教育的理论与实践

全球教育发展现状与趋势（国内外教育改革发展趋势）

学校发展规划制定的理论与实践（学校发展理论）

现代领导理论

模块二　学校文化建设与学生发展（简称：文化建设）

社会文化的形成与发展

学校价值观建立与学校特色发展

……

深圳龙岗也形成了自己自下而上的课程体系，主要分为四个系列，即学科培训系列、岗位培训系列、专题培训系列和幼教培训系列。以学科培训系列举例。

系列一：学科培训

1.小学语文可视化序列写作教学

2.小学语文高质量学习系列培训

3.儿童阅读N+2课程系列培训

4.小学语文口语交际教学专题培训

5.小学语文诗歌教研培训

6.小学数学课堂教学设计与实施

7.小学英语单元整体教学设计培训

……

营口市老边区教师进修学校也立足区域实际，开发出了特色的教师培训课程。

**案例3：**

## 营口市老边区教师进修学校《开发培训资源，助推教师、校长专业成长》

为了更好地解决教师、校长培训中出现的问题，重点是培训资源的欠缺，为此营口市老边区教师进修学校师干训部重点是开发培训资源，采取不同的培训方式，助力教师、校长专业发展。

（一）针对具体实际，构建培训资源框架

根据老边区教师、校长培训的实际情况，以及培训的需要，我们分别构建了三个维度八个模块的培训资源框架，三个维度是师德与专业理念、专业知识和专业能力。

教师培训资源开发了八个模块。即：师德与专业理念分为师德与专业发展、专业理念两个模块；专业知识分为学科文化和学科知识两个模块；专业能力分为教学应用、教学设计、教学评价和教学研究四个模块（见图9.1）。

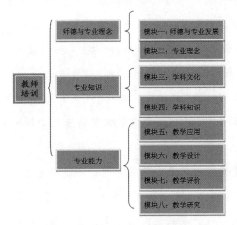

**图9.1 教师培训资源模块**

校长培训资源开发为八个模块。即：师德与专业理念两个模块：师德修养和专业理念；专业知识四个模块：学生发展知识、教育教学知识，法律知识、政策知识；专业能力两个模块：学校管理能力与实践、考察与研讨（见图9.2）。

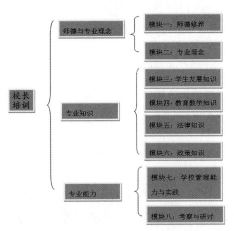

**图9.2 校长培训资源模块**

## （二）结合资源框架，开发培训资源体系

根据教师培训和校长培训的三个维度和八个模块，营口市老边区教师进修学校着手开发培训资源，建立资源体系，能够更好地为教师、校长培训工作服务。

教师方面着重开发以下培训资源体系。即：师德与专业发展模块，《师德修养与教师专业发展》和《中小学优秀教师成长历程探讨》；专业理念模块，《〈中小学教师专业标准(试行)〉解读》《教学最新动态与发展趋势》；教学设计模块，《教学设计的标准与范例》《教学设计的思想与方法》《有效课堂教学的实施与策略》；教学研究模块，《教育的现代发展与研究》《教育课题研究与论文写作》《教育教学研究课题的选及申报》和《学校校本研修的若干问题》。

校长方面着重开发以下资源体系。即：师德与专业发展模块为《师德热点与两难问题辨析》《〈义务教育学校校长专业标准〉解读》；专业知识模块课程为《重视学生心理健康教育促进学生健康发展》《学生学习兴趣的培养》《有效教学与教师的课堂教学意识》《中小学学生人身伤害事故处理中的法律问题》《教育人事制度改革》《中小学教师职称制度改革》；专业知识模块课程为《学生心理问题矫正》《凝铸师魂示范引领》《立足校本教研，成就教师幸福人生》《强化学校课程建设，彰显学校课程特色》《学校特色建设的思想与行动》《提高校长综合能力的几点感悟》《我当校长的日子》《名校考察与研讨》《我的管理实践，我的学习收获》。

## （三）整合培训资源，实施系列培训活动

营口市老边区教师进修学校为了落实三维度八个模块的培训资源建设，按照拟开发的培训资源体系收集整理资料，采取了个人自学、集中面授、跟岗实践、返岗研修、网络学习和总结交流的培训方式，开展了系列化的培训活动。

### 1.个人自学

为了提高教师、校长参加培训的灵活性，我们整合培训资源，结合我区教师、校长的具体情况，编写了自学手册，供教师、校长个人自学。几年来，我们先后编写了"十三五"期间教师自学手册，如《研训教师专题讲座

汇编》《研训教师集备集锦》《中小学部级优课集锦》《骨干教师经验交流材料（一、二、三）》以及《校长培训系列手册》《校长培训成果集锦》《对话心灵，育人心田——品牌班级建设材料集锦》《线上课堂优秀教学设计汇编》等手册提供给教师、校长自学，整合培训资源，做到资源共享，通过个人自学，提升了教师、校长的个人素质。

同时为了更好地开展师德教育，营口市老边区教师进修学校组织了师德演讲活动，每年度都编写了《我的教育故事汇编》，特别是在疫情防控过程中，中小学教学一线教师舍小家、为大家，在疫情防控中作出了自己的贡献，在落实市教育局"停课不停学""停课不停研"中更是开展了一系列的工作。因此营口市老边区教师进修学校组织编写了《在抗疫中感悟，在思考中成长——我的教育故事汇编》供全区教师、校长学习、借鉴我们身边的感人故事。

### 2.集中面授

集中面授能够更好地将培训资源展示给教师和校长，营口市老边区教师进修学校将培训资源的八个模块，采取专题讲座案例评析、问题研讨、师生对话等形式，聘请校内外的知名教育专家、教学名师、教授及经验丰富的教师授课，帮助教师、校长进一步提升专业理念、师德素养、专业知识、教研能力和教育教学能力。例如我们先后邀请了辽宁教育学院基础教育教研中心教研员、营口市教师进修学院现代教育研训处研训员分别做专题讲座。为了做好单项的专业培训，我们还邀请了辽宁教育学院语文教研员为小学语文学科教师进行专题培训。

### 3.跟岗实践

跟岗实践主要是组织教师、校长到基地学校跟岗学习。开展集体备课、听名师示范课、评课、上常态课、上汇报课、说课、说题、案例分析、专题讨论、同课异构、课例演示与分析，以及试题的编制、考试、分析等教学实践活动，进行课题研究、论文撰写等科研活动。通过跟随名师、名校长亲身体验教研教学和管理全过程，使学员在实践体验中感悟、反思、提升，逐步形成个性化教学风格和管理特色。如我们先后组织营口市老边区教师进修学校研训员到大连市西岗区教师进修学校，沈阳市和平区教师进修学校开展跟岗学习研讨活动。组织教师、校长到辽宁省实验中学、辽宁省实验学校等名校跟岗学习、听课，开展教研活动。

### 4.返岗研修

每次跟岗实践结束后，营口市老边区教师进修学校都组织教师返岗研修和行动研究，践行理论知识完成作业、撰写论文。

### 5.网络学习

营口市老边区教师进修学校组织教师、校长通过网络平台进行网络学习。先后组织了骨干教师"国培计划"、班主任远程培训、校长远程培训、教师远程培训、线上课程辅导等一系列网上学习活动，主要围绕三维度八模块的培训资源选择培训内容，充分开拓教师、校长视野，提升教师、校长的专业知识和专业能力。

### 6.总结交流

每次培训结束后，营口市老边区教师进修学校都要组织教师、校长学习，进行教学实践的反思与经验交流、论文报告与交流、课件演示和培训心得及管理心得交流等。交流活动以案例为载体，开展问题研讨、科研训练、论文撰写，增强教师、校长的教研能力、管理能力，促进教师、校长走上专业化道路。

## （四）强化考核评价，有效落实培训资源

营口市老边区教师进修学校采用自主评价、集体互评和教师、校长评价的方式对培训资源的使用进行考核评价。作业学习安排完成每个模块培训资源提交班级管理与指导教师批改、点评，鼓励教师、校长参与专家或指导团队集中答疑与学情指导活动，进一步提高教师、校长的教学研究水平。制定评优评先奖励办法，建立激励机制，通过评价和总结我们将不断积累培训的经验，不断提升培训资源在教师、校长成长中的作用。

案例点评：营口市老边区教师进修学校以本地校长、教师的专业需求为导向，设计了三个维度八个模块的培训课程资源框架，按照师德与专业理念、专业知识、专业能力三个维度开发了系列的特色培训课程。立足于营口市老边区教育教学的实际，通过培训课程资源的开发建设，一是能够引导、激励和帮助中小学教师、校长增强终身学习和主动学习的意识，在现有起点上持续发展；二是帮助教师、校长了解当前教育教学的热点问题和最新进

展，反思存在的弊端，更新教育教学理念；三是帮助教师、校长总结教育教学经验，探索教育教学规律；四是力争教师在师德素养、现代教育理念、素质教育技巧、教育教学能力、教学研究能力和服务社会能力等方面有一个的飞跃，使教师通过培训后形成个性化教学风格，加速成长为高素质、高水平的符合时代要求的中小学教师专家型人才，开拓校长眼界，提升校长管理水平和管理能力，打造一支管理型、研究型、专家型校长队伍，从面在全市义务教育中发挥示范、引领和辐射作用。五是为其他教师培训部门提供共建共享的培训资源库。在课程的实施过程中，针对性强、实效性高，助力了区域教师队队伍的高质量发展。

（案例主持人张震，案例参与者马育红、王新全、张金东、赵坤、孙明祖、王晓莹）

盘锦市兴隆台区兴油幼儿园以非遗为创新载体，将非遗巧妙地纳入教师培训课程的资源开发中，形成了独具特色的教师培训课程资源开发案例。

## 案例4：
## 盘锦市兴隆台区兴油幼儿园《非遗进校园》

### （一）背景与问题

#### 1.背景

非物质文化遗产伴随人类历史发展而来，记录着一个民族生息繁衍的历史，凝结着民族的精神，关系着文化的传承，承载了各族民众独特的造物伦理观念、审美意趣和工艺智慧，将传统艺术、工艺之血脉基因保留延续至今，是全人类的共同财富，堪称人类文明的"活化石"。然而，随着经济的快速发展，非物质文化不断受到冲击和影响，如指间之沙，稍有不慎，就会流失于指缝。

面对急需保护的非物质文化遗产，要想取得事半功倍的效果，"种子"的力量不容忽视。那就是以广大少年儿童为对象，从小植入祖国优秀传统文化的种子，在幼小的心灵生根、发芽，未来在世界之林傲立。秉承这个信念，辽宁省盘锦市兴隆台区的美术教师团队，在教研员关华君老师的带领下，从2014年开始走上了"非遗进校园"的道路，研究非物质文化遗产与校园文化的相互交融和共同发展。

七年间披荆斩棘，摸索出一条根植校园传播地域非遗文化的道路。美术教师在深入学习、了解的基础上，形成了各具风格的作品，自编教材单册多达百余本，期刊百余篇，出版专著两本，优秀课件数节，课堂实录百余节，其中自编教材和教参在各校美术课中应用，将非遗进校园从理论转变成实践，具有很强的操作性。

### 2.问题

《中共中央关于制定国民经济和社会发展第十四个五年规划和二〇三五年远景目标的建议》明确了教育系统必须坚定"四个自信"。中华民族伟大复兴离不开文化自信，更离不开文化繁荣兴盛。而目前，青少年"文化自信"基础不牢，有待夯实。应该从小以文化之、润物无声。在国家大力倡导保护非物质文化遗产、非遗进校园的背景下，将非遗这人类文明的"活化石"创新地展示在青少年眼前，激发传播、传承的热情和信心是教育者之责任。

### （二）问题解决思路

问题解决思路具体见表9.3。

表9.3 非遗进校园问题的解决思路

| 问题 | 解决思路 | 主要策略 | 核心成果 |
| --- | --- | --- | --- |
| 课程资源"散" | "聚"<br>聚合区域课程资源 | 确立整合系统：以学生的学习与发展为核心经验为基础聚合。 | 课程资源一览表 |
| 课程资源"浅" | "构"<br>构建课程资源整合体系 | 构建课程资源整合流程，选择、优化、系统化。 | 以学生的学习与发展核心经验为基础的体系化课程资源库 |
| 课程资源"窄" | "创"<br>创设课程资源共享平台 | 借助信息技术：突出课程资源运用的十一型、便携性、自主性、广泛性。 | 课程资源共享云平台人力资源开发创新 |
| 整合机制"缺" | "建"<br>建立课程资源整合联动机制 | 充实保障，研制联动机制。 | 联动机制 |

### 1.过程

第一个阶段：激发兴趣、循序渐进。通过大量新鲜的，具有史料意义的图片、视频等导入教学，这些未接触过的领域肯定会激起学生强烈的好奇心，在此基础上，由浅入深将学生引入非遗文化的大门。

第二个阶段：立足课堂、开发资源。围绕非遗项目中的传统技艺、传统艺术研发适合学生的地方教程，创作具有非遗特色的资源库。

第三个阶段：构建特色、提升品味。基于"点、线、面"的研究、实践模式，将非遗文化传播到校园，再由校园辐射千百个家庭，乃至社会，辐射周边区域，铸造学校的教育品牌。

第四个阶段：依托活动、促进科研。以科研引领教研，在实践中不断丰富教育资源、创新教学模式。

### 2.策略

（1）组织培训活动。提高美术教师的专业素养，如果学校的美术教师对于美术校本课程的开发能力不足，那么也会阻碍学校美术校本课程开发的脚步。鉴于此，学校可以为美术教师安排定期培训，可以根据学生的特点对教师进行专门的培训或者外请一些专家学者来学校为美术教师进行培训或者是让专家参与到本校美术校本课程开发的过程中，从而提高教师的专业素养以及学校美术校本课程开发的质量。

（2）加强同领域的资源共享与交流。一个人的力量是有限的，一个学部的资源是有限的，一个学校的资源是有限的，从而限制了学校开发实践的质量和水平，因此需要加强师师之间、学部之间、校校之间、区域之间的交流联系，组织相关的教研活动，共享资源。

（3）健全评价机制。主要针对"非物质文化遗产"本身及教师和学生的评价。非物质文化遗产课程本身难易及内容是否符合少年儿童的教育规律及身心发展规律，需要老师和学校对非物质文化遗产内容的创新性、科学性进行评价。

（4）提高对非物质文化遗产的认识。非物质文化遗产是人类的财富，与有形的文化遗产相比，它关系到民族精神和文化的传承，一旦濒临危险，就将会带给我们无法挽回的遗憾。多年来我国的传统文化急剧流失，当年的敦煌文书最完整的资料流失到日本，楼兰古城的资料也被锁在大英博物馆中，湖南滩头年画也被日本和德国收藏，所以我国要提高对非物质文化遗产的认识，采取积极的措施极力换回和保护这些珍贵遗产。

（5）充分认识非物质文化遗产保护的重要性。面对当前非物质文化遗产的危险状况，一定要充分认识非物质文化遗产保护的重要性和紧迫性，在保护工作实施的过程当中更加有针对性地加以调整。随着生态文化的改变，众多非物质文化遗产面临着即将失去自己赖以生存的环境的危险，加之现在的保护工作实施存在一定的困难，一定程度上阻碍了非物质文化遗产的保护。因此一定要提高重视非物质文化遗产保护工作的重要性，时刻有种紧迫感。

**3.具体过程（以"剪纸"为例）**

（1）专业培训。2020年1月9日—17日，面对一线美术教师，本着形成区域特色、区域品牌的宗旨，秉承扎实推进校校有品牌、校校有特色的原则，举办了"剪动灵光、纸现未来"兴隆台区小学美术教师剪纸培训。培训班从《剪纸课堂的研究》《创意剪纸与衍生品》《南北方剪纸的特点和风格差异》《传统剪纸的特点》《剪纸艺术的方向》《剪纸的技巧培训》等多角度设置课程，学、做、展、评相结合，用非遗表现非遗，计划原创盘锦市国家级非物质文化遗产"古渔雁"民间故事，推出盘锦市首个《古渔雁》剪纸连环画。邀请了盘锦市刘氏剪纸传承人刘坤老师，她的徒弟全程跟进了培训班的教学，为学员进行细致的讲座。培训班还将贯彻革故鼎新、与时俱进的精神，进行创意剪纸和衍生品的创作，彰显盘锦地域文化，唱响盘锦文化品牌。2020年1月《剪动"非遗"灵光、纸现美好未来》在《辽河石油报》第五版刊登。2020年1月19日图片新闻在《盘锦日报》第2版刊登。

图9.3 "非遗进校园"剪纸作品被当地报纸刊登

（2）深度学习。剪纸培训班结束以后，大家继续采用自学、集中学习的形式，了解、学习古渔雁民间故事，从神话、传说、故事三个类别选取适合青少年的励志故事，作为创作素材。

（3）确定体例。研讨出《古渔雁——剪纸连环画集》的创作体例，在盘锦市市级剪纸传承人刘坤老师的风格引领下，以《古渔雁》一书为基础，从神话、传说、故事三个单元百余个故事中选取了28个励志故事，围绕故事情节设计人物形象及场景，将每个故事分成9个画面，进行构思、构图，定稿后改成剪纸纹样，保持刘氏剪纸风格创作。252幅剪纸作品跃然纸上，讲述着一部中华民族的海捞史，反映着这一古老的人类文明。

（4）疫情创作。2020年春节，传来了武汉疫情的报道。三十到初二是煎熬的两天，我们只能遥祝武汉加油。这时，有的教师认为：作为党员，不能就这么干待着，就用刚培训的剪纸为武汉加油鼓劲儿吧！在带头人的号召下，这个团队瞬间热闹起来。人在家，心随党，动起手，剪祝福。团队带头

人设计了一套系列作品的构思，不断提示大家不要相信小道消息，要正确对待疫情，鼓励大家舞动双手、编织祝福，为武汉加油！终于，美术教师们五天的时间创作了11张剪纸作品，《守望相助》《众志成城》《疫情在前我们不退》《生命因你而精彩》跃然纸上，做成了"黄沙百战穿金甲，不破楼兰终不还"的专题美篇。我们牵挂武汉人民的安全、感动医务人员的逆行、致敬人民军队的无私，骄傲国家领导的英明，相信我们一定能打赢这场疫情阻击战！创作的新闻被各大媒体争相报道。

（5）画集初审。针对大家上交的作品，提出修改意见，由北方联合出版传媒（集团）股份有限公司，申请新闻出版总署书号。

（6）专刊采访。《学校品牌管理》杂志记者了解到我们这样一群教育工作者在走活非遗之路的故事，对近几年的事迹和成绩进行了专题报道。刊登在2020年《学校品牌管理》上。

图9.4 "非遗进校园"事迹和成绩被《学校品牌管理》专题报道

（7）再审托裱。画集作品进行再次修改、完善，最后专业托裱。

（8）作品展览。2020年将举办"剪动灵光、纸现未来"兴隆台区小学美术教师剪纸展览，为广大市民提供传承优秀传统文化、打造时代创新品牌的视觉盛宴。

图9.5 "非遗进校园"新冠疫情期间剪纸作品

（9）正式出版。画集作品统一拍照，出版社审核、出版。

图9.6 "非遗进校园"剪纸作品出版连环画集

（三）创新举措

创新，它不但是一个民族进步的灵魂，更是一个国家兴旺发达的不竭动力，少年儿童容易接受新鲜事物，创新思维发达，接受"非遗"，传承"非遗"、发展"非遗"、创新"非遗"，尤其适合少年儿童。项目创新之处在于以下四点：

一是理念创新。顶层定位，建立了办品位教育的领先发展理念。

二是策略创新。深度整合，提升教师课程开发能力。

三是成果创新。多项非遗融合创新，形成三本专著，三本出版物，为实践提供理论与支撑。

四是形式创新。从事"非遗进校园"研究工作至今，取得了十余项国家、省、市级科研课题研究。参与教师在深入学习、了解的基础上，形成了各具风格的作品，其中出版专著两本，自编教材单册多达百余本，期刊发表百余篇，优秀课件数个，课堂实录百余节，报纸数十稿。以此课题为契机，其间我们接受了辽宁卫视第一时间专栏的采访，上了人民日报以及盘锦新媒体，得到了社会的广泛认可。与此同时，团队也参与了《中国民间集成》书籍编辑活动中。

非遗进校园课程不仅有助于中小学生了解传统文化，培养文化自豪感，树立文化自信，而且在学生关注、喜爱的前提下，带动家长融入其中，营造了非遗保护的浓厚氛围，逐步提高大众非遗保护意识，彰显城市文化软实力。

案例点评：2006年5月20日，古渔雁文化经国务院批准，被文化部确定为第一批国家非物质文化遗产，是辽宁省盘锦市首批申遗成功的国家级非遗项目。体现了一种在农耕之前的更为原始的文化，具有重大的历史价值和很高的科学价值。2000年时，教育部修订的美术教学大纲中明确规定："中小学教育中的民间美术内容要达到课时总量10～20%，体现民族特色，充分发挥我国民间优秀的艺术传统的作用，增强学生的民族自豪感。"

而以兴隆台区美术教研员关华君为首的美术教师团队从2014年开始非遗进校园的研究。近10年的时间里，致力于挖掘地域非遗文化，努力寻找更好的形式将濒临消失的古渔雁文化传播、传承下去，让给更多的人了解、喜爱上古渔雁。依托科研课题研究，通过编制地方教材、设计教案、课堂教学、课后反思、作品分析、总结出版，先后尝试以芦苇画、高凝油油塑、皮影戏、民谣等艺术形式进行展现，在各种各样的实践后，终于发现了剪纸这种非物质文化遗产最为适合传播古渔雁文化，两种非遗相互交融碰撞，迸发出创新的火花。原创了一批以古渔雁故事为题材的连环画作品，用连环画讲述盘锦古渔雁故事。力求呈现古渔雁故事的良性循环，使得古渔雁故事在学生中广为流传，保住这个口碑传递的非遗项目。

（案例负责人关华君，案例参与者杨丽华、李连东、郑子健、吴琼、韩婷婷、王聆汐）

### 三、教师培训基地资源开发

教师培训基地资源是教师培训过程中重要的实践场域，各地都在探索建立自己的基地资源库，下面以深圳市中小学教师专业发展基地校建设为例进行分享。

**案例5：**

## 深圳市中小学教师专业发展基地学校创建办法（试行）
## （只展示第一章、第二章、第四章部分内容）

### 第一章　总则

第一条　为适应教师继续教育重心下移趋势，优化我市教师继续教育互联互通格局，促进教师专业发展校本研修进程，发挥名优特教师辐射带动示范作用，根据深圳市《关于进一步提升中小学生综合素养的指导意见》的要求，建构新型教师继续教育模式，培养适应学生综合素养培育的新型教师，创建提升学生综合素养的教师专业发展基地学校，结合我市中小学教师专业发展工作的实际，制定本办法。

第二条　教师专业发展基地学校是指在原中小学（含中等职业技术学校）建制内，拓宽中小学校的功能，扎根于学校教育教学实践，与高等院校和教育科学研究机构合作，形成教学、研究、学习三者合一的培养方式，开展教师继续教育，促进教师专业发展的一种新型学校形式。

第三条　2014年，深圳市开始创建50所教师专业发展基地学校，创建周期为2014年12月至2016年6月。创建期满后，通过验收合格的学校，由市教育局授牌为"深圳市中小学教师专业发展基地学校"。三年内，在全市建设 100 所教师专业发展基地学校，将其建成学科特色鲜明、师资优良、管理规范的教师继续教育基地。

## 第二章　创建条件

第五条　创建基地学校的中小学为市一级以上学校。

第六条　创建期内，学校须至少培育 1 个通识类、管理类或学科类教师培训项目，每个培训项目应有明确的培训目标和切合实际的培训课程计划，并建立完善的培训管理制度。

第七条　学校设计有完善的培训项目方案。培训项目方案应包括项目名称、培训目标、培训需求分析、课程和师资安排、内容和方法、过程管理和评估检查、时间和地点、经费预算等。学科培训项目每学年安排 18~24 学时的学习。培训项目的师资团队以本校学科骨干教师为主，结合省市区的学科名师及深圳市教师继续教育课程建设专家库入库专家。（首批入库专家名单可在"深圳市教育科学研究院"网站继续教育栏目的文件通知中查询，网址：http://www.szjky.edu.cn/Article/ShowArticle.asp?ArticleID=3682）

第八条　创建期间，学校申报培训项目方案，参加由深圳市教师继续教育领导小组办公室组织开展的课程评审。

第九条　学校根据课程评审结果和市教师继续教育领导小组办公室的统一部署，规划并制订年度教师继续教育计划，计划主要包括培训对象、培训项目（内容）、培训方式方法及时间安排、培训师资(主讲教师)、培训管理措施、培训效果考核办法、培训经费安排等，在 7 月份，报市教师继续教育领导小组办公室备案。学校的培训课程，在 9 月份，由深圳大学师范学院（网址：http://www.0755tt.com/）统一挂课，教师选课，形成班级后组织实施。

第十条　创建期结束，学校教师队伍整体水平较高，拥有一支与相关培训项目相适应的、具有创新精神和实践能力的骨干教师团队，能向其他学校输出各级教育管理干部或骨干教师。创建的每个培训项目应有区级以上骨干教师 3 名以上。

第十一条　学校具有适应教师专业发展培训所必需的现代化教育信息技术设施设备和图书资料，有适应培训教学活动需要和保障学员餐饮的基本设施。学校管理规范、校园优美，有较高的社会美誉度和知名度。

第十二条　学校愿意积极参与深圳市教师培训工作，形成成熟的教师培训做法与经验，引领培训教师，为本市其他学校培养和带教骨干教师。

## 第四章　权利待遇

第十六条　承担教师继续教育课程的学校教研团队优先获得市级相关高端培训，获得与市中小学教师继续教育课程建设专家库入库专家以及高等院校、教科研机构的专业人员，共建市区教师继续教育课程的权利。

第十七条　承担市、区两级教师专业发展相关项目培训，统一按市有关规定和标准拨付相应的培训经费。

第十八条　每年将按照有关规定和标准向学校拨付相应的基地建设经费。

第十九条　学校将由深圳市教育科学研究院提供专业的课程开发指导，评审通过的课程直接认定为深圳市中小学教师继续教育专业科目课程。

第二十条　学校教师可优先参加基地学校组织的培训项目，获取继续教育学时。

第二十一条　学校授课教师认定为深圳市继续教育授课教师，享受市继续教育授课教师的权利待遇。

第二十二条　学校可申请免除校本培训评估。

案例点评：深圳市是从2014年开始探索建立区域中小学教师专业发展基地学校。在近10年的探索和建立过程中，形成了非常完备的建设制度、建设流程和考核方案。对于申报教师专业发展基地学校的各项条件与权利义务都进行了非常明确的规定，充分激发了区域学校的申报积极性，为深圳市培植出了一批专业理念先进、专业水平高超、专业能力突出的优质教师专业发展基地。深圳市的中小学教师以此为依托，开展丰富的自主选课，极大提高了区域教师的专业发展水平。

## 第四节 区域中小学（幼儿园）教师培训 资源开发的发展趋势与展望

### 一、以教师培训资源开发的引领性与实践性为宗旨，满足区域教师专业发展的趋势导向

区域教师培训资源开发要以"顶天立地"作为基本宗旨，既要满足教育强国的国家整体教育发展规划与走向，又要根植于区域本土的教育教学样貌。一方面，通过教师培训资源的整体构建全面引领区域教师以思想铸魂的价值导向与专业发展理念，强力夯实区域教师现在与未来发展的基本素养。另一方面，又要切实解决当下区域教师发展过程中的难点、痛点和堵点。服务当下，又要引领未来，这是区域教师培训资源建设的专业的未来发展趋势。

### 二、以教师培训资源开发的系统性与构建性为原则，完成区域教师专业发展的资源统筹

区域教师培训资源开发要遵循系统性和构建性的基本原则。系统性是指以系统论的发展眼光剖析各要素之间的组成关系，以整体性、分层性、逻辑性等原则为具体要求，完成教师培训资源各大系统与子系统的组建。构建性是指动态的组建过程，教师培训资源开发要以区域原有的培训资源建设情况为基础，在不断丰富的过程中实现动态建构的过程。动态的构建过程为区域教师培训资源开发提供源源不断的活水，更准确、更高效地助力区域教师专业成长。

### 三、以教师培训资源开发的场域性与实效性为准则，构建区域教师专业发展的生态场

区域教师培训资源开发最终要形成一个助力区域教师专业发展的生态

场。在生态场的打造过程中，要以场域性和实效性为准则。其中，场域性是指任何资源的开发与使用都无法脱离真实的教育现场，就是教育教学的课堂。无法脱离真实的教育对象，就是学生。教师培训资源建设也要抓住课堂与学生，根植课堂、服务课堂、改进课堂，发现学生、服务学生、实现学生的科学成长。在以学生为中心的场域中去建构区域教师培训资源体系，促进教师专业发展只是中转站，终点是实现学生的成长。其中，实效性是指教师培训资源开发的运用与评估，只有真正"有用"的教师培训资源体系，才能高效地运转下去。所以对其实效性的考量和评估一定是前期就设计完成，可以通过组建专业的评估团队来开展科学、持续、稳定、高效的评估工作，真正促进教师培训资源体系动态运转起来。同时，通过评估工作，可以发现教师培训资源体系建设的问题，及时反思与修正。还可以及时剔除实效性差的资源内容，充分保证教师培训资源建设整体的高品质与高效能。

# 第十章　区域中小学（幼儿园）教师培训的绩效评价

区域中小学（幼儿园）教师培训作为区域性的常规教师培训项目，具有极强的针对性，且获得的政府资金投入和政策支持的力度都比较大，其项目规模和覆盖范围也较为广泛。然而，已经投入众多的人力、物力和财力多大程度上实现了开展培训的预期目标，是否完成了规定的任务，是否满足了参训教师的需求，是否达到了投入成本的绩效预期，这些国家、社会和教育部门高度关注的问题都需要通过绩效评价来衡量。有鉴于此，区域中小学（幼儿园）教师培训的绩效评价工作就显得格外重要和有意义。

关于将绩效评价引入区域中小学（幼儿园）教师培训管理中，国家教育部门已下发诸多政策文件。教育部办公厅《加强国培计划项目绩效考评工作的意见》《"国培计划"示范性集中培训项目管理办法》等文件中都明确指出，为了规范和加强培训管理工作，保证实施的培训质量，必须加强绩效评价工作。

通过绩效评价的方式对区域中小学（幼儿园）教师培训进行监测，不但评价其培训结果是否达到培训预期目标，同时也评价了教师培训的过程是否科学合理，整个绩效评价过程涵盖了过程性评价和结论性评价。基于绩效评价结果，此后相关培训项目选拔和调整将以此为依据，遴选培训机构、分配培训任务也将以此为一项重要条件。

# 第一节  区域中小学（幼儿园）教师培训
## 绩效评价概论

绩效评价是现代人力资源管理的核心过程，对于区域中小学（幼儿园）教师培训的健康发展具有举足轻重的作用。绩效评价应用于实践已经近百年。在组织中，宏观的绩效评价就是指识别、测量和开发个体的绩效的过程，其较多地应用于国家行政、企业和事业单位等商业和政府部门，并在百年应用过程中逐渐形成了较为健全的体系，贯穿于管理的各个阶段，成为各个组织进行有效管理的普适性手段。绩效评价技术在商业和政府部门等组织中的成功运用，为把绩效评价技术引入教育培训领域提供了经验借鉴，为区域中小学（幼儿园）教师培训绩效评价提供了可能性。

## 一、区域中小学（幼儿园）教师培训绩效评价的理论基础

### （一）新公共管理理论

20世纪80年代，随着英国新公共管理运动的不断扩大和深入，新公共管理理论应运而生。新公共管理理论主张运用经济学和企业管理领域的理论，引入市场竞争机制，用以提高政府公共服务部门的管理效率和工作质量。和传统的公共管理理论不同，新公共管理的理论基础是新制度经济学理论和治理理论。

新公共管理理论流派众多，没有形成完全统一的理论定义。其代表人物主要有英国学者克里斯托夫·胡德、美国学者戴维·奥斯本和特德·盖布勒等。

英国学者克里斯托夫·胡德在1990年首次使用了"新公共管理"一词。他认为新公共管理体现为一种管理主义的过程，包括七项理论特征：公共领域的专业化管理、明确的目标与绩效测量标准、强化产出控制、公共部门的分散化、引入竞争机制、对私营部门管理方式的重视、社会资源的有效利用

和开发①。

美国学者戴维·奥斯本和特德·盖布勒赋予新公共管理改革十项原则：起催化作用的政府（负责掌舵），社区拥有的政府（负责授权），竞争性政府（负责把竞争机制引入服务提供中），有使命感的政府（改变照本宣科的组织），追求效果的政府（按照效果而非投入拨款），受顾客驱使的政府（满足顾客而非官僚政治的需求），有事业心的政府（收益充足而不浪费），有预见性的政府（预防先于治疗），分权的政府（从等级制到参与和协作），以市场为导向的政府（依靠市场力量进行变革）②。

由上可知，新公共管理理论核心思想大致是：在政府或商业等公共部门引入竞争机制和企业管理方法，提高公共服务的效率和效果。教师培训作为非营利性的公共活动，承担着服务社会的责任，在新公共管理理论的影响下，其绩效管理日益受到重视，该理论对教师培训领域产生了深远影响。运用该理论对区域中小学（幼儿园）教师培训进行绩效评价，可以考核培训的投入产出效益，检验培训服务的质量，发现其存在的问题，进而提高整个教师培训服务的管理质效。

## （二）目标管理理论

1954年，"现代管理学之父"彼得·德鲁克（Peter F. Drucker）出版了《管理的实践》一书，第一次完整地提出了"目标管理"的概念。目标管理理论是组织管理模式和管理哲学的体现，它强调组织计划的系统性和计划性，更强调管理过程目标制定的激励性。德鲁克认为目标管理理论是把任务转化为目标，管理过程中的每个人员都有自己的分目标，这些分目标加起来就是组织对员工的总要求。管理人员根据设定的分目标进行自我管理，依据设定的目标进行自我控制和指挥，而不依赖上级的管理和安排。最后通过反馈的结果——基于绩效的奖励强化自我分目标的成功实现。

---

① HOOD C. A public management for all seasons[J]. Public Administration，1991（1）：3.

② 戴维·奥斯本，特德·盖布勒.改革政府：企业家精神如何改革着公共部门[M].周敦仁等，译.上海：上海译文出版社，2006.

目标管理理论对于区域中小学（幼儿园）教师培训绩效评估管理具有一定的指导作用：教师培训本身就包含目标管理阶段，设定培训成果目标是区域中小学（幼儿园）教师培训的重要步骤，绩效目标的设定直接关系到整个培训管理过程，影响绩效评价结果。

### （三）人本主义理论

20世纪50-60年代，人本主义理论作为一种心理学思潮诞生于美国。其主要代表人物是马斯洛（A.Maslow）和罗杰斯（C.R.Rogers）。人本主义强调自由意志和人的价值。把人的本性的自我实现归结为潜能的发挥，而潜能是一种类似本能的性质。其中罗杰斯认为：人类具有先天的学习潜能。但是真正有意义的学习要求所学的内容与个人相关，并且学习者能主动参与[①]。

人本主义理论要求区域中小学（幼儿园）教师培训的相关项目要最大程度地考虑到参训教师的作用，培训方案的设置要充分体现以人为本的理念，从参训教师的实际需求出发，树立以参训教师为主体的课程设计理念，充分调动作为项目主要参与者——参训教师的积极性，从而达到最优的培训效果。

### （四）绩效管理理论

绩效管理（performance management）是公共管理的重要理论之一，它是一种综合性的全方位的管理，讲求效果、效率和收益。美国国家评估组织中的绩效衡量小组（performance measurement study team）曾经为绩效管理下过定义：绩效管理，是利用一些数据或者信息的分析，来看既定计划和实施过程是否符合效率目标，并且判断是否需要更改和调整计划的一个管理过程。绩效管理由三个具有基本功能的活动组成：（1）绩效评估（performance evaluation），指评估效果，看效果怎样。（2）绩效衡量（performance measurement），相当于是一整套标准，指怎样评估。（3）绩效追踪（performance monitoring），指后续的一些做法，比如测量、考核，以此来作为后期

---

① 卢素侠.人本主义理论背景下中小学教师培训课程体系的重构[J].西昌学院学报（社会科学版），2014（1）：131-133.

工作改进的依据等[①]。

绩效管理理论能够指导区域中小学（幼儿园）教师培训绩效评价对培训信息进行收集，对培训绩效进行衡量并对培训结果进行追踪反馈。

（五）教育评价理论

学界对教育评价理论还没有达成完全的共识，但是教育评价已经深刻融入教育决策和管理实践中，为促使教育不断完善和发展提供一定的指导功能。

1942年，由美国学者泰勒领导的评价委员会发表"史密斯–泰勒报告"，第一次定义了教育评价是确定教学目标实现程度的过程[②]。经过较长时间多位学者的补充，到1981年，美国教育评价联合委员会对教育评价进行了界定，指出教育评价是对教育目标及其价值的系统调查，是为决策者提供依据的过程。我国学界一般把教育评价定义为：出于促进教育改革和提高教学质量目的，对相关信息进行全面系统科学分析基础上，进行教育价值综合判断的过程[③]。

不同的教育评价理念贯穿于教育评价的发展始终。第一是科学取向的理念，主张借鉴自然科学的量化方法达成评价的科学性。第二是管理取向的理念，注重全程监控，在项目进行的每一个阶段都采取相应的措施进行评价。第三是人类学取向的理念，主张借鉴人类学的研究方法，突出把质性方法运用于教学评价。

培训绩效评价是教育评价的下位概念，因此教育评价对培训绩效评价有着总指导的作用。教育评价理论指引了一种可操作性强的培训绩效指标设定，同时兼顾了培训绩效评价的前中后完整性，还能促进主体的参与程度，营造科学、客观、合理的评价氛围。

---

[①] 张成福，党秀云.公共管理学[M].北京：中国人民大学出版社，2007：275-276.

[②] Tyler，R.W.General statement on evaluation[J].International Journal of Educational Research，1942（7）：492-501.

[③] 金娣，王刚.教育评价与测量[M].北京：教育科学出版社，2002.

（六）培训迁移理论

20世纪70年代开始，一些国际著名企业开始把注意力集中在员工培训是否对参训者之后的工作行为产生改变，从而判断员工培训效果。1988年鲍德温和福特两位学者提出了"培训迁移"的概念：在培训中习得的知识、技能、态度在工作场所的应用，以及在一段时间之后仍能保持[①]。强调培训的绩效不仅要体现在受训学员的所学上，还要反映在工作结果中。

从培训迁移理论的视角来看，培训的过程一是"学"，更重要的是"用"，也就是回到工作实践中的应用。培训效果除了受到培训过程的影响外，还与参训者个人素质和所处环境息息相关，因此塑造培训迁移气氛和组织文化是影响培训迁移的重要因素。培训内容的长远迁移需要稳定而科学的"迁移链条"。根据霍顿和鲍德温提出的"迁移距离"过程，该过程大致要经历以下6个阶段：获取知识；知道如何使用知识；通过实践应用将知识转化为初步的能力；多次熟练地在工作中应用知识；知识不断被重复运用与巩固；不自觉地融入相应的工作中，成为自身知识的一部分，从而得到长远的迁移[②]。

培训迁移理论对培训组织者和参训者形成"完整性培训"的思想影响重大。该理论强调参训者在培训过程中所学到的物质和精神层面的东西必须应用到现实生活和工作实践中去，既要对参训教师有价值，又要对培训的组织者有价值，培训的最终绩效是个人绩效和组织绩效的合力。

培训迁移理论为区域中小学（幼儿园）教师培训绩效评价提供了一个可能的思路：在评价培训绩效时，要充分考虑到培训效果的转化问题，受训者在接受培训过程中所学的知识、技能、态度、经验等能否在一段工作时期进行迁移并维持一定时间。这在一定程度上决定了培训目标的实现。

① Baldwin，T. T.& Ford，J. K. Transfer of Training： A review and directions for future research[J]. Personnel Psychology，1988（1）：63–105.
② 陈霞.基于培训迁移理论的教师培训质量提升策略探析[J].现代基础教育研究，2021（3）：120–125.

## 二、区域中小学（幼儿园）教师培训绩效评价的内涵

### （一）绩效

现代的"绩效"（performance）一词，在《牛津现代高级英汉双解词典》中有"执行、履行、表现、成绩"的意思，最早源于西方管理学实践。由"现代人力资源之祖"罗伯特·欧文在19世纪初期苏格兰的业绩管理试验时提出并使用。绩效包含"绩"和"效"两个方面。"绩"就是"业绩"，反应量的成果。"效"就是一种行为，包含"效率、效益、态度、效果、行为、方法"等含义，侧重反映质的成果[①]。绩效就是组织或个人在一定的资源环境下，对任务的完成情况，抑或对目标实现程度及达成效率的衡量和反馈。它包含个人绩效和组织绩效两个部分，用在经济管理活动方面，是指社会经济管理活动的结果和成效；用在人力资源管理方面，是指主体行为或者结果中的投入产出比；用在公共部门中来衡量公共活动的效果，则是一个包含多元目标在内的概念。

绩效概念的组成是多维的。目前，学术界没有对绩效的概念达成一致的看法，对绩效的定义主要从结果、行为两个维度，形成两种主要观点。

第一，以结果导向定义绩效。此种观点认为绩效是结果，绩效评价应该是一种对被评价者的成绩和成果的评价。一般对组织机构进行的评价多归于此类。1984年，伯纳丁（Bernadin）提出，绩效评价是特定时间范围内特定工作活动或行为产生出来的结果记录，因此，绩效应该被认为工作结果。凯恩（Kane）指出，绩效是个人留下的东西，这种东西相对独立存在[②]。

第二，以行为导向定义绩效。此类观点认为绩效是行为，将绩效评价看作是一种管理工具。为了达到企业设定的目标，就要对员工的日常行为进行控制，更加关注企业日常行为而不是更注重结果，将员工的行为过程作为绩

---

① Kam J.&Ralf M.A retrospective look at our evolving understanding of project success [J].Project Management Journal, 2005（4）：19-31.

② Kane J. S.& Lawler E.E.Performance appraisal effectiveness：its assessment and determinants[J].Research in Organizational Behavior, 1979（1）：425-478.

效评价的主要依据。坎贝尔（Campbell）等人在1993年提出，由于结果会受组织系统中多种因素的影响，因此绩效不应等同于结果，而应是与组织目标有密切联系的和可测查的行为[①]。

上述两种导向定义绩效，两者都有各自的优点和局限性。以行为为导向的绩效观，其优点在于获取个人活动的信息的及时性和便捷性，对员工指导和帮助更有针对性。缺点在于计划性过强，忽视实际的工作成果，创新型工作者难有施展余地。而以结果为导向的绩效观，其优点表现为倡导对结果的认同和重视，在组织中营造以结果为导向的组织文化与氛围，组织成员通常以胜负成败论英雄，员工成就感强。缺点是忽视过程，很难区分行为是否失当，无法获得个人过程信息，不能进行针对性调整、指导和帮助，易产生短视行为，导致组织过度关注短期结果。

从综合角度看，把绩效单纯地看成工作结果或者工作行为都有失偏颇。绩效应该在工作计划中产生，在工作过程中体现，在工作结果中形成。普雷姆詹德在1993年《公共支出管理》一书中指出：绩效应该包括效率、产品或服务的质量和数量以及机构所做的贡献，包括节约、效益与效率[②]。2009年，中国教育科学研究院利用投入—产出法进行了一次绩效评价研究，该研究就是将绩效看作结果和行为的结合。

本研究中的绩效既包括行为又包括结果。

## （二）评价

"评价"一词在《辞海》中的释义是：议论价格；评定事物或者人的价值。现在一般采用第二种释义，究其本质，就是按照一定的评判标准，对人或事物的价值进行某种程度的评判，评价的是过程，也可以是结果。如目标达成情况，需求满足情况等。

---

① Cam Pbell J. P，Mccloy R. A.，Oppler S. H.etal. Theory of performance. personnel selection in organizations[M]. San Francisco：Josey-Bass，1993.

② Premchand A. Public expenditure management[M]. International Monetary Fund，1993.

### （三）绩效评价

绩效评价是根据一定的评价标准，按照规定的评价程序和科学的评价方法，借助现代技术广泛收集评价信息，依据科学的评价指标体系，对评价对象的工作成果和能力进行价值判断和考核评价，为组织和个人成员的管理与建设提供决策依据的过程。

20世纪90年代以后，我国学者开始将绩效技术应用于学校教育、教育评价等领域。随着研究的深入和拓展，绩效评价的内涵也不断得以外延，迁移到教育培训方面，主要是指通过对参与教师培训的各方进行评价，从而分析出培训的效果，并为后续的培训提供参考和借鉴。中小学（幼儿园）教师培训绩效评价是一个循环往复过程，由于教师培训是一个整体的系统的过程，因此在进行中小学（幼儿园）教师培训绩效评价时应当充分考虑各方面的因素。

本书所提绩效评价指针对区域中小学（幼儿园）教师培训的过程、效果和效益进行的评价。

## 第二节　区域中小学（幼儿园）教师培训绩效
## 评价中存在的主要问题及破解路径

对区域中小学（幼儿园）教师进行教育教学及素质培训是提高教育和教师质量的重要途径，而检验区域中小学（幼儿园）教师培训是否达到预期目标，是否获得较高的效益产出的基本途径则是对教师培训的绩效评价。只有对区域中小学（幼儿园）教师培训进行绩效评价，才能保证教师培训过程的规范性、科学性、有效性和严谨性，才能依据绩效评价结果，对后续工作进行反馈和督导。

### 一、区域中小学（幼儿园）教师培训绩效评价中存在的主要问题

细究当前的区域中小学（幼儿园）教师培训绩效评价，我们可以发现如

下不足。

## （一）尚未构建起具有权威性的绩效评价体系

对于区域中小学（幼儿园）教师培训而言，目前比较权威和具有影响力的培训都是由政府教育主管部门组织，相应地，对培训的绩效管理也是由教育主管部门承担，因此，教育主管部门在培训绩效评价中的地位至关重要。

这种由政府行政命令支配的绩效评价一方面提高了教育主管部门的管理效率，另一方面也是国家对教师培训统筹管理的体现。上文提到，国家已经颁布了多项政令法规，其中明确提到了要加强中小学（幼儿园）教师培训绩效评价，但是目前尚无具体的指导性文件。顶层设计中关于教师培训的绩效评价维度上没有严格的描述，给予培训组织者十分可观的自由度，但这种自由度很有可能造成评价指标的科学性和全面性不能有所保障。因此，当不同地区不同承办者对教师培训进行绩效评价时，具体的评价方法和设立的评价指标会产生极大的偏差。总的来说，政府部门指令下的绩效评价最大的优点是权威性高，但其缺点有二：一是培训内容的侧重点不同，评价指标也不同，不能套用单一的评价指标；二是政府部门主导的中小学（幼儿园）教师培训绩效评价更强调必须要有一个结果，必须分出一个等级，反而忽视了对组织承办者评价整体设定的指导。以上两点导致的最直接结果就是承办单位设计的评价指标指向表面化浅薄化，按照这样的指标体系执行后，基本很难反映组织单位和受训教师能力方面更深层次的关键性信息，因而各相关利益方因为站位不同和视角差异，对培训绩效到底如何难免各执一词，让主管部门难以判断。

按照政府主管部门文件的顶层指导思想，各地各层级的培训组织单位在内容设计、培训方式、组织手段等方面均摸索出了具有自己特色的评价指标，但是偏零散、略片面，远远没有形成一套重实操、全面便捷、科学理性的绩效评价指标体系。更有甚者，部分培训单位搞不清楚绩效评价的内涵，将其他方面的评价与绩效评价混淆，造成极大的操作难度和预期效果的极大偏差。这就会导致培训质效难以让人信服，反馈到培训单位、参训教师和政府主管部门的信息也是良莠不齐，使得区域中小学（幼儿园）教师培训项目的决策者不能准确获知培训的结果和问题的出处。因此，构建一整套科学规范、极具操作性、指标明晰的培训评价体系，是当前亟待解决的问题。

### （二）以教育评价代替专门的培训绩效评价

国内区域中小学（幼儿园）教师培训开展的时间较短，专门的培训绩效研究也是近些年才进入培训管理研究的视野。我国教育主管部门和评价机构关于区域中小学（幼儿园）教师培训的绩效评价还没有设立明确细致的指标，从目前实践应用中运用到的绩效评价体系看，仍然偏向于借鉴教育评价的标准，没有完全把培训绩效评价和教育评价区别开对待。照搬教育评价的模式，将不利培训绩效评价的真实性与客观性，更会阻碍绩效评价信息的反馈，不利于教师培训的改进与提高。

### （三）缺乏凸显教师学科特点的针对性设计

当前区域中小学（幼儿园）教师培训绩效评价体系，多是泛泛而谈，缺乏对教师专业和学科培训的针对性。不同专业和学科，教师培训中涉及内容的知识结构既有共通性也有差异性，因此，其绩效评价也应该兼顾普遍性和差异性，比如理论课程为主的专业和实践课程为主的专业，要在统一评价层面上保持方向一致，但是涉及具体细化指标就要体现区别所在。目前各类各级学科的绩效评价，评价指标往往与其他学科别无二致，完全没有体现出立足学科和专业应该凸显的针对性。

### （四）没有形成完备的训后追踪反馈和激励机制

从中小学（幼儿园）教师培训现状来看，现行的绩效评价体系更重视即时反馈，忽略了对培训后回到工作岗位的教师进行培训效果的追踪调查。教师培训的即刻效果得到了反馈，但是我们知道教师培训的作用显现有一定的滞后性，培训完成以后，参训教师需要消化理解一下培训过程中所讲的有关知识、技能、情感的内容，在充分掌握的基础上，再被教师内化于心，最后外化于行，运用到教学实践中。而在实际操作中，由于追踪评价的难度大，很多评价删除了这一过程，没有形成追踪反馈机制，大大削弱了绩效评价对教师培训的效果。一个相对完善的绩效评价体系一定要设置培训结束后的监督与反馈机制，才能将培训绩效评价中反映出来的问题摊到台面上解决，确保所提改进建议能够得到落实。而且，如果中小学（幼儿园）教师培训绩效评价结果能与教师的职称评定、评优评先等挂钩，会大大激发参训者的热情和积极性。因此构建健全的反馈和激励机制，意义重大。

（五）没有深挖评价主体的多元性

一般来讲，我国现行中小学（幼儿园）教师培训绩效评价的主体有二，即培训组织单位和参训教师。这是基于组织者和参与者视角划定的评价主体。但是，教师培训的效果不仅仅体现在培训组织者和参与者身上，还包含参训教师返回工作岗位上后，把培训效果在教学工作中体现出来，这就需要新的评价主体。培训组织者在承担培训实施职能的同时，也承担着培训效果评价者职能，这就使评价效果天然缺乏了信服力，那么引入第三方评价视角就成为一种新的选择。

（六）缺乏绩效评价过程中的研讨性反思

俗语说"众人拾柴火焰高"。在中小学（幼儿园）教师培训中常采用的集中培训方式中，授课专家与参训教师之间、参训教师相互之间，缺乏足够的双向和多向交流，对于培训所授知识和技能多倾向于倾听，少于讨论和思考。研讨过程是很好的捋清思路、深入理解的过程，缺乏了研讨型的反思，就缺少了对参训教师各项能力发挥的促进。

## 二、提高区域中小学（幼儿园）教师培训绩效评价的有效路径

（一）构建有效的教师培训绩效评价体系

在我国，绩效管理已经成为国家管理政府工作部门的通行手段，教育主管部门对培训的管理自然也引入绩效管理，并且教育主管部门在中小学（幼儿园）教师培训绩效评价中处于举足轻重的地位。建立有效的中小学（幼儿园）教师培训绩效评价体系，首先还应寻求教育主管部门在顶层设计上的指

导。在目前政策规定基础上，还应出台一些如何对教师培训进行绩效评价的指导性文件，明确评价维度，搭建顶层指标设计的框架，力求上位指导文件的科学合理，既规范培训组织者的评价指标设计标准，又能给予承办者一定的设计自主权，既体现权威性和科学性，又体现有效性和个性化。这个顶层设计应该是具有指导意义的纲领，同时又是培训组织承办者的具体执行标准。

## （二）提升对培训绩效评价的认知度和理解度

认识、理解和接受是人类对新事物的认知过程。培训绩效评价对于我国教师培训和教育评价系统来说，还是一个新的事物，其理论和操作方法中一些新的思想、新的行为标准需要教师培训涉及的各利益方接受。因此，要做好培训绩效评价理论的宣传，充分利用上位文件、各类培训场合、参训者口碑相传等宣传方式，让正确的绩效评价理念深入人心，让各方利益者充分认识绩效评价的价值所在——以评价促发展。同时，也可以寻求教育类媒体的帮助，通过官媒自媒体等渠道，大力宣传中小学（幼儿园）教师培训绩效评价工作的优秀案例，通过案例解析，把一些培训绩效的理论基础、评价指标、方式方法进行推广，营销良好的理论氛围和认知氛围。

## （三）建立训后跟踪反馈长效机制

跟踪反馈机制的建立要遵循自上而下的顺序。自上就是在中小学（幼儿园）教师培训绩效管理的顶层纲领性设计中，将训后跟踪反馈评价列入其中并加以着重强调，借助国家教育主管部门管理的权威性，带动教师培训组织者和参训者对教师培训跟踪反馈进行实践。而下就是在教师培训过程中，绩效评价实施者要建立起跟踪反馈机制，根据参训教师提供的长期实时效果反馈信息，确定中小学（幼儿园）教师培训绩效，及时调整培训方案和绩效评价指标。中小学（幼儿园）教师培训的绩效评价，其直接和根本目的在于提高中小学的师资水平，锻造一支专业化的教师队伍，所以建立的评价机制除了对能力、服务等方面的评估，也应该包括对教师培训的学习迁移程度的评价。训后跟踪反馈机制就能很好地实现对这种学习迁移效果的评价。对此，评估机构一方面应该加大人员投入，建立一支专家指导团队，投入一定数量的后期观察员，近距离跟踪参训教师的教学生活，组织定期的研讨活动，将跟踪信息及时反馈到位；另一方面要建立长期跟踪评价的体系，对参训教师的迁移性绩效进行长期追踪监测，才能保证评价结果的信服度和有效性，才能为教师专业化培训提供更准确的借鉴。

### （四）构建科学的绩效评价指标

科学的方法需要科学地使用才能完整地体现方法的价值。评价指标是绩效评价体系的测量工具。评价指标是高度凝练化的评价内容，设计一套科学合理、操作性强的评价指标，才能最大程度上反映培训绩效的全貌，才能更准确、客观地评价培训绩效。评价指标的构建依托于一系列科学方法。首先，如何最大限度地将大量具有特质性的指标进行可量化与可采集化，需要确立指标构建的原则；其次通过借鉴国内外有关中小学（幼儿园）教师培训绩效评价及相关指标体系建设的经验，在专题调研和专家论证的基础上，海选出初步的指标并完成指标预设；再次通过专家进一步访谈和论证，对指标进行逐项优化；最后进行实践，检验指标可行性。

### （五）提升评价实施过程的科学性

中小学（幼儿园）教师培训绩效评价最重要的意义，就是评价结果的权威性和信效度。但是一方面，由于绩效评价结果一部分依赖量化分析，而中小学（幼儿园）教师培训绩效的大部分内容偏偏不易量化，这就意味着中小学（幼儿园）教师培训绩效评价是具有比较强烈的主观色彩的评价，容易产生评价误差。另一方面，评价主体的综合素质、评价指标准绳、认知行为差异也会催生评价误差。综上，为了降低评价误差，提高评价过程本身的科学性就至关重要。为了达到评价过程本身的科学性，在中小学（幼儿园）教师培训绩效评价之前，需要对评价工作承担者进行岗前培训，通过培训使评价工作的具体参与人员掌握专业的评价技术，采用定量分析的方式对影响绩效评价结果的随机干扰因素加以控制，以便改进评价方法和修正评价参数，从而提升评价结果的准确性和客观性。

## （六）推进第三方组织参与实施评价的深度和广度

在教育主管部门实施中小学（幼儿园）教师培训绩效评价的基础上，依法依规推进第三方组织参与实施评价的深度和广度，是多维视角参与中小学（幼儿园）教师绩效评价，提升评价质效的一种有效方式。它是依据法规或根据政府的委托，发挥公证、监督、沟通的功能并承担社会服务行为的组织，由于第三方评价具有民间性、独立性、自律性等特点，因此，开拓了中小学（幼儿园）教师培训绩效评价的新时代，它完善了中小学（幼儿园）教师培训绩效评价体系，弥补了体制内绩效评价的不足。

# 第三节　区域中小学（幼儿园）教师培训
# 绩效评价的实践

笔者精选了两个优秀培训案例作为我省区域中小学（幼儿园）教师绩效评价实践的代表，以期为其他中小学（幼儿园）教师培训的绩效评价提供借鉴和参考。两个培训案例在2022年中小学（幼儿园）教师培训项目优秀案例评选中均获二等奖。

**案例1：**
## 沈阳市农村校长培训项目绩效评估

## 一、背景与问题

随着社会对学校教育的期望越来越高，学校办学自主权不断增强，中小学校长的专业发展意识被悄然唤醒并不断强化，由此，各类各层中小学校长培训越来越受到高度重视和广泛关注。目前，国家相继颁布了《义务教育学校校长专业标准》《关于进一步加强中小学校长培训工作的意见》《义务教育学校管理标准（试行）》《中学校长培训课程标准（试行）》《小学校长培训课程标准（试行）》等多个上位引领性教育文件。校长培训以深化质量为核心、优化实践为导向、强化创新为动力、内化素养为保障的校长专业化培训，校长专业化发展已然成为相关理论与实践研究的问题焦点。

为更好地推动各地创新乡村校长培训模式，提升乡村校长培训的针对性与实效性，《国务院办公厅关于印发乡村教师支持计划（2015—2020年）的通知》（国办发〔2015〕43号）中明确提出："改进培训方式，采取顶岗置换、网络研修、送教下乡、专家指导、校本研修等多种形式，增强培训的针对性和实效性。"在这样的背景下，教育部基于国家级示范性中小学校长培训项目"校长国培计划"——中西部边远贫困地区农村校长助力工程的多年实践经验，2017年出台了《乡村校园长"三段式"培训指南》，明确提出乡村校园长"集中培训+影子培训+返岗实践"培训模式。2018年起，沈阳市开始对来自康平、法库、新民和辽中四地郊区县农村校长采用"三段式"的培训。与传统而单一的讲座式培训项目相比，"三段式"培训要求具有更高的专业性、系统性和实效性，在任务目标、实施流程、职责分工的设计和安排也更为复杂。因此在培训实施过程中也存在一些问题。

## （一）学习目标不够明确

多数校长对"三段式"培训有较高的期待，希望通过培训，在引领教师发展、领导课程教学以及规划学校发展、优化内部管理等方面有所提升。但学员在训前往往缺少对自身专业成长情况及所任职学校发展状况的客观评估，亦缺少对日常工作和治校问题的系统梳理，因此在培训中总是被动接受地学习，致使培训的实效性不强。

## （二）理论课程脱离实际

第一，由于地域和条件限制，乡村校长办学治校的困难和问题相对更多、更复杂，而学习的机会却相对较少；第二，近年来，乡村校长相对年轻化，迫切需要更多、更有效的指导；第三，随着互联网事业的发展，理论学习变得更加容易和便捷，因而学员更希望借助有限的时间获得相对难得的交流性学习；第四，培训中的一些理论讲座，其内容过于"高大上"，与乡村办学实际问题的距离太大，缺少具体的指导性。

### （三）实践体验较为粗浅

多数校长认为时间较短往往导致考察过于匆忙。当然，其中有学员自身的问题，如在培训前没有对基地校情况进行必要的了解，没有带着问题去考察和学习；也有基地校的问题，如导师的安排多是根据工作岗位而不是依据学员的情况，缺少专业性和针对性，而实际操作中也未能做到真正的分组研修，多展示而少交流；同时，还有项目团队在引导和沟通上的不足，致使很多应该完成的任务不够细化，影响培训效果。

### （四）管理评价相对薄弱

返岗实践是"三段式"培训中重要的实践环节，是学员针对前期学习效果进行检验和提升的过程，然而也是整个培训项目中进行得最不好的一个环节，能够认真完成的人员寥寥无几。调查显示，未能较好完成返岗实践的主要原因有：被其他事务干扰而无法顺利进行；感到茫然，不知从哪儿入手；时间较短，不足以完成自己的计划；认为自己所任职的学校没有改革的必要；其他领导不支持，无法实施；不想花费时间和精力去做。

多数校长由于上述原因未能完成此环节，其自身的主观原因是关键所在。虽然在前两段学习中有所思、有所获，但真正回到现实工作岗位，对各项工作的应对、对现实问题的无奈、对教育改革的茫然、对自身能力的怀疑等都可能成为他们放弃尝试的原因，从而失去了把"所学"变为"所用"的最好机会，亦使前期的培训成果淡化直至消失。当然，其中也有诸多客观原因，特别是对乡村学校来说，校长返岗实践哪怕只是一个短暂的过程，在实际中的开展也是比较困难的。另外，正因为返岗实践做得不好，因而汇报环节更显苍白，有时不得不指定几位学员仓促准备而完成这一环节。可见，对于返岗实践的指导和管理以及对于学员总结汇报的评价都较为薄弱甚至缺失。

农村校长"三段式"培训主要聚焦乡村办学实践问题，将理论学习、实践体验和反思改进三个环节有机融合，以促进乡村校长专业素质的有效提升。通过进行问卷调查及访谈可知,"三段式"培训已取得一定的预期效果,但在细节方面仍需改进和创新。因此,如何全面、科学地开展农村校长"三段式"培训项目的绩效评估就显得十分必要和重要。

## 二、问题解决思路

### (一)问题解决过程

#### 1.评估需求

为确保构建的农村校长培训质量评估指标体系更有针对性,需要从国家对具体农村校长培训的政策中寻找依据与内在理路。根据《义务教育学校校长专业标准》《关于进一步加强中小学校长培训工作的意见》《义务教育学校管理标准(试行)》《中学校长培训课程标准(试行)》《小学校长培训课程标准(试行)》《中小学校领导人员管理暂行办法》《乡村校园长"三段式"培训指南》等多个上位引领性教育文件,沈阳市农村校长能力提升培训项目主要通过"集中培训+影子培训+返岗实践"等三个环节进行培训,本案例以《乡村校(园)长培训工作指南》为依据,将该项目的目标任务、工作重点和实施流程等作为基础,以此构建农村校长培训质量评估指标体系。

#### 2.明确培训评估的目的

培训的目的是解决、预防工作中的问题,或者为即将到来的新任务做准备,评估的目的在于培训是否起到作用了,具体包括以下六个方面:

一是正确判断培训效果。对于培训组织者来说,通过评估可以正确了解培训项目是否达到了原定的目标和要求。

二是评估培训项目的优点和缺点。通过评估能够总结工作中成功的亮点,对发生失误的地方进行纠正。及时掌握自己的优缺点,正确地认识自己。

三是比较培训项目的投入与产出。评估培训项目的支出和培训的效果如何,将使有限的资金得到更加合理的配置。

四是从中发现新的培训需要。评估所提供的信息可以帮助校长确定他们是否应该参加将来的某种培训。

五是客观评价培训者的工作。对培训效果的检测评估,有助于培训人员进行自我检查，从而不断提高培训的质量。

六是收集资料为管理层的决策提供参考。从培训评估中收集的资料可以为主管部门提供信息，同时主管部门对培训结果的重视，往往也会引起参训校长对培训的重视。

### 3.选用适宜的评估方法

对于培训过程评估，采用"定性评价与定量评价相结合、静态评价与动态评价相结合"，"即时评价与滞后评价相结合、自我评价与他人评价相结合"的综合选择评估方法。具体包括收集评价信息的方法、分析评价信息的方法、总结汇报法、访谈法、问卷调查法、量表评定法、文献资料法、数理统计法、个案研究法、成果展示法、实地观察法、考查分析答辩法等。

### 4.构建实用的评估模型

农村校长培训评估指标体系的构建，必须有经过实践检验的较具科学性的评估模型作为基础，因此选择了目前广泛用于质量评估的柯氏培训评估模型（Kirkpatrick Model）和 CIPP 模型作为参考，最终确定校长"三段式"培训项目绩效评估以 CIPP 模型为基础，添加柯氏评估中的层次模型加以改进，形成预测评估（背景评估、输入评估）—过程评估（反应层评估、学习层评估）—成果评估（行为层评估、绩效层评估）的三步六段的评估模型。

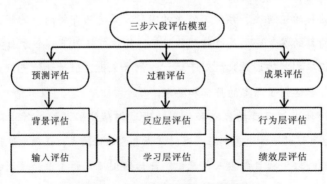

图10.1 "三步六段"评估模型

### 5.建立指标评估体系

以"三步六段"评估模型为基础，突出指标的系列化、层次化，构建沈阳农村校长"三段式"培训评估指标。设该指标体系设计预测评估、过程评估、成果评估三个一级指标，包括背景评估、输入评估、反应层评估、学习层评估、行为层评估、绩效层评估六个二级指标，覆盖培训目标是否明确、培训设计是否合理、组织管理过程是否合理、实施能力是否提高、是否组织学员到优质学校观摩学习、是否对照本人学校实践进行反思、是否融入跟岗学校日常教学教研活动、校长跟岗实习知识是否得到转化、是否开展成果展示与运用活动等十个方面的主要内容，共有 55 个评估观测点。

### 6.评估步骤

第一步：预测评估

该阶段的评估主要是指背景和输入层次的评估，即对培训的必要性和可行性的评估。包括培训目标的制定是否合理，是否有相应的资源支持，对资源的利用是否充分等。虽然培训机构对这两方面的背景评估都有所考虑，但在具体实施过程中由于评估方法复杂、评估结果应用方向不明确等问题，常常将预设评估环节忽略。为解决以上问题，分别从需求分析和项目方案两个层次进行背景评估。

①背景评估。根据不同的培训对象和培训目标来选择不同的分析方法，并从组织层、任务层和人员层三个层次展开。组织层分析是通过以教育行政部门的发展规划来实现，任务层分析是以培训机构开发设计为基础，而人员层分析则是通过问卷调查的形式实现的。针对人员层的培训需求分析，将该项工作的价值定位于掌握培训对象的个体特征、学习偏好和对培训服务的期望，兼顾可行性和有效性的要求。在问卷设计上力求简洁、表述清晰易懂，既可以更全面地了解农村校长情况，又能保证收集到的信息可直接服务于培训项目设计，为培训方案的制订以及培训跟踪评估提供参考。

②输入评估。输入评估是对培训项目方案的综合评估和客观定位。在资源有限的条件下，如何获取资源并进行分配，使其达到最优化配置，是在培训效果评估时需考量的一个重要指标。但如何有效合理地评价项目方案，并且充分挖掘评价结果中的信息价值，是考验培训质量评估工作理念是否先进、方法是否科学的重要环节。为保障该评估的有效性，从四个维度进行评估，分别是培训师资类评估、培训相关制度评估、课程内容类评估、培训组织保障类评估。

第二步：培训过程评估

在某一个培训环节完成以后，以培训机构自评、导师评价、参训校长反馈及第三方评价为主体，以柯氏模型为基础进行的反应层评估和学习层评估。

①反应层评估。反应层评估在某一环节培训结束后进行，例如对沈阳农村校长能力提升培训的课程设置、教学方法、师资结构、培训场地等要素进行了评估。由于反应层评估的是农村校长对培训活动各方面的主观感受，所以需要了解培训对象的个体特征。如何把握好这一环节，获取高附加值信息，在实际问卷开发和访谈技巧上精心准备，特别是注重农村校长体验的个性化问题设计的评估，看能否激发农村校长的参与兴趣，保证估结果的有效性，避免传统评估问卷的抽象化、笼统化和形式化等问题的出现。除此之外，在时间安排、环境调查以及方法调查上，是否综合考虑以上因素，收到预期的培训效果。

②学习层评估。学习层评估主要评估农村校长对知识的记忆和理解程度。包括：对培训具体内容的理解和记忆程度；对工作的流程、工作的要点、岗位的具体要求、规章制度和一些注意事项的理解和记忆程度。例如，对农村校长培训评估没有采用一般技能的学习评估，而是通过角色扮演、情境模拟等方式测试农村校长的技能改善情况。同时，用"知识输出"进行农村校长的学习层评估，逐一翻阅随笔、论文和案例，采用这种评估方法既可以实现农村校长隐性知识的挖掘、沉淀和存储，又可以对农村校长的学习成果转化情况进行定性评价，更加全面地衡量培训价值是否有效发挥，培训目标是否得以实现。

第三步：成果评估

该阶段的主要任务是对培训结果进行实效检验，衡量培训所产生的影响和预期目标的契合度。借鉴柯氏模型，从行为层和绩效层两个层次进行跟踪评估。

①行为层评估。评估的重点是培训转化结果，在具体评估中重点看参训校长能否运用所学的新知识解决实际问题的数量，处理突发事件应变的速度，有效沟通的能力，研发专业课题的能力等。具体操作上采用"行动实施"的思路设计行为层评估方案，主要包含农村校长个人学习目标设定、农村校长个人学习目标评估、农村校长行动计划制订。

②绩效层评估。第一，深入到参训农村校长所在的学校进行实地考核，对参训农村校长所在学校的领导、农村校长以及参训农村校长所任课班级的学生进行问卷调查或访谈，从而全面获取该农村校长培训后对学校带来的成效。第二，采取"农村校长回访问卷调查"的形式，通过培训农村校长自评与上级评价相结合的方式，组织开展了该层次的评估。

**7.撰写评估报告，进行结果反馈**

在该培训项目结束之后，撰写评估报告。及时进行评估总结，进而发现问题，作出改进计划，总结经验，积累培训经验和培训资源。在评价的最后阶段，可将培训质量评价所获得信息向各个方面进行报告。一是向有关领导部门报告，为上级的决策提供依据。二是向被评价的承训机构反馈，以便改进培训工作。三是根据需要在一定范围内公开评价结果，使同行互相借鉴、互相督促、相互帮助提高培训质量。

## （二）实施策略

**1.加强宣传，提高认识，把握价值取向，保证绩效评估有效实施**

（1）加强全员学习，提高培训单位思想认识。制订具体方案，组织各级培训单位尤其是各级领导干部，认真学习培训绩效评估工作的有关文件、领导讲话以及绩效评估的基本理论，提高培训单位对中小学（幼儿园）教师培训绩效评估必要性和紧迫性的认识。

（2）加强技能培训，提高评估人员专业素养。开办不同层次的培训班，编写《培训绩效评估操作手册》，对负责中小学（幼儿园）教师培训绩效评估的各级领导和工作人员开展形式多样、针对性强的岗位培训，并进行业务考核，颁发岗位证书。

（3）加强各层级教育单位宣传，引导校长参与。开设培训绩效评估专题网站，除加强宣传外，更重要的是建立起教育局与参训校长沟通、交流的桥梁，向校长提供了解、建议、监督和评价培训工作的网络平台。这方面的成功经验应该说也有很多，像南京的"万人评议机关"、上海的"五色标识窗口"等等，我们可以从这些方法中找出合理的、符合本地区特点的一些方式，并加以改进和创新。

**2.制定科学的、切实可行的培训方案及经费预算，保障培训项目按需、按时执行**

（1）培训方案的制订。根据需求分析，确定目标和任务，合理设置课程。

（2）培训项目最好按财政年度申报与实施：一是便于培训项目的实施管理与财务核算；二是避免产生跨年度项目。

（3）在培训资金拨付上，最好预拨部分项目启动资金给项目单位，利于项目按时启动。待培训项目评估合格后，再将剩余资金拨付给项目承办单位，既有利于调动承办单位积极性，也利于督促培训单位，保质、保量地完成培训任务。

（4）培训项目的申报应本着谁培训谁申报的原则，避免项目申报方再委托第三方进行培训的现象发生。应严格审查培训项目承办单位的资质，利于培训的管理及考核，提高培训的实效性。

**3.完善培训评审工作，建立完善专家库**

（1）为支持各主管部门、各层次和不同学科、内容的立项及绩效评估，强化资金投向的科学性、公开性和准确性，引入专家评审机制，以现有各学科教育专家库为基础，逐步建立和完善竞争性分配专家库。对个别培训要求高、专业性强、资金数额大的项目进行竞争性评审，确保在竞争性分配专家库中遴选不少于50%专家的前提下，采取部门推荐与专家库中遴选相结合的办法确立评审专家。专家库的管理遵循集中管理、信息共享、有序使用、安全保密的原则。

（2）实施专家后评价管理。对专家评审质量进行总结，通过有关专家评审考核指标体系对各专家的评审质量进行考核分析，评估专家的评审工作是否符合公平原则。通过专家的评审质量分析，适当淘汰不适宜参加评审工作的专家代表，不断优化专家库的人员构成，切实保证评审工作的客观、公正、科学。

**4.强化责任意识，发挥绩效评估结果的激励与约束作用**

加强绩效评估结果的反馈和应用，把激励和惩罚有机地结合起来，调动被评估单位的积极性，使绩效评估成为一种工作动力、激励因素。

（1）将评估结果与行政问责相结合，同步推进。把绩效评估结果作为行政问责的重要依据，形成法制化的问责依据、规范化的问责程序、经常化的问责动力、多元化的问责主体、多样化的问责形式。

（2）将评估结果与问题整改相结合，实行过程监管。要注重权力运行过程的实时评估，加强对培训工作的过程监管，尽可能及时解决监管过程中发现的显性问题，并将隐性问题消灭在萌芽状态。同时，对绩效评估结果定期进行分析，重点剖析绩效不理想的原因，督促改进。

（3）将评估结果与部门财政预算相结合，提高公共财政使用的效能。建立部门（单位）自我评价、专家评审综合评价、绩效审计、校长评价为一体的绩效评价机制，将评价结果与部门（单位）领导的考核及单位年度预算挂钩；制定评价标准。收集有效的样本数据，制定评价标准，用来衡量和评价财政支出的绩效水平；逐步建立培训信息收集网络和数据库，逐步扩大评价信息的收集范围。

## 三、创新举措

### （一）"一项一案"，突出培训绩效评估的针对性

为确保培训绩效评估工作顺利进行，经过多次调研，反复征求不同单位、不同专家的意见，确定农村校长"三段式"项目培训评估方案。该方案对评估目的，评估的主要依据，评估的对象和内容、评估的具体要求，评估方法、项目评估细则等做了详细规定，使后续的培训项目绩效评估工作做到有法可依、有章可循，管理制度化。

### （二）"一项一表"，完善项目绩效评估指标体系

培训项目绩效评估是培训流程中的最后环节，选择科学的评估方法将对整个培训项目的改进和提高起到实际的效果。依据"三步六段"的评估模型编制了一整套项目效果评估表。

### （三）"一项一模"，完善项目绩效评估流程

培训评估模式创新，本次评估以CIPP模型为基础，融合柯氏评估中的

层次模型，形成了以预测评估（背景评估、输入评估）——过程评估（反应层评估、学习层评估）——成果评估（行为层评估、结果层评估）的"三步六段"的评估模型。

**案例点评：**

# 一、对培训工作的价值

根据问卷调查结果，总结出农村校长"三段式"培训模式的改进策略，具体策略如下：

## （一）以问题为导向设计方案

"集中学习""影子培训"和"返岗实践"是同一目标、不同侧重点的系列研修活动，各个环节有不同的重点，但都应以问题为导向进行有效推进，具体思路图如下：

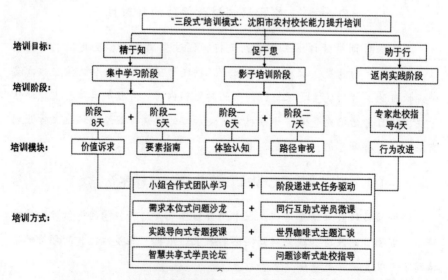

图10.2 "三段式"培训模式：沈阳市农村校长能力提升培训

### 1.根据学员学习需求制订实施方案

培训能否取得真正的实效，很大程度取决于方案设计是否合理。虽然主体模式已经确定，但在遴选学员之后，还应进行进一步调研，了解其专业成长情况以及具体的学习目标和需求，并据此有针对性地制订具体的实施方案。

**2.根据学员学习目标制订学习计划**

对于一些学员来说，参加培训的初衷可能只是为了完成工作任务，缺少主动学习的意识和动力，因而对学员进行专业化的引导非常重要。

**3.以实用为宗旨安排培训内容**

培训的目的是学习和体验，而学习和体验的核心是内容的实用性。只有真正实用的知识和感悟，才能在学员日后的工作实践中发挥作用，也才是培训的意义和灵魂所在。

（1）重视理论课程的实用性。

（2）突出实践体验的针对性。"影子培训"是交流性较强的一个环节，应打破"学校展示—学员参观"的模式，充分实现交流内容和形式的多样化。

（3）落实返岗汇报的有效性。多数学员认为在"集中学习"和"影子培训"后应至少有一至两个月甚至更多的时间进行返岗实践。

第一，加强对"返岗实践"的具体指导。

第二，充分利用互联网进行管理和沟通。在"返岗实践"过程中，学员可能会遇到客观条件的限制。

## （二）以成果为载体拓展实效

在"三段式"培训中，除完成训前作业和结业作业等必要任务外，多数学员都积累了一定的学习记录和反思笔记以及随笔等图文资料，另有一些学员还撰写了相关的论文或系统的研究报告。这些可视化成果，正是培训的实效体现。

（案例负责人徐振，案例参与者张玉莲、杨旭、刘文静、李伟、张越）

**案例2：**

## 基于行为改进的"4L5S"教师培训效果评估探索

## 一、背景与问题

教育部在《关于深化中小学教师培训模式改革 全面提升培训质量的指导意见》中明确将提升教师培训质量置于重要的地位。2018年，教育部等五部门印发《教师教育振兴行动计划（2018—2022年）》，明确提出建立健全教师培训质量评估制度。加强教师培训质量评估管理，开展指向培训改进的过程性评价，为教师学习提供高质量服务，是教师培训专业化的内在追求。

培训质量与培训评估相辅相成，缺一不可。通过评估培训全流程的关键环节，为培训质量提供强有力的保障，这是提升教师培训质量的必由之路。教师培训工作者需经常问自己的两个问题是：培训有效吗？如何来证明一个培训项目或一场培训活动的价值？只是，当下的教师培训评估工作尚不能很好回答这两个问题，具体表现如下。

### （一）评估内容欠缺，仅关注容易衡量的指标

现实中，有的教师培训机构仅仅以调研的形式开展评估：在培训结束时，通过问卷、访谈等形式询问学员的学习情况，了解学员对培训项目的主观感受与满意程度。事实上，通过一张"笑脸表"无法得知学员在培训过程中的参与情况和对培训内容的实际掌握情况。对评估而言，出勤率、满意度等都是很容易衡量的指标，但却未必是最重要的指标。

### （二）评估层次较浅，多忽视项目与绩效的关联

一方面，有些培训管理者将培训评估节点设置在培训课程之内或结束之时，使培训评估完全脱离了应用环境，没有关注到教师在参训前后的职场表现和行为变化。另一方面，大多数教师培训项目评估仅关注教师的学习与反应情况，没有深入到教师培训后的教学行为与态度的改变、能力的提高、教学绩效的改善等层次，也没有将学校对教师学习应用与转化的支持纳入评估范围。

## （三）评估功能单一，对评估结果的应用不足

目前的教师培训项目评估大都停留在考察参训教师获得知识的水平上，仅重视对项目自身或教师学习的诊断功能，忽视了激励与导向功能。在评估结束后，往往缺少对教师知识应用、学校绩效支持的指导与建议，更缺少对培训机构自身的改进建议，不能为后续项目的设计与实施提供参考。总之，评估结果对优化项目相关利益方的进一步决策与行动没有太大价值。

## 二、问题解决思路

大连教育学院从2016年着手研究教师培训项目绩效评估问题，率先将"绩效"的概念应用于教师培训项目评估实践。2017年编制并发布了《大连教师培训项目绩效评估标准（试行）》（以下简称《标准》），《标准》基于对项目全过程、培训全要素的评估，坚持"以终为始"，突出"结果导向"，在规范、诊断、激励和引领区域教师培训专业化方面发挥了积极作用。

在《标准》基础上，随着研究与实践的深入，找到与"绩效"关系最为密切的因素——行为改进。所以，教师培训项目评估需要从学习反应、学习结果层逐步关注到行为改进层。由此，进一步开发了基于行为改进的"4L5S"教师培训评估模型、框架与流程，并将之广泛应用于区域教师培训评估实践中。

### （一）评估模型

"4L5S"教师培训评估模型具体见图10.3和表10.1。

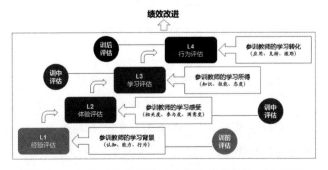

**图10.3　基于行为改进的"4L5S"教师培训评估模型**

表10.1　基于行为改进的"4L5S"教师培训评估框架

| 评估层次 | 评估内容 | 关键指标 | 数据来源 | 收集方法 | 评估工具 | 评估时间 |
|---|---|---|---|---|---|---|
| L1经验评估 | 参训教师的学习背景 | 认知现状<br>能力现状<br>行为现状 | 参训教师<br>学校管理者<br>参训教师伙伴 | 问卷法<br>访谈法<br>观察法 | 前测问卷<br>前测访谈表<br>前测行为观察表 | 培训前 |
| L2体验评估 | 参训教师的学习感受 | 工作相关度<br>学习参与度<br>培训满意度 | 参训教师 | 问卷法<br>访谈法 | 体验评估量表<br>体验访谈表 | 培训中<br>(课程进行中)<br>(课程结束时) |
| L3学习评估 | 参训教师的学习所得 | 知识习得<br>技能掌握<br>态度转变 | 参训教师<br>培训专家 | 测验法<br>访谈法<br>作品分析<br>模拟法 | 测试问卷<br>反思日志<br>行动计划表 | 培训中<br>(课程进行中)<br>(课程结束时) |
| L4行为评估 | 参训教师的学习转化 | 应用机会<br>转化支持<br>行为激励 | 参训教师<br>学校管理者<br>参训教师伙伴<br>培训专家<br>学生 | 观察法<br>报告法<br>访谈法 | 行为观察记录表<br>关键事件记录表<br>培训效果追踪表 | 培训后<br>(3-6个月) |

## （二）评估框架

### Level 1：经验层评估

开展培训评估的前提是明确评估标准，即明确关键行为与比较标准。在训前开展经验层评估，既可为培训项目设计提供重要依据，又可为评估标准制定提供重要信息。

1.评估内容

经验层评估是将接受培训的教师的知识、技能、态度、行为等情况进行"摸底性"评估，以充分掌握参训教师的学习经验以及学校对参训教师的培训期待。

2.关键指标

（1）认知现状。即参训教师在训前对培训主题所涉事实、概念、原理、理论等的认知现状。例如，"线上线下融合式单元教学设计"培训主题下，我们会在在训前评估参训教师对"混合式学习""翻转课堂""单元教学"等重要事实与概念的认知情况。

（2）能力现状。即参训教师在训前对培训主题所涉策略方法、重要技能、关键能力方面的掌握程度。例如，"线上线下融合式单元教学设计"培训主题下，我们会在训前重点评估参训教师在多媒体运用、线下教学设计与实施、线上教学设计与实施等方面的能力现状。

（3）行为现状。即参训教师在训前对培训主题所涉关键议题方面的行为表现。例如，"线上线下融合式单元教学设计"培训主题下，我们会在训前评估教师在日常教育教学中运用线上线下融合式教学的场景、频度与质量。

3.数据来源

本层级评估数据来源包括：参训教师、学校管理者、教师同伴、学生。现实操作中，可以参训教师和学校管理者为主，以教师同伴和学生为辅。

4.评估方法

（1）前测问卷法。依据培训主题，精心设计结构化或半结构化的前测问卷，重点收集教师训前认知方面的数据信息。

（2）训前访谈法。在培训开始前，对参训教师、学校管理者、参训教师同伴、学生等培训相关人员进行访谈，重点收集教师训前能力方面的数据信息。

（3）观察分析法。

在培训开始前，通过观察、记录、分析参训教师的教学现场、教育教学录像、教育教学作品等方式，重点收集教师训前行为方面的数据信息。

5.评估工具举例

### 表10.2　关键行为观察记录表
（可同时用于训前与训后）

| 培训课程 | | | 培训时间 | 年　　月　　日 |
|---|---|---|---|---|
| 观察对象 | | | 观察人员 | |
| 关键行为（训前） | 编号 | 行为描述 | | |
| | 1 | | | |
| | 2 | | | |
| | 3 | | | |
| | … | | | |
| 关键行为（训后） | 编号 | 行为描述 | | |
| | 1 | | | |
| | 2 | | | |
| | 3 | | | |

续表

| | ... | |
|---|---|---|
| | 编号 | 情况表述 |
| | 1 | |
| 其他情况(情境) | 2 | |
| | 3 | |
| | ... | |
| 观察结论： | | |

### Level 2：体验层评估

体验层评估是要让参训教师切身感受到培训方对他们需求、意见、经验的了解与尊重，从而对培训产生积极的情感体验，这对培训内容的"内化"与"转化"十分重要，也可为培训的即时调整与优化提供重要建议。

1.评估内容

主要是指培训或课程结束时，征询学员对培训的主观看法，包括对培训要素（目标、课程、师资、服务等）参与程度、收获大小等的反应与感受。

2.关键指标

（1）工作相关度

指在参训教师眼中，培训（目标与内容）与岗位要求、个体需求之间的关联程度。

（2）学习参与度

指在参训教师眼中，在学习过程中，培训是否创造了足够多、足够有吸引力、足够有效的互动与对话机会。

（3）培训满意度

指在参训教师眼中，培训在课程设置、课程实施、授课专家、培训服务等方面是否提供了积极的情绪体验。

3.数据来源

参训教师

4.评估方法

（1）反应量表法

运用纸质或网络形式的里克特五分制量表（Likert Scale），以了解参训教师对培训各要素的反应与感受。1、2、3、4、5分别对应"非常不同意""不同意""不确定""同意""非常同意"五个选项，体验层评估往往面向全员，在培训或课程结束时即时发放，即时回收。

（2）抽样访谈法

通过个别面谈或集体访谈的形式，针对培训的全过程要素，收集参训者对培训的看法与意见。考虑到现实情况，访谈可以抽取一定比例的参训教师代表进行。

5.评估工具举例

（1）以参训者为中心的体验量表

为引导参训教师更加严肃地看待自己的学习经历，以及认真填写体验量表。评估实践中，我们尽可能地将问题转化为以参训者为中心的问题，以引领教师在培训中尽可能主动地发现课程的价值。表10.3罗列了如何从以培训方为中心转变为以参训教师为中心的实例。

表10.3　培训体验量表

| 评估类别 | 以培训者为中心（举例） | 以参训者为中心（举例） |
| --- | --- | --- |
| 满意度 | 本次培训目标非常清晰 | 我非常清楚本次培训的目标 |
| | 本次培训课程难度适中 | 我非常理解本次培训的内容 |
| 相关度 | 本次培训内容切合实际 | 培训内容对我工作帮助很大 |
| | 本次培训内容便于运用 | 我能将培训内容用于工作实践 |
| 参与度 | 本次培训课程互动性强 | 我能投入地参与到培训活动中 |
| | 本次培训课程互动有效 | 我在本次课程互动中受益良多 |

（2）聚焦工作相关度的访谈表

表10.4　聚焦工作相关度的访谈

| 访谈时间 | | 访谈地点 | |
| --- | --- | --- | --- |
| 被访谈人 | | 访谈人 | |
| 1.项目设计的背景和思路是否与培训需求相匹配？ | | | |
| 2.培训目标是否全部包含培训需求的困难和问题？ | | | |
| 3.培训课程设置是否与培训需求的问题和困难相关？ | | | |
| 4.培训课程设置是否与岗位职责和工作任务相联系？ | | | |

## Level 3：学习层评估

这一层级的评估是为了了解到教师是否学到了新的东西，同时对培训设定的目标进行核对。学习层的评估意义重大，确保参训教师在学习层取得成就，是实现训后行为改进的前提。

1.评估内容

在培训结束后，通过对教师对训前和训后知识、技能、态度的比较，测量参训教师对培训课程所涉原理、事实、技能的掌握程度以及在工作中应用所学的信心与承诺。

2.关键指标

（1）知识习得

对参训教师对培训课程所涉事实、概念、理论、观念等知识的认知和理解的程度进行衡量与分析。

（2）技能掌握

对参训教师对培训课程所涉主要方法策略、操作技能的掌握情况进行衡量与分析。

（3）态度转变

态度主要指在工作中运用新知识、新技能的信心与承诺。其中"信心"是指参训者相信自己能将所学知识/技能应用到工作中去；"承诺"是指参训者愿意将所学的知识/技能应用到工作中去。

3.数据来源

参训教师、授课专家

4.评估方法

（1）测验法。通过传统纸笔或在线测试（更灵活、更便捷）对参训教师的知识掌握情况进行评估。一般在培训结束（课程结束后）进行。测验法可获取量化数据，所以效度较高。不过，测验法对命题要求很高，需覆盖培训（课程）核心知识点与技能点，培训管理者可与授课专家共同完成该项工作。

（2）作品分析法。对参训教师（明确总体和样本）在学习过程中的作品，如笔记、作业、日志等进行分析研究，以了解参训教师知识、技能、态度方面的所得。作品分析最好采用对比分析，例如，在名优教师课程开发能力培训主题中，授课专家通过查看训中教师对训前提交的课程大纲的修改与完善情况，就可知参训教师是否掌握了课程开发的重要观点与步骤。

（3）访谈法。主要是由授课专家或团队在课程进行过程中，通过访谈/提问参训教师来了解他们对培训内容的掌握情况。访谈法可用在课程进行过程中，问题要有代表性（可作提前设计），以帮助参训教师加深对课程内容的理解。现实中，访谈还可采用"行动计划表"这种书面形式，除了可以了解培训所学，还能在学习与下一步的行为转化之间建立联系。

（4）模拟法。通常以现场操作或模拟为主，由参训教师操作、模拟，由培训专家指导打分。现场评估结束后，可辅以追踪观察。

5.评估工具举例

**表10.5　参训教师学习结果测验卷模板**

| 试题名称 | ×××培训之学习结果测试 | | 阅卷人 | |
|---|---|---|---|---|
| | | | 分　数 | |
| 此次笔试是为了检验本次培训（课程）的学习结果，测试时间为（　　）分钟，请您在规定时间内认真完成本测试所有题目。感谢您的参与与合作。<br>参训者个人信息<br>姓名：　　　　　所在学校：　　　　　　　　　　学科：<br>一、填空题（每空×分）<br>1.……<br>2.……<br>3.……<br>二、简答题（每题×分）<br>1.……<br>2.……<br>3.……<br>三、应用题（每题×分）<br>1.……<br>2.…… | | | | |

### Level 4：行为层评估

行为改进是衡量教师培训效果最为重要、最为关键的指标。虽然这一层级的评估数据很难获得，但意义却非常重大。因为只有参训教师真正将所学知识运用到实际工作中去，实现教育教学行为的改进，才预示着学校绩效的改善。

1.评估内容

行为评估是在培训结束一段时间后（3~6个月），对参训教师的工作行为和职场表现方面发生的变化进行评估。这一层级的评估的重点是确定参训教师在多大程度上应用了培训所学，或在多大程度上发生了行为改进。

2.关键指标

（1）应用机会。对参训教师培训所学知识与实际工作相结合的行动进行评估。评估预期行为出现的场景、频次与质量，即衡量参训教师运用培训课程内容和方法工具解决工作中的疑虑和困难的有效程度。

（2）转化支持。在培训评估设计阶段，即考虑到影响参训教师学习转化的两大核心变量：一是来自培训方的专业指导；二是来自学校管理层的管理支持。在训后，重点就此两方面评估参训教师训后绩效支持系统。

（3）行为激励。要让评估落地，其中很重要的一个方法就是将参训教师行为改进与绩效挂钩，这类评估常见于晋升培训考核、转岗培训考核等。在教师培训中，我们依然可以围绕行为改进，采用类似的奖惩措施。

3.数据来源

学校管理者、参训教师、参训教师同伴、培训专家、学生等。

4.评估方法

（1）行为观察法。具体是指跟踪观察法，即项目组在训后亲自到工作现场（或采用观看录像），观察并记录参训教师在教育教学实践中的行为表现，并与教师以往经验进行比较，依此衡量在行为方面的变化。

（2）行为报告法。现实中，行为报告法又包括多载体式，其中常见的有工作日志、关键事件、成功故事。其操作重点是邀请参训教师参照行动计划（例如"531"行动计划），结合培训内容，梳理行为改进的承诺事项、具体措施、资源支持、完成情况等。

（3）360度访谈法。通过开展面向参训教师、参训教师伙伴、学校管理者、学生等的访谈来收集有关行为的资料，了解训后的预期行为表现及其发生前后的情境与条件。

5.评估工具举例

**表10.6　关键事件记录表**

**（用于参训教师自我报告）**

| 培训主题 | | | |
|---|---|---|---|
| 记录人 | | 事件名称 | |
| 记录时间 | | 记录地点 | |
| 事件要素 | 具体内容 | | |
| 发生情境<br>（背景与原因） | | | |
| 过程描述<br>（场景与行动） | | | |
| 结果分析<br>（改变与影响） | | | |
| 事件反思<br>（问题与经验） | | | |

**表10.7　职场追踪访谈表**

| 访谈时间 | | 访谈地点 | |
|---|---|---|---|
| 被访谈人 | | 访谈人 | |

1.参训教师在教育教学中应用培训所学的机会与场景有哪些？

2.培训团队为参训教师应用培训所学提供了怎样的专业指导？

3.学校为参训教师应用培训所学提供了怎样的支持保障？

4.学校备课组/教研组是否围绕培训所学提供相关研讨机会？

5.参训教师因为应用培训所学带来了怎样的反馈？

（三）评估流程

**图10.4　基于行为改进的"4L5S"教师培训评估流程**

基于行为改进的"4L5S"教师培训效果评估包括以下五个步骤。

**Step 1：界定关键行为**

确定评估什么是培训效果评估过程中最重要的决策。考虑到成本、时间、指标的易理解性，可以将培训评估指标缩减至可量化的几个关键行为指标。例如，在面向名优教师微课程开发能力培训的评估中，我们将关键行为界定如下：（1）参训教师能在培训期间修改一门自己开发或实施过的微课；（2）参训教师能在培训之后开发一门属于自己的微课；（3）参训教师能在培训之后应用一门自己开发或实施过的微课。

**Step 2：形成评估证据**

一是确定比较标准，评估人员需充分利用经验层评估所提供的原始数据；二是开展数据采集，评估人员依据评估内容、数据类型与数据来源，选择相应的采集时间、采集方式与采集工具；三是开展数据分析，评估人员运用适宜的数据编码、汇总与统计方法，对评估数据进行综合评析。

**Step 3：撰写评估报告**

在对培训相关数据和信息进行整理、分析后，评估人员应再结合培训项目背景与目标等，撰写培训评估报告。报告核心内容包括评估工作概述、四层级分析结果、评估结论建议等。

**Step 4：反馈评估结果**

一旦评估有了结果，评估人员有义务将结果汇报给培训管理者以及培训关键利益相关方（参训教师、学校管理者、教育行政部门等），推动培训（项目）的优化与改进。

Step 5：推动持续改进

依据评估结果，项目组定期回顾培训问题与成果，并制定具体的行动方案来推动培训持续改进。实践中，我们主要从以下几个方面入手，制定持续改善行动计划：

一是寻求问题根源。例如，如果参训教师认为培训所学的实用价值不高，那么问题的本质到底是什么呢？是否一定是培训内容的问题，还是培训对象本身并非合适的人选，或是培训时机选择不当？确保寻求改进建议前知道问题出现的真正原因。

二是采取渐进行动。现实中，我们很难一次性对培训进行"彻底改造"，可以先选择一或两个问题进行处理。例如，我们总会从那些相对简单或用时较少的问题开始。

三是开展团队复盘。在培训过程中，帮助项目团队从培训日常管理中抽身而出，以留出反思的时间与空间。例如，在每日培训结束后，我们都会组织项目团队成员就培训流程要素进行反思研讨，针对问题，及时调整。

# 二、创新举措

## 1.聚焦行为，明确评估关键

在实践中，过多的、过于笼统、相关度不大的评估内容与指标一方面会增加评估的难度与成本（时间、人力、资源成本等），另一方面也会降低评估的信度与效度。我们依据培训主题与目标，界定培训需要带来的预期关键行为，并将其余三个层级的评估内容与这些关键行为联系起来，为培训建立起一条简洁且清晰的价值链。

## 2.关注经验，奠定评估基础

衡量教师培训效果，首先要考虑要与什么进行比较的问题。比较的相关性与公平性，决定了评估的可信性和有效性。由此，我们创新性地设计了第一层级的经验评估，重点考查训前教师在与关键行为相关的认知、技能与表现方面的程度现状与问题需求，为评估工作提供重要的原始数据。

### 3.建立驱动，彰显评估价值

我们认为评估最重要的一步就是建立支持关键行为改变的驱动力。由此，我们第四层级的核心关注点是监控、强化、鼓励参训教师在工作中进行关键行为改变的流程和系统。这些驱动力，一方面能够帮助参训教师树立正确态度，激励他们在工作岗位上尝试新的行为；另一方面能够激发培训相关人员的责任感，帮助参训教师实现并强化新的行为。

**案例点评：**

## 一、科学建模，实现评估标准化

好的培训评估一定是适切的。基于行为改进的"4L5S"教师培训效果评估，在借鉴学习发展领域中经典评估模型的基础上，充分考虑教师培训工作的特殊性，系统建立了培训评估标准设计、培训效果信息收集、培训效果跟踪与监控、培训效果评估方法选择、培训效果评估报告撰写等操作事项的工作标准，为教师培训项目或活动评估提供了一份相对简洁、高效、实用的操作指南。

## 二、行为导向，实现评估流程化

现实中，培训团队遇到最大的挑战之一即是从学习到行为的迁移。基于行为改进的"4L5S"教师培训效果评估，直面这一最大挑战，致力于让学习与应用之间的转化距离最短、转化障碍最小。从前端经验分析、价值证据链建立、项目设计到项目实施落地，将培训评估嵌入到培训全流程，让评估成为一种思维方式和下意识行为。

## 三、基于证据，实现评估规范化

评估必须是与培训预期结果相关的、可靠的、令人信服的，而这都建立在数据信息准确、客观与多元的基础上。基于行为改进的"4L5S"教师培训效果评估，提供了培训效果评估的多种方法，明确培训效果评估的实施步骤、开发了系列评估表单与范例，方便查阅、参考与借鉴，体现了培训评估的规范性。

（案例负责人陈振国，案例参与者刘金华、秦丽楠、关爽、周玉辉、嵇丽莹、邵鹏治）

## 第四节 区域中小学（幼儿园）教师培训绩效评价的发展趋势与展望

中小学（幼儿园）教师培训作为一项长期的系统性的工程，是建设一支稳定高素质师资队伍的重要保障，中小学（幼儿园）教师培训绩效评价则是该系统性工程的指挥棒，是教师培训质效检验的关键环节，是中小学（幼儿园）教师培训绩效管理科学化、规范化的必由之路，也是保证教师培训质量，实现培训多重目标，落实培训绩效的重要手段和举措。

伴随着国家对教师培训事业的重视和不断投入，中小学（幼儿园）教师培训已经迈入稳定发展的新阶段，相应地，培训绩效评价研究也必须要适应新的发展阶段的新要求。未来中小学（幼儿园）教师培训绩效评价研究应该根据新发展阶段的新特点，综合考虑理念、技术、组织管理等诸多影响因素，建立具有自身特色的评价方法和指标体系。因此，未来中小学（幼儿园）绩效评价研究与实践应聚焦以下三个方面。

### 一、建立符合实际需要的评价指标

侧重于以实践效果为导向，打破旧有的评价指标设计惯式，建立符合实际需要的效果评价指标，让绩效评价结果真正地反馈给中小学（幼儿园）教师培训工作，更好地服务于中小学（幼儿园）教师专业发展。

## 二、强化投入产出绩效评价

把投入产出比作为中小学（幼儿园）教师培训绩效评价研究和改革的重中之重。随着国家教育事业和教师培训事业的发展，国家对中小学（幼儿园）教师培训的投入力度持续在加大，但在教师培训实践中，或多或少存在投入高产出低的问题，无法精准投放造成国家财政资金的浪费，因此，要强化投入产出绩效评价，形成政府或第三方教师培训绩效评价组织良性竞争的新局面。

## 三、实施精准评价，注重分类卓越

为了避免"千师一面"的培训效果，特色化、专业化发展是中小学（幼儿园）教师培训的必然选择。以后的研究要通过建立分类卓越的中小学（幼儿园）教师培训绩效评价体系，更有力地推动我国教育事业和教师培训事业的高质量发展。一方面注重针对某一学科教师的单一性培训绩效评价体系的研究。在设计单一性培训指标体系时，要在培训内容设置上体现单一学科具有针对性的特色，所以绩效评价指标和权重赋予也要有相应的差异。另一方面要注重针对不同级别的教师培训项目展开绩效评价研究。细分教师级别，级别不同则对受训教师主体的要求就不同，整个绩效评价体系的指标及其权重或许也会有较大差异，有待进一步展开研究。

## 四、依托大数据技术，建设中小学（幼儿园）教师培训绩效评价数据平台

随着大数据技术应用于教师培训，培训绩效评估进入了新的时代。传统的培训绩效评估对数据的要求比较简单，难以完整地反映整个培训管理的绩效情况，而基于大数据技术的培训绩效评估，则会更加客观和全面地反映教师培训的绩效。依托大数据技术，构建中小学（幼儿园）教师培训绩效评价数据平台，遵循科学的数据处理原则，进行大量评价数据的采集汇总、清洗

分析以及可视化，实现中小学（幼儿园）教师培训绩效管理全过程的分析和运用，使管理者可以更加全面地了解整个培训的运行情况，培训各个环节可能发现的细节问题，从而加强整合统筹，提升培训绩效。大数据时代给中小学（幼儿园）教师培训绩效评价带来了新的发展契机。

## 五、从多维视角进行全方位的思考

加强教育培训政策研究，继续开展在指标体系的实证研究。我国教师培训政策的变化对于教师培训绩效评价的发展至关重要，无论是培训内容改革，还是培训绩效评价指标设置亦或是不同身份的绩效评价者的引入，都仰赖于我国教育主管部门政策的颁布实施。加强相关政策研究，在政策理论基础上，增删中小学（幼儿园）教师培训目标和内容，调整评价体系指标，拓展教育培训组织管理形式，采用不同的评价方式方法，创新教育技术运用等，都能对中小学（幼儿园）教师绩效管理发展产生推动和影响。因此，在后续的实践中，应紧随这一动态过程，从多维视角进行全方位的思考。

# 参考文献

[1] 高鑫，宋乃庆.新中国成立以来我国中小学教师培训研究：文献计量分析的视角[J].中小学教师培训，2020（4）：8-13.

[2] 彭昊，杨婕，唐智松.改革开放以来我国中小学教师培训政策的变迁逻辑：基于历史制度主义的视角[J].中国成人教育，2021（18）：12-17.

[3] 焦楠，程凤春，王皖舒.基于政策文本的北京市中小学教师培训政策工具与要素研究[J].教师发展研究，2023（2）：46-53.

[4] 王光明，廖晶.改革开放40年来我国中小学教师政策的发展历程及特点分析[J].课程·教材·教法，2018（11）：4-10.

[5] 张岩.完善教师专业发展支持体系 建设教师专业发展示范区——区域推进教师专业发展的思考与实践[J].吉林省教育学院学报，2021（2）：37-40.

[6] 黄甫全，游景如，涂丽娜，等.系统性文献综述法：案例、步骤与价值[J].电化教育研究，2017，38（11）：11-18，25.

[7] 李瑾瑜，史俊龙.我国中小学教师培训政策演进及创新趋势[J].西北师大学报（社会科学版），2012，49（5）：83-89.

[8] 王建."国培计划"的政策演进及创新趋向[J].当代继续教育，2015，33（5）：29-32.

[9] 傅树京，崔彦琨.中小学教师职后培训政策的演变[J].教学与管理，2016（9）：61-64.

[10] 黄泽强.中小学教师院校培训政策执行问题探析[J].辽宁行政学院学报，2011，13（5）：8-10.

[11] 关松林.发达国家中小学教师培训的经验与启示：以美国、英国、日本为例[J].教育研究，2015，36（12）：124-128.

[12] 曾海.区域中小学教师混合式培训模式研究[J].中国电化教育，2017（12）：138-143.

[13] 李馨.全案例式教师培训模式初探[J].电化教育研究，2006（12）：46-50.

[14] 吴民祥.探究式培训：一种高效能的中小学教师培训模式[J].教育发展研究，2004（5）：62-65.

[15] 解书，马云鹏."任务驱动式"教师高端培训模式的实践探索[J].教育研究，2014，35（12）：94-100，159.

[16] 单丽.提升中小学教师信息技术应用能力的培训课程开发实践[J].中国电化教育，2015（2）：129-133.

[17] 吴军其，罗攀，沈红云.中小学教师信息技术能力培训策略研究综述[J].电化教育研究，2016，37（1）：123-128.

[18] 陈霞.以教师学习为中心的教师培训课程重构路向[J].教育发展研究，2017，37（18）：58-64.

[19] 刘径言.对教师培训课程设计的思考[J].东北师大学报（哲学社会科学版），2013（6）：210-213.

[20] 张新贤，焦道利.西部少数民族地区教师培训的发展研究[J].现代教育技术，2009，19（10）：58-61.

[21] 薛海平，陈向明.我国中小学教师培训质量调查研究[J].教育科学，2012，28（6）：53-57.

[22] 曲铁华，龚旭凌.新中国成立70年中小学教师培训政策的回顾与展望[J].河北师范大学学报（教育科学版），2019，21（3）：49-55.

[23] 李士萍.改革开放以来教师教育历史发展研究[D].保定：河北大学，2006.

[24] 马秋菊.辽宁省中小学教师职后培训政策研究——以政策内容分析的视角[D].沈阳：沈阳师范大学，2017.

[25] 郝秀秀.我国中小学教师培训运行机制变迁研究[D].长春：东北师范大学，2017.

[26] 彭昊，唐智松.我国教师培训研究热点、前沿方向与未来展望[J].教师教育学报，2022（6）：155-164.

[27] 谭蕾，王碧梅.国内教师培训模式探析[J].成都师范学院学报，2015（5）：31-34.

[28] 卫晓燕.现状　问题　对策：对建立多样化的教师培训模式，促进教师专业化发展初探[D].上海：上海师范大学，2004.

[29] 邓甜.基础教育新课程改革视角下的中小学教师培训政策研究[D].桂林：广西师范大学，2019.

[30] 赵红岩.基于学习型组织理论的高校教师培训模式研究[D].秦皇岛：燕山大学，2009.

[31] 赵磊.网络环境下促进教师专业发展的培训模式研究[D].长春：东北师范大学，2011.

[32] 江骏.新课改背景下的教师培训模式探究——以合肥市高中新课改培训为例[J].科技文汇，2020（7中）：146-147.

[33] 沈忱.云南省国家级职教师资培训团队建设研究[D].昆明：云南大学，2018.

[34] 朱胜晖，刘义兵."国培计划"培训团队建设政策的反思与改进：基于政策工具与政策要素的二维分析[J].教师教育学报，2022（1）：111-119.

[35] 李亚波.关于加强教师培训团队建设促进中小学教师专业成长的思考[J].长春教育学院学报，2014，30（07）：1-2.

[36] 安宏宇.提升继续教育培训绩效的实践与思考：以北京市科技进修学院的培训管理工作为例[J].继续教育，2016（5）：27-29.

[37] 高鹏.战略变革背景下的培训团队建设[J].中外企业家，2017（28）：136-137.

[38] 陈丽.规范、精神、情感：校长培训团队文化建设的几点思考[J].教育教学论坛，2019（1）：28-29.

[39] 申文缙.教师专业发展视域下德国职教师资培训体系研究[D].天津：天津大学，2017.

[40] 吕世虎.国培计划项目实施中培训专家团队的建设及其作用的发挥[J].中

小学教师培训，2011（8）：9-10.

[41] 王萍.首席专家负责制，助力县域教师发展支持服务体系建设[J].河南教育，2023（3）：20-21.

[42] 丛艳丽.促进中国高校教师高质量发展的培训体系优化[J].继续教育研究，2023（3）：67-72.

[43] 李广平.优化教师专业发展与培训体系建设，全面提升中小学教师队伍质量[J].华东师范大学学报（教育科学版），2018（4）：36-38.

# 后　记

　　本书是在辽宁省基础教育2022年度立项课题"以提升专业素养为核心的教师培训课程体系建设"（课题编号：LNJB2022156）研究成果的基础上，历经一年多的时间，最终完成书稿的撰写。

　　本书在撰写过程中尤其是实践篇，得到了相关领域研究人员的大力支持，特别要感谢辽宁教育学院各位领导和同事的鼎力相助，以及沈阳市教育研究院同人对本书的参与和帮助。在课题研究的过程中，借鉴和参考了国内专家学者的相关研究成果，在此向原作者表示感谢。

　　本书的研究框架、研究思路和统稿由王舒完成。各部分执笔人分别为：第一章王舒；第二章王舒、张天雁、孟志宏；第三章王舒、刘玉琳；第四章王舒、杜琳琳；第五章王舒、王晓卉、吴南希；第六章王晓卉、孙岩、刘海云、张馨月、秦丽楠；第七章陈莹、杨宝娣、王东；第八章田丹丹、陈莹、刘玉琳；第九章李小萌、张震、关华君；第十章郭研、徐震、陈振国。

　　由于编者能力有限，加之主客观条件限制，一些研究内容还不够深入，在许多方面还存在一些疏漏，甚至一些论点可能存在偏差。我们将在以后的研究和实践中不断探索，也诚挚地希望学界专家、同行不吝批评和指正。

编者

2023年8月22日